OS FUNDAMENTOS
MORAIS DA POLÍTICA

OS FUNDAMENTOS MORAIS DA POLÍTICA

Ian Shapiro

Tradução
FERNANDO SANTOS

Revisão da tradução
EVANDRO FERREIRA E SILVA

Martins Fontes
São Paulo 2006

Esta obra foi publicada originalmente em inglês com o título
THE MORAL FOUNDATIONS OF POLITICS
por Yale University Press, Londres.
Copyright © 2003 by Yale University Press.
Copyright © 2006, Livraria Martins Fontes Editora Ltda.,
São Paulo, para a presente edição.

1ª edição 2006

Tradução
FERNANDO SANTOS

Revisão da tradução
Evandro Ferreira e Silva
Acompanhamento editorial
Luzia Aparecida dos Santos
Revisões gráficas
Marisa Rosa Teixeira
Mauro de Barros
Dinarte Zorzanelli da Silva
Produção gráfica
Geraldo Alves
Paginação/Fotolitos
Studio 3 Desenvolvimento Editorial

Dados Internacionais de Catalogação na Publicação (CIP)
(Câmara Brasileira do Livro, SP, Brasil)

Shapiro, Ian
  Os fundamentos morais da política / Ian Shapiro ; tradução Fernando Santos ; revisão da tradução Evandro Ferreira e Silva. – São Paulo : Martins Fontes, 2006. – (Coleção justiça e direito)

  Título original: The moral foundations of politics.
  ISBN 85-336-2296-1

  1. Ética política 2. Ciência política – Filosofia 3. Legitimidade governamental I. Título. II. Série.

06-3643   CDD-172

Índices para catálogo sistemático:
1. Ética política 172

Todos os direitos desta edição para o Brasil reservados à
Livraria Martins Fontes Editora Ltda.
Rua Conselheiro Ramalho, 330 01325-000 São Paulo SP Brasil
Tel. (11) 3241.3677 Fax (11) 3101.1042
e-mail: info@martinsfontes.com.br http://www.martinsfontes.com.br

A todos os formandos da Ciência Política 118

*...a certeza é bela,
mas ainda mais bela é a incerteza.*

Wislawa Szymborska

SUMÁRIO

Prefácio 1
Introdução 3

1. A posição política iluminista 9
2. Utilitarismo clássico 23
3. A síntese dos direitos e da utilidade 49
4. Marxismo 91
5. O contrato social 139
6. Posições políticas antiiluministas 193
7. A democracia 245
8. A democracia no Iluminismo maduro 293

Índice remissivo 301

PREFÁCIO

Este livro originou-se de um curso chamado Fundamentos Morais da Política, que venho ministrando em Yale desde o início da década de 1980. O curso, que herdei de Douglas Rae, modificou-se desde então a ponto de ficar irreconhecível. Sua evolução, entretanto, foi mais como a reconstrução de um navio enquanto navega que seu redesenho a partir do zero. Por conta disso, minha dívida para com Rae é maior do que ele pode se dar conta ao examinar o presente texto. Em meados da década de 1990, John Covell, então meu editor na Yale University Press, teve a idéia de transformar o curso em livro. Sou eternamente grato a ambos por terem se transformado em pais adotivos do projeto. Bruce Ackerman, Robert Dahl, Clarissa Hayward, Nancy Hirschman, Nicoli Nattrass, Jennifer Pitts, Mark Stein e dois leitores anônimos da Universidade de Yale, todos eles leram o manuscrito de fio a pavio, oferecendo sugestões úteis de maior ou menor amplitude. Um batalhão de pesquisadores assistentes, todos graduados em Fundamentos Morais, trabalhou em diferentes aspectos do projeto sob a eficiente supervisão de Katharine Darst. Foram eles Carol Huang, Karl Chang, Clinton Dockery, Dan Kruger, George Maglares, Melody Redbird, David Schroedel e Michael Seibel. Enquanto redigia o manuscrito definitivo, contei com o auxílio valioso do assistente de pesquisa Jeffrey Mueller; seu apoio foi inestimável. Também foi extremamente bem-vinda a ajuda trazida por Jennifer Carter nas etapas finais.

O livro foi concebido para ser introdutório, no sentido de que não pressupõe um conhecimento prévio da filosofia política. Seu foco central são as diferentes teorias de legitimidade política nas tradições utilitarista, marxista, contratualista, antiiluminista e democrática. Meu objetivo ao discutir essas diferentes teorias é que o leitor possa compreender as tradições intelectuais mais importantes que, nos últimos séculos, moldaram o debate político no Ocidente. As teorias estão situadas em seu contexto histórico, mas o foco principal são as formulações presentes em sua aplicação aos problemas contemporâneos. Embora introdutório, o livro foi escrito de um ponto de vista particular e procura provar uma tese específica. Não ficarei desapontado se os orientadores considerarem-no uma ferramenta útil de ensino, ainda que sintam a necessidade de debater com ele enquanto o utilizam.

Parte do texto das seções 1.2, 4.2.3 e 5.5 apareceu anteriormente em meu artigo "Resources, capacities, and ownership: The workmanship ideal and distributive justice", *Political Theory*, vol. 19, nº 1 (fevereiro de 1991), pp. 28-46. Sua inclusão neste livro foi autorizada por Sage Publications, Inc., que detém os direitos de publicação (© 1991).

INTRODUÇÃO

Quando os governos merecem nossa lealdade, e quando devemos negá-la? Este dilema político sempre presente é o que motiva nossa inquirição. Sócrates, Martinho Lutero e Thomas Morus fazem-nos lembrar de sua importância; Vaclav Havel, Nelson Mandela e Aung San Suu Kyi ressaltam sua permanente força. Eles são heróis morais porque enfrentaram uma autoridade política injusta, assim como Adolph Eichmann foi certamente um vilão moral por não ter agido assim. Sua motivação e seu comportamento como oficial de médio escalão da Alemanha nazista são exemplos de obediência a uma autoridade tecnicamente legítima. Contudo, o fato de ele ter enviado milhares e milhares de pessoas para os campos de concentração nazistas sugere que deve haver limites para a autoridade legítima de qualquer governo[1].

Como os acontecimentos em torno da própria morte de Eichmann ressaltam, é muito mais fácil dizer que tais limites devem existir do que dizer quais deveriam ser eles ou como deveriam ser postos em prática. Capturado por comandos israelenses que transgrediram a lei argentina e internacional, ele foi secretamente conduzido para Israel, julgado e executado por crimes contra a humanidade e contra o povo judeu. Muitos daqueles que não tinham simpatia por

---

[1]. A respeito da alegação de Eichmann de que suas ações eram legítimas, vide Hannah Arendt, *Eichmann in Jerusalem* (Nova York, Penguin Books, 1963).

Eichmann ficaram, no entanto, preocupados com o modo como ocorreu sua prisão: ele foi julgado em um país e por tribunais que não existiam quando cometeu os crimes, tendo sido elaborada uma lei sob medida para facilitar sua condenação e execução. Esses atos parecem se contrapor às características da autoridade política legítima, que exclui buscas e capturas ilegais, a elaboração de leis para atender a casos particulares e declarações de perda de direitos civis. Contudo, se tanto a ação de Israel em relação àquilo que seus líderes viam como um imperativo moral – apesar das instituições legais vigentes então – quanto a servil adesão de Eichmann às instituições legais de *sua* época nos deixam perturbados, a pergunta ganha uma importância extraordinária: quem deve julgar, e com que critérios, se as leis e as ações dos Estados que exigem nossa lealdade se justificam? Exploramos neste livro as principais respostas que foram dadas a essas perguntas no Ocidente moderno.

Um conjunto de respostas tem origem na tradição utilitarista, celebremente associada ao nome de Jeremy Bentham (1748-1832). O *locus classicus* dessa tradição é *Introduction to the Principles of Morals and Legislation*, de Bentham, publicado em 1789, embora as raízes do utilitarismo sejam mais antigas e tenham sido, desde então, reformuladas e refinadas de diversas maneiras, como veremos. Os utilitaristas respondem a nossa pergunta com uma variante da afirmação de que a legitimidade dos governos está ligada à sua vontade e capacidade de maximizar a felicidade. O que é considerado felicidade, a felicidade de quem deve ser levada em conta e quem define esses pontos são alguns dos temas polêmicos que separam os diferentes utilitaristas uns dos outros, como os Capítulos 2 e 3 deixarão claro. Embora discordem a respeito destes e de outros assuntos deles decorrentes, os utilitaristas geralmente concordam que devemos julgar os governos à luz da memorável, ainda que ambígua, máxima de Bentham, que diz que devemos esperar que eles maximizem a maior felicidade do maior número de pessoas.

A tradição marxista, de que nos ocupamos no Capítulo 4, toma a idéia de exploração como referência para se julgar a legitimidade política. Os marxistas diferem substancialmente uns dos outros no que se refere à definição de exploração, às relações desta tanto com o trabalho quanto com os sistemas políticos e econômicos, e no que se refere ao papel das instituições políticas em sua erradicação. Em todas as interpretações marxistas, contudo, as instituições políticas carecem de legitimidade na medida em que chancelam a exploração, e ganham-na na medida em que promovem sua antítese, a liberdade humana. Do ponto de vista marxista, todo sistema político da história tolerou algum tipo de exploração, mas considera-se que o socialismo e o comunismo oferecem a possibilidade de um mundo livre de exploração. Desde que surgiram os escritos de Karl Marx (1818-1883), a história não tem olhado de modo favorável para essas possibilidades; mas, ainda que não se disponha de variações delas que sejam desejáveis, veremos que aspectos da teoria marxista podem, entretanto, ser úteis para que compreendamos as propriedades normativas do capitalismo e distingamos a legitimidade relativa dos diferentes tipos de sistema capitalista.

A tradição do contrato social examinada no Capítulo 5 apresenta um terceiro tipo de resposta à minha pergunta inicial. Os argumentos do contrato social são velhos como o mundo, mas, em sua forma moderna, considera-se em geral que tiveram origem com o *Leviatã*, de Thomas Hobbes, publicado em 1651, e com o *Segundo tratado sobre o governo*, de John Locke, que surgiu inicialmente na Inglaterra como um panfleto anônimo na década de 1680. Para os teóricos do contrato social, a legitimidade do Estado está enraizada na idéia de acordo. Desde o início eles discordaram entre si a respeito da natureza do acordo, de quem faz parte do acordo e de como o acordo deve ser promovido, se é que deve; mas concordam que o consentimento dos governados, definido de algum modo, é a fonte da legitimidade do Estado. Devemos lealdade ao Estado quando ele personifica nosso consentimento, e somos livres para resistir a ele (e, em algumas formulações, até mesmo obrigados a fazê-lo) quando isso não acontece.

Todas as tradições – utilitarista, marxista e contratualista – põem em evidência um tema principal e um conjunto de questões diferentes sobre a legitimidade política, mas também têm muito mais coisas em comum do que se costuma pensar. Vou defender a idéia de que isso se deve sobretudo ao fato de todas terem sido moldadas de maneira decisiva pelo Iluminismo. Esse movimento filosófico tem por objetivo racionalizar a vida social baseando-a em princípios científicos, e existe nele um poderoso impulso normativo para levar a sério o ideal de liberdade humana expresso em uma doutrina política dos direitos individuais. O projeto iluminista (expressão cunhada por Alasdair MacIntyre) está geralmente associado aos escritos de pensadores europeus como René Descartes (1596-1650), Gottfried Leibniz (1646-1716), Baruch de Espinosa (1632-1677) e Immanuel Kant (1724-1804), embora tenha sofrido grande influência dos empiristas ingleses John Locke (1632-1704), George Berkeley (1685-1753) e David Hume (1711-1776). Veremos como os valores do Iluminismo moldaram as tradições do utilitarismo, do marxismo e do contrato social, e, ao longo do exame dessas tradições, também avaliaremos as interpretações que elas deram aos valores iluministas da ciência e dos direitos individuais.

O Iluminismo sempre teve seus detratores; eles estarão em foco no Capítulo 6. Os críticos do pensamento político iluminista vão dos tradicionalistas, como Edmund Burke (1729-1797), aos diversos teóricos pós-modernos e comunitaristas da literatura contemporânea. Apesar de suas inúmeras diferenças, partilham um considerável ceticismo, para não dizer hostilidade, quanto ao objetivo de racionalizar a política segundo orientações científicas, bem como quanto à idéia de que as liberdades personificadas nos direitos individuais são o valor político mais importante. Em vez disso, tendem a atribuir um peso normativo a regras e práticas herdadas, ligando a legitimidade das instituições políticas à sua capacidade de personificar valores comunitários que moldam as vidas dos indivíduos e dão significado a elas. Considera-se que as fontes do eu, como as descreve Charles Taylor, estão enraizadas em sistemas de afeição e afiliação que precedem os indivíduos e sobrevivem a eles, moldando suas expectativas de legitimidade política[2].

No final do Capítulo 6 fica claro que, apesar das sérias dificuldades apresentadas pelas tradições utilitarista, marxista e contratualista, a rejeição em bloco do projeto político iluminista não é factível, e mesmo que o fosse seria indesejável. Algumas das dificuldades das diferentes teorias são específicas a elas; outras decorrem das interpretações particulares dos valores iluministas que elas personificam. Quanto às primeiras, cada uma das três tradições contém idéias que sobrevivem a seus fracassos enquanto doutrinas políticas abrangentes que deveriam inspirar nossa reflexão sobre as fontes da legitimidade política. Quanto às últimas, faço uma distinção entre o começo do Iluminismo, que é vulnerável aos argumentos dos críticos antiiluministas, e o Iluminismo maduro, que não é. Os ataques à preocupação do Iluminismo com a certeza fundadora não depõem contra a visão falibilista de ciência que compõe o pensamento e a prática mais contemporâneos; e, quaisquer que sejam as dificuldades contidas na idéia de direitos individuais, não representam quase nada diante da tentativa de desenvolver uma teoria de legitimidade política sem eles.

Isso nos leva à seguinte questão: qual a teoria política que melhor personifica os valores maduros do Iluminismo? Minha resposta, apresentada no Capítulo 7, é: a democracia. A tradição democrática tem origem antiga, mas as modernas formulações que moldam o discurso político contemporâneo originam-se da discussão feita por Jean-Jacques Rousseau a respeito da vontade geral em *Du contrat social* [O contrato social] – publicado em 1762 – ou são uma reação a ela. Os democratas consideram que os governos são legítimos quando aqueles que são afetados pelas decisões participam

---

2. Charles Taylor, *Sources of the Self: The Making of Modern Identity* (Cambridge, Mass., Harvard University Press, 1992).

adequadamente de sua elaboração, e quando há significativas oportunidades de se opor ao governo do momento, substituindo-o por outro. Os democratas divergem em muitos pontos específicos: como o governo e a oposição devem se organizar, quem deve ter o direito ao voto, como os votos devem ser contados, e que limites devem ser impostos às decisões das maiorias, se é que se deve impor algum. Partilham, contudo, o comprometimento com as práticas democráticas como a fonte mais viável de legitimidade política. Minha afirmação de que eles estão certos parecerá frágil a alguns, pelo menos de início. A democracia tem sido criticada há muito tempo, e com freqüência, como profundamente hostil tanto à verdade como ao caráter sagrado dos direitos individuais. Acredito, entretanto, que, relativamente às interpretações mais coerentes desses valores feitas pelo Iluminismo, a crítica é descabida. A tradição democrática oferece melhores recursos que as alternativas existentes para garantir que as demandas e contrademandas políticas passem pelo teste da verdade na arena pública, e para proteger os direitos individuais que melhor personificam a aspiração de liberdade humana.

Capítulo 1
A posição política iluminista

O movimento filosófico conhecido como Iluminismo era, na verdade, composto de vários movimentos intelectuais distintos, ainda que sobrepostos. Suas raízes remontam pelo menos ao século XVII, e sua influência foi sentida em todos os setores da vida. Da filosofia, da ciência e da invenção à arte, à arquitetura e à literatura, passando pela política, economia e organização, todos os setores da atividade humana trazem a marca indelével de um aspecto ou outro do Iluminismo. Apesar dos inúmeros ataques que, desde o início, têm sido dirigidos a diferentes aspectos de seus pressupostos filosóficos e de suas conseqüências práticas, a perspectiva iluminista dominou a consciência intelectual ocidental durante a maior parte dos quatro últimos séculos[1].

Se existe uma única idéia abrangente que os seguidores dos diferentes ramos do pensamento iluminista têm em comum é a fé no poder da razão humana de compreender nossa verdadeira natureza e a natureza de nossas circunstâncias. A perspectiva iluminista é profundamente otimista, fornecendo o impulso à idéia de progresso nas questões humanas. À medida que a razão expande seu raio de ação,

---

1. Talvez o melhor estudo generalista sobre o Iluminismo seja a obra de Jonathan Israel, *Radical Enlightenment: Philosophy and the Making of Modernity, 1650-1750* (Oxford, Oxford University Press, 2001).

parece plausível pensar que o conhecimento possibilitará o controle – e, quem sabe, até o aperfeiçoamento – de nosso entorno e de nossa vida. Os entusiastas do Iluminismo sempre acharam sedutora essa possibilidade de progresso, ainda que acompanhada do risco correspondente – como deixa evidente o debate atual em torno dos avanços no campo da genética. Quando o conhecimento avança, avança também a possibilidade de a engenharia genética erradicar doenças hereditárias e defeitos congênitos. Contudo, os mesmos avanços de conhecimento podem ser postos a serviço de uma manipulação orwelliana da mente das pessoas. Os partidários do Iluminismo pensam que o melhor a fazer é considerar que as vantagens potenciais de adquirir conhecimento são maiores que os riscos, ou, em alguns casos, que os seres humanos são incapazes de resistir ao fascínio do autêntico conhecimento. Seja o resultado de um autêntico entusiasmo, seja de um desejo mais contido de conduzir o inevitável na direção apropriada, o projeto iluminista põe a razão a serviço do progresso das questões humanas.

As aspirações de compreender o mundo social e natural por meio do uso da razão e a insistência em que o conhecimento seja posto a serviço do progresso humano não são, de modo algum, uma novidade trazida pelo Iluminismo. Não é preciso uma leitura muito profunda da *República* de Platão para descobrir o valor permanente que é atribuído à busca do conhecimento por meio da razão. Além disso, uma das preocupações centrais da *Ética a Nicômaco* de Aristóteles é o progresso que pode ser alcançado pela modelagem dos aspectos maleáveis da mente humana segundo virtudes objetivamente identificáveis. O Iluminismo, entretanto, entende a razão e o progresso humano de modo diferente. Para ele, a busca de conhecimento empreendida pela razão é mediada pela ciência e alcançada por intermédio dela; e o critério para medir o progresso humano são os direitos individuais que personificam, e protegem, a liberdade humana.

1.1 A ascendência da ciência

A preocupação com a ciência originou-se do projeto de fazer com que todo conhecimento fosse seguro, segundo um critério enunciado primeiramente por Descartes quando declarou que estava em busca de proposições das quais não se pudesse duvidar. Seu famoso exemplo, conhecido como *cogito*, foi "penso, logo existo"[2]. A própria tentativa de pô-lo em dúvida parece necessariamente confirmá-lo. Ao longo dos séculos seguintes, diferentes pensadores iluministas teriam compreensões extremamente diversas a respeito do conhecimento e da ciência, mas todos eles foram absorvidos pela tarefa de situar o conhecimento "na trilha segura da ciência", como definiu Immanuel Kant na *Crítica da razão pura* (1781)[3]. Esses eventos no campo da filosofia refletiam e reforçavam o surgimento da moderna consciência científica. Esta consciência não envolvia meramente um compromisso com a idéia de que a ciência proporciona o único conhecimento autêntico, mas também uma fé sólida e otimista em seus efeitos libertadores. A declaração de Francis Bacon (1561-1626) de que "conhecimento é poder"[4] personificava um comprometimento programático com uma dupla fé na ciência: como o único instrumento confiável para uma autêntica compreensão do universo e a melhor ferramenta para transformá-lo segundo as aspirações humanas.

Para aquilo a que nos propomos, é importante observar que o *status* das ciências humanas modificou-se consideravelmente no decorrer do Iluminismo. Durante os séculos XVII e XVIII, quando o que caracterizava o conhecimento científico era a certeza indubitável, a ética, a filosofia política e as ciências humanas eram vistas como superiores às

---

2. René Descartes, *Discourse on the Method* (Notre Dame, University of Notre Dame Press, 1994 [1637]), p. 53. [Trad. bras. *Discurso do método*, São Paulo, Martins Fontes, 1996.]
3. Immanuel Kant, *The Critique of Pure Reason* (Londres, Macmillan, 1976 [1781]), p. 17.
4. Francis Bacon, *Selected Philosophical Works* (Indianápolis, Hackett Publishing, 1999), p. XV.

ciências naturais. Essa visão parece estranha à perspectiva do século XXI, quando áreas como a física, a química, a astronomia, a geologia e a biologia avançaram tão rapidamente, realizando descobertas inimagináveis no século XVIII. As ciências humanas, por outro lado, produziram pouco conhecimento duradouro – se é que produziram algum –, e muitos duvidam até mesmo que se possa estudar ética e filosofia política cientificamente. Para compreender por que as visões contemporâneas do *status* relativo desses diversos campos de estudo diferem tão radicalmente das vigentes no início do Iluminismo, é preciso atentar para dois aspectos de sua peculiar epistemologia que seriam posteriormente abandonados.

1.1.1 *O ideal artesanal do conhecimento*

O primeiro aspecto peculiar do início do Iluminismo diz respeito ao âmbito do conhecimento apriorístico, o tipo de conhecimento que se segue às definições ou é deduzido, de algum modo, de princípios abrangentes. É este tipo de conhecimento que Descartes tinha em mente quando formulou o *cogito*, e que Kant situou no domínio dos "juízos analíticos". Kant distinguia estes dos "juízos sintéticos". Eles pressupõem sempre o salto de um sujeito para um predicado, "que de maneira alguma foi pensado nele [o sujeito], e que nenhuma análise teria a possibilidade de extrair dele"[5]. A melhor concepção dos juízos analíticos é que são logicamente subentendidos pelos significados dos termos, enquanto os juízos sintéticos não – normalmente porque dependem, para sua veracidade, do mundo que está além dos significados dedutíveis. Alguns filósofos do século XX contestaram a existência da distinção entre analítico e sintético[6], mas a maioria ainda aceitaria uma versão dela.

---

5. Kant, *The Critique of Pure Reason*, p. 48.
6. Ver W. V. Quine, "Two dogmas of empiricism", em W. V. Quine, *From a Logical Point of View: Logico-Philosophical Essays* (Nova York, Harper Torchbooks, 1953), pp. 20-46.

O que *de fato* diferencia a maioria dos filósofos de hoje dos do início do Iluminismo é a concepção do *status* epistemológico da ética, da filosofia política e das ciências humanas. Os primeiros pensadores iluministas situaram todas essas tentativas na esfera de um conhecimento *a priori*, porque o critério pertinente não era a distinção entre um conhecimento verdadeiro por definição e um conhecimento derivado da experiência. Em vez disso, traçava-se uma distinção entre o conhecimento que depende da vontade humana e um conhecimento independente dela. Nas palavras de Thomas Hobbes em *De Homine*, as ciências puras ou "matemáticas" podem ser conhecidas *a priori*, mas as "matemáticas mistas", como a física, dependem das "causas das coisas naturais [que estão] fora de nosso controle"[7]. Ele se expressou de modo mais completo na Epístola Dedicatória a sua *Six Lessons to the Professors of Mathematics*:

> Das artes, algumas são demonstráveis, outras indemonstráveis; e as demonstráveis são aquelas cujo objeto é construído pelo próprio artista, o qual, em sua demonstração, nada mais faz que deduzir as conseqüências de sua própria operação. A razão disto está em que a ciência de todo objeto deriva do pré-conhecimento das causas, da geração e da construção dele; e, conseqüentemente, onde as causas são conhecidas, há lugar para a demonstração, mas não onde as causas têm que ser buscadas. A geometria, portanto, é demonstrável, pois somos nós próprios que traçamos e descrevemos as linhas e figuras de que nos valemos para raciocinar; e a teoria do Estado é demonstrável, pois somos nós próprios que fazemos a comunidade. Mas como desconhecemos a construção dos corpos naturais e procuramos conhecê-la através dos efeitos, não há demonstração de quais são as causas que buscamos, mas somente daquilo que podem ser.[8]

A teoria "criacionista" ou "artesanal" conferiu às questões morais, no pensamento iluminista anterior a Hume, um

---

7. Thomas Hobbes, *De Homine* (Nova York, Anchor, 1972 [1658]), p. 42.
8. Thomas Hobbes, *The English Works of Thomas Hobbes* (Londres, John Bohn, 1966), VII pp. 183-4.

status epistemológico amplamente superior a qualquer outro que elas tenham desfrutado desde então. Considerem a afirmação que Hobbes faz, no final da introdução do *Leviatã*, de que, quando ele tivesse exposto sua própria argumentação "de maneira ordenada e perspicaz", a única tarefa do leitor seria examinar se ele também a encontra em si próprio, "pois este tipo de Doutrina não admite outra Demonstração"[9]. Longe de sugerir que os leitores devam verificar como suas intuições se comparam às dele, Hobbes ressalta a crença de que a argumentação do *Leviatã* tem a força de uma demonstração matemática.

John Locke sustentava um ponto de vista semelhante, embora se baseasse em controvérsias teológicas que à primeira vista parecem obscuras. Entretanto, o modo como ele lidou com essas controvérsias influenciou muitas das doutrinas discutidas neste livro. Para Locke e muitos de seus contemporâneos, a condição ontológica do direito natural e, particularmente, sua relação com a vontade de Deus eram questões básicas. Quando alguém aceitava a visão – comum entre os teóricos do direito natural da época – de que a lei natural é eterna e imutável, via-se que ela ameaçava outra noção que muitos deles consideravam convincente: a de que Deus é onipotente. Um Deus todo-poderoso não poderia, por definição, estar subordinado à lei natural. Contudo, se Deus tem a capacidade de mudar a lei natural, não podemos assumir que ela seja atemporal e definitiva. Locke lutou com essa tensão sem jamais tê-la resolvido de um modo que lhe parecesse satisfatório, mas em seus escritos sobre moral e política ele se posicionou definitivamente no campo voluntarista ou centrado na vontade[10]. Não conse-

---

9. Thomas Hobbes, *Leviathan* (Londres, Pelican Books, 1968 [1651]), p. 83. [Trad. bras. *Leviatã*, São Paulo, Martins Fontes, 2003.]

10. John Locke, *Two Treatises of Government*, Peter Laslett (org.) (Cambridge, Cambridge University Press, 1988), pp. 306, 358 [trad. bras. *Dois tratados sobre o governo*, São Paulo, Martins Fontes, 1998]. Para comentários, ver Patrick Riley, *Will and Political Legitimacy* (Cambridge, Mass., Harvard University Press), pp. 61-97. Ver também Ian Shapiro, *The Evolution of Rights in Liberal Theory* (Nova York, Cambridge University Press, 1986), pp. 100-18.

guia abandonar a proposição segundo a qual uma coisa, para ter o *status* de lei, deve ser o produto de uma vontade. Ao adotar essa visão voluntarista, Locke alinhou-se com outros teóricos do início do Iluminismo centrados na vontade, notadamente o filósofo e teórico alemão do direito natural, Samuel von Pufendorf[11].

A teoria voluntarista da lei natural adaptou-se perfeitamente à epistemologia geral de Locke, a qual refletia a de Hobbes, que acabamos de descrever. Locke distinguia dois tipos de idéias: "ectípicas" e "arquetípicas": as ectípicas são idéias gerais das substâncias, enquanto as arquetípicas são idéias produzidas pelo homem. Essa distinção gerou uma radical separação entre conhecimento natural e conhecimento convencional, fundamentada numa distinção anterior entre as essências "nominais" e "reais". Das substâncias cuja existência depende do mundo exterior (como as árvores e os animais), o homem só pode conhecer as essências nominais. A verdadeira essência delas só está ao alcance do criador da substância, Deus. No caso das arquetípicas, contudo, as essências nominal e real são sinônimas, de modo que o homem pode, por definição, conhecer as verdadeiras essências. Uma vez que as práticas sociais são sempre uma função das idéias arquetípicas, segue-se que o homem pode conhecer as verdadeiras essências sociais. Conhecemos o que fazemos. Para Locke como para Hobbes, portanto, o homem pode ter um conhecimento incontroverso de suas criações – e, o mais importante no que diz respeito a nossos propósitos, das medidas e das instituições políticas[12].

---

11. Ver T. Hochstrasser, *Natural Law Theories in the Early Enlightenment* (Cambridge, Cambridge University Press, 2001); Ian Hunter, *Rival Enlightenments: Civil and Metaphysical Philosophy in Early Modern Germany* (Cambridge, Cambridge University Press, 2001); e James Tully, *A Discourse on Property: John Locke and His Adversaries* (Cambridge, Cambridge University Press, 1980).

12. Ver John Locke, *An Essay Concerning Human Understanding,* Peter Nidditch (org.) (Oxford, Clarendon Press, 1975 [1690]), Livro II, capítulos 31-32, Livro III, capítulos 3 e 6. Para comentários suplementares, ver Tully, *A Discourse on Property*, pp. 9-27; e Ian Shapiro, *The Evolution of Rights in Liberal Theory*, pp. 109-10.

1.1.2 A preocupação com a certeza

A insistência em que o que distingue a suprema forma de conhecimento é o fato de ela estar centrada na vontade implica uma interpretação errônea daquilo que concebemos hoje como verdade analítica. Não menos arcaica era a desvalorização correlata das formas de conhecimento que não dependem da vontade. Contrastando com essa postura, a tradição iluminista pós-Hume tem sido marcada por uma visão falibilista do conhecimento. Segundo essa concepção, todas as afirmações do conhecimento são falíveis, e não é tornando este mais seguro que a ciência avança, e sim produzindo mais conhecimento. O reconhecimento de que todas as afirmações do conhecimento podem ser corrigidas e de que sempre podemos estar enganados exemplifica a moderna postura científica. Como observou Karl Popper (1902-1994), o máximo que podemos dizer quando as hipóteses sobrevivem aos testes empíricos é que a falsidade delas não ficou provada, de forma que podemos aceitá-las provisoriamente[13]. Como uma dramática ilustração, um estudo recente feito por um renomado grupo de astrofísicos dá a entender que o que tem sido aceito como as leis básicas da natureza pode não ser imutável. Se isso for verdade, as conseqüências para o nosso entendimento da ciência moderna serão no mínimo tão profundas como foram as da teoria da relatividade de Einstein[14].

À medida que o Iluminismo amadurecia, portanto, a ética, a filosofia política e uma parte importante das ciências

---

13. Ver Carl G. Hempel, *Aspects of Cientific Explanation and Other Essays in the Philosophy of Science* (Nova York, Free Press, 1965), pp. 298-303, para a discussão do modelo dedutivo-nomológico de Hempel; ver Karl R. Popper, *Conjecturs and Refutations: The Growth of Scientific Knowledge* (Londres, Routledge & Kegan Paul, 1963), pp. 228, 238, para a discussão do falsificacionismo de Popper.

14. J. K. Webb, M. T. Murphy, V. V. Flambaum, V. A. Dzuba, J. D. Barrow, C. W. Churchill, J. X. Prochaska e A. M. Wolfe. "Further evidence for cosmological evolution of the fine structure constant". Em: *Physical Review Letters* 87 (agosto de 2001): 091301–091601.

humanas viriam a se deparar com uma dupla ameaça. O abandono das teorias criacionistas do conhecimento as privaria de sua antiga identificação iluminista com a lógica e a matemática enquanto ciências proeminentes, mas estava longe de ser evidente que elas contivessem proposições que pudessem ser testadas empiricamente pelos padrões de uma ciência crítica e falibilista. Uma vez que nem sua certeza nem sua falsidade podiam ser provadas, esses campos de estudo tinham o desafio de escapar do bicho-papão de ser "meramente subjetivos", para serem lançados, juntamente com a metafísica, na lata de lixo da especulação – como A. J. Ayer argumentou de modo tão dramático em *Language, Truth, and Logic*, em 1936. "Visto que a expressão de um juízo de valor não é uma proposição", insistia Ayer, "a questão da verdade ou falsidade não se aplica aqui."[15] Os teóricos da ciência ética "tratam as proposições que se referem às causas e atributos de nossos sentimentos éticos como se elas fossem definições de conceitos éticos". Como resultado, sustentava Ayer, não conseguem reconhecer "que os conceitos éticos são pseudoconceitos e, conseqüentemente, indefiníveis"[16]. A doutrina do positivismo lógico de Ayer é freqüentemente atacada, mas veremos que sua visão do caráter não-científico da investigação normativa subsistiu tanto no mundo acadêmico quanto na mente do público.

1.2 A centralidade dos direitos individuais

Além da fé na ciência, é a centralidade dos direitos individuais que diferencia a filosofia política iluminista dos compromissos antigos e medievais com a ordem e a hierarquia. Assim, a liberdade individual vai para o centro da discussão sobre política. Esse movimento foi sinalizado na tra-

---

15. Alfred J. Ayer, *Language, Truth, and Logic* (Harmondsworth, Penguin Books, 1971 [1936]), p. 29.
16. Ibid., pp. 149-50.

dição do direito natural por uma mudança de ênfase, da lógica da lei para a noção de direito natural. Hobbes argumentava no *Leviatã* que era costumeiro se confundir *"Jus* e *Lex, Direito* e *Lei*; no entanto, dever-se-ia diferenciá-los; porque o DIREITO consiste na liberdade de fazer ou de se abster de fazer; ao passo que a LEI determina e vincula-se a um deles; o que, em se tratando de um único e mesmo assunto, é incoerente"[17]. Encontramos um raciocínio semelhante na obra de Locke *Ensaios sobre a lei da natureza*, escrita em 1663. Rejeitando as tradicionais correlações cristãs entre direito e lei, ele, em vez disso, insistia que a lei natural "tem que ser diferenciada do direito natural: pois o direito baseia-se no fato de que temos o livre uso de algo, enquanto a lei é aquilo que impõe ou proíbe que façamos algo"[18]. Pode-se depreender a exata especificidade desses movimentos do fato de, exceto pelo inglês, as línguas européias não conterem essa distinção lingüística. A palavra alemã *Recht*, a italiana *diritto* e a francesa *droit*, todas significam Direito no sentido abstrato [enquanto ciência], e também o direito de fazer ou não fazer*; isso demonstra a proximidade de ligação entre as etimologias desses conceitos, no decorrer da história. Embora os teóricos ingleses do contrato social tenham sido a ponta de lança dessa mudança, veremos que ela deixou sua marca indelével em uma faixa muito mais ampla do terreno político.

Já vimos que, na teologia voluntarista de Locke, a onipotência divina é fundamental. O que os seres humanos percebem como lei natural é, de fato, o direito natural de Deus, uma expressão de sua vontade[19]. A teoria da propriedade

---

17. Hobbes, *Leviathan*, p. 189.
18. John Locke, *Essays on the Law of Nature*, W. Von Leiden (org.) (Oxford, Clarendon Press, 1958 [1660]), p. 111.
* Em inglês, o Direito enquanto ramo abstrato do conhecimento é chamado *Law*, palavra que designa também uma lei concreta; ao passo que o direito no sentido da liberdade de fazer ou abster-se é *right*. (N. do R.)
19. Seguindo Hobbes e Pufendorf em sua formulação dessa distinção, Locke se distanciava de maneira importante da tradição tomista. Esse distanciamento fundava-se na retomada, feita por Grócio, da concepção jurídica

de Locke flui naturalmente desse esquema, transformando o modelo de conhecimento artesanal numa teoria normativa do direito. É por meio das ações de um fazer autônomo que os direitos sobre aquilo que é criado passam a existir: o fazer implica a propriedade, de forma que, no fundo, a lei natural é o direito natural de Deus sobre sua criação[20]. Os freqüentes recursos de Locke a metáforas artesanais e à fabricação de relógios, nos *Dois tratados* e em outras passagens, tornam fundamental o fato de que os homens estão em dívida com Deus por ele ter tido o propósito de criá-los. Os homens são "artefato de um mesmo Criador onipotente e infinitamente sábio (...), são propriedade de seu artífice, feitos para durar enquanto a Ele aprouver, e não a outrem"[21].

Para Locke, os seres humanos não têm paralelo com as outras criaturas de Deus porque ele lhes deu a capacidade de construir, de criar direitos para si próprios. Veremos que esta idéia, sob forma secular, sobreviveria por muito tempo à teologia e à epistemologia artesanais que a geraram. Na formulação de Locke, a lei natural estabelece que o homem está sujeito aos imperativos divinos de viver de determinada maneira, mas, dentro dos limites estabelecidos pela lei da natureza, o homem pode agir como se fosse Deus. Enquanto criador, o homem tem o conhecimento que um criador tem de seus atos intencionais e o direito natural de

---

romana de um direito como o *suum* de cada um, uma espécie de força moral ou *facultas* que todo homem tem, e cujas raízes conceituais – como demonstrou Quentin Skinner – estão nos escritos de Francisco Suarez e, por fim, nos de Jean Gerson e na tradição conciliar. Quentin Skinner, *The Foundations of Modern Political Thought* (Cambridge, Cambridge University Press, 1978), vol. 1, pp. 117, 176-78. Ver também Richard Tuck, *Natural Rights Theories* (Cambridge, Cambridge University Press, 1979); e John Finnis, *Natural Law and Natural Right* (Oxford, Clarendon Press, 1980), pp. 207-8).
20. Locke, *Essays on the Law of Nature*, pp. 111, 187.
21. John Locke, *Two Treatises of Government*, p. 271. [Op. cit., pp. 384-85. (N. do R.)] Para comentários suplementares, ver Tully, *A Discourse on Property*, pp. 35-8; e John Dunn, *The Political Thought of John Locke* (Cambridge, Cambridge University Press, 1969), p. 95.

domínio sobre suas próprias criações. Desde que não violemos a lei natural, a relação que temos com os objetos que criamos é a mesma que Deus tem conosco; nós os possuímos da mesma forma que ele nos possui[22]. Portanto, a lei natural, ou o direito natural de Deus, estende para longe as fronteiras de um campo no qual os seres humanos têm autoridade divina para agir como deuses em miniatura, criando seus próprios direitos e obrigações.

1.3 Tensões entre a ciência e os direitos individuais

Nos próximos capítulos, vamos procurar saber como a preocupação com a ciência e o comprometimento com os direitos individuais influenciaram os argumentos a respeito da fonte da legitimidade política. Uma questão genérica que se deve ter em mente, já sugerida por meus comentários sobre a teologia de Locke, é que esses dois valores iluministas vivem numa tensão latente entre si. A ciência é um empreendimento determinista, preocupado em descobrir as leis que regem o universo. Nos campos social e político, esse ponto tem um óbvio potencial de conflito com uma ética que dê ênfase à liberdade individual: se as ações humanas são regidas por leis, como pode existir a liberdade de ação que dá significado e direção ao comprometimento com os direitos individuais? Esta é uma instância da tensão, existente há muito tempo, entre livre-arbítrio e determinismo que veio à tona com as preocupações de Locke, mas assume uma coloração iluminista característica quando formulada como uma tensão entre ciência e direitos individuais.

Mesmo Hobbes e Locke, que tanto enfatizaram a existência de respostas definitivas para questões normativas, não conseguiam se libertar completamente dessa tensão.

---

[22]. Ver John Locke, *An Essay Concerning Human Understanding*. Livro II, capítulo 27, e Livro I, capítulo 30. Ver também Tully, *A Discourse on Property*, pp. 108-10, 121.

Ambos acreditavam que as pessoas são livres para agir como quiserem naqueles assuntos em que a lei natural não tem nada a dizer, mas, quando esta tem algo a dizer, nenhum dos dois se sentia completamente à vontade com a idéia de que o livre-arbítrio humano deva sucumbir sempre perante as exigências da lei natural. Isto apesar do fato de ambos acreditarem que a lei natural tinha por trás de si a força total tanto da ciência quanto da teologia. Hobbes sustentava que indivíduos racionais concordariam em se submeter a um soberano absoluto porque a outra opção seria uma horrenda guerra civil. Esse raciocínio implica que o soberano podia legitimamente ordenar a seu súdito que perdesse a vida em batalha; mas Hobbes sentiu-se obrigado a advertir o soberano no sentido de que não se surpreendesse se os súditos não quisessem agir assim[23]. Embora Locke concebesse a lei natural tal como expressa nas Escrituras, submetendo os seres humanos, ele reconhecia que as Escrituras eram suficientemente ambíguas para deixar espaço para interpretações discordantes. Um dos principais argumentos usados por ele contra *Sir* Robert Filmer no *Primeiro tratado* foi insistir que Deus fala diretamente a cada indivíduo que lê as Escrituras e que nenhuma autoridade humana tem o direito de impor uma interpretação oficial diante de outra que esteja em conflito com ela[24]. Esta liberdade de cada qual compreender a lei natural segundo sua própria inteligência serviu de base ao direito de resistência defendido por Locke, que podia ser invocado contra o soberano e ao qual ele próprio recorreu quando se opôs à Coroa inglesa durante a década de 1680. Sua convicção de que se podem descobrir as respostas certas sobre o significado das Escrituras e, conseqüentemente, sobre aquilo que a lei natural exige não pretendia suprimir a liberdade humana de discordar, mesmo acerca desse assunto.

---

23. Hobbes, *Leviathan*, pp. 268-70.
24. John Locke, *Two Treatises of Government*, p. 173. Para uma análise suplementar, ver Richard Ashcraft, *Locke's Two Treatises of Government* (Londres, Allen & Unwin, 1986), cap. 3.

Em resumo, embora o ideal artesanal seja uma tentativa de combinar as injunções deterministas da ciência com uma ética que dê centralidade à liberdade individual, esse ideal contém, para os seres humanos, tensões análogas ao paradoxo da lei natural que preocupava Locke. Se há respostas incontestavelmente certas acerca da legitimidade política, as quais toda pessoa de mente arejada deve confirmar, em que sentido as pessoas realmente têm o direito de decidir isso por elas próprias? Mas se, com base em suas próprias convicções, elas são livres para rejeitar o que a ciência revela, o que resta então da reivindicação desta de que tem precedência diante de outros modos de envolvimento com o mundo? Vemos esta tensão vir repetidamente à tona nas tradições utilitarista, marxista e contratualista, sem jamais ser completamente solucionada. Na tradição democrática, a tensão recebe uma nova forma e é administrada por meio de táticas de procedimento que a diminuem; mas também aí a tensão nunca é completamente eliminada. Sua persistência reflete a realidade de que tanto o fascínio da ciência como o comprometimento com os direitos individuais são básicos para a consciência política do Iluminismo.

Capítulo 2
Utilitarismo clássico

Ninguém pode dizer que Jeremy Bentham não era ousado. Na primeira página do único tratado sistemático sobre política que escreveu, ele condensou sua doutrina em um só parágrafo:

> A natureza colocou o gênero humano sob o domínio de dois senhores soberanos: a *dor* e o *prazer*. Somente a eles compete apontar o que devemos fazer, bem como determinar o que na realidade faremos. Ao trono desses dois senhores está vinculada, por uma parte, a norma que distingue o que é reto do que é errado e, por outra, a cadeia das causas e dos efeitos.
>
> Os dois senhores de que falamos nos governam em tudo o que fazemos, em tudo o que dizemos, em tudo o que pensamos, sendo que qualquer tentativa que façamos para sacudir este senhorio outra coisa não faz senão demonstrá-lo e confirmá-lo. Através das suas palavras, o homem pode pretender abjurar tal domínio, porém na realidade permanecerá sujeito a ele em todos os momentos da sua vida.
>
> O *princípio da utilidade* reconhece esta sujeição e a coloca como fundamento desse sistema, cujo objetivo consiste em construir o edifício da felicidade através da razão e da lei. Os sistemas que tentam questionar este princípio são meras palavras e não uma atitude razoável, capricho e não razão, obscuridade e não luz.[1]

---

1. Jeremy Bentham, *An Introduction to the Principles of Morals and Legislation* (Nova York, Hafner Publishing Co., 1948 [1789]), p. 1. Todos os grifos das

Bentham explica mais adiante que o princípio de utilidade "aprova ou desaprova qualquer ação, segundo a tendência que tem a aumentar ou a diminuir a felicidade da pessoa cujo interesse está em jogo, ou, o que é a mesma coisa em outros termos, segundo a tendência a promover ou a comprometer a referida felicidade".

Bentham acreditava que seu princípio de felicidade se aplica igualmente às ações dos indivíduos e às dos governos e que, quando aplicado aos governos, ele exige que maximizemos a maior felicidade do maior número de pessoas da comunidade[2]. Como veremos, isto se mostraria uma tarefa complexa; mas ele não tinha nenhuma dúvida de que era possível, e de que os governos que seguissem suas diretivas prosperariam e seriam considerados legítimos, enquanto os que fracassassem nessa empresa ficariam inevitavelmente presos à idade das trevas da miséria disfuncional. Bentham passou grande parte da vida tentando implementar seu projeto utilitário no desenho das instituições sociais e políticas – abarcando de prisões a parlamentos – e viajou pelo mundo defendendo-o perante dirigentes e políticos. Sua confiança equiparava-se à sua ambição teórica. Nunca duvidou de que o sistema pudesse ser implantado em todos os detalhes para controlar cada aspecto da interação humana, reduzindo os dilemas políticos e morais a cálculos técnicos de utilidade. Um século mais tarde, Marx e Engels escreveriam sobre uma ordem utópica na qual a política pudesse ser substituída pela administração[3]. Bentham acreditava que isso poderia ser feito na Inglaterra do século XVIII.

---

citações seguem o original. [Trad. bras. *Uma introdução aos princípios da moral e da legislação*. São Paulo, Abril Cultural, 1979, p. 3. (N. do R.).]

2. Ibid., pp. 126-7.

3. Daí a famosa observação de Engels no sentido de que, sob o verdadeiro socialismo, "a dominação das pessoas é substituída pela administração das coisas". Ver Frederick Engels, *Anti-Dühring* (Moscou, Foreign Language Publishing House, 1959 [1878]), p. 387.

2.1 As bases científicas do utilitarismo clássico

Filho imperturbável do Iluminismo, Bentham desprezava a influente tradição do direito natural de sua época, declarando de maneira notável que todas as teorias da lei natural e dos direitos naturais eram um "simples absurdo... um absurdo retórico – um absurdo com pernas-de-pau"[4]. Defendia um sistema de direitos políticos amplo, mas via os direitos como produtos humanos, criados pelo sistema legal e postos em prática pelo soberano. Insistia que não há direitos sem coação e não há coação sem autoridade[5], uma maneira crua de apresentar a visão que posteriormente seria conhecida como positivismo jurídico. Enquanto a lei natural fora tradicionalmente vista como fornecedora do parâmetro de avaliação dos sistemas jurídicos positivos criados pelo homem, para Bentham só existe a lei positiva, a qual deve ser avaliada por princípios utilitaristas baseados na ciência.

Bentham não tinha nenhuma dúvida de que o utilitarismo possuía a força inegável do *cogito* cartesiano. "Quando uma pessoa tenta impugnar o princípio da utilidade", insistia ele, "fá-lo estribada em razões hauridas desse mesmo princípio, ainda que não tenha consciência do fato."[6] Portanto, quando um moralista asceta abstém-se do prazer, move-o na verdade "a esperança de ser honrado e reconhecido pelos homens", e a expectativa da honra é a verdadeira fonte de seu prazer. Pela mesma razão, alguém que se nega o prazer ou se martiriza por motivos religiosos reflete o "medo de uma punição futura nas mãos de uma Deidade rabugenta e vingativa". Esse medo nada mais é

---

4. Jeremy Bentham, *Anarchical Fallacies*, reimpresso em *The Works of Jeremy Bentham*, publicado sob a supervisão de seu testamenteiro John Bowring (Edimburgo, William Tait, 1843), vol. 2, p. 501.

5. Ibid., p. 500.

6. Bentham, *An Introduction to the Principles of Morals and Legislation*, pp. 4-5. [Id., p. 5. (N. do R.)]

que "a expectativa da dor", uma motivação completamente utilitarista[7]. Não é preciso refletir longamente para perceber que as noções de busca do prazer e afastamento da dor, conforme Bentham as apresenta, são suficientemente amplas a ponto de redescrever em seus termos qualquer motivação imaginável. Hoje, se considerarmos que é impossível avaliar cientificamente uma teoria da psicologia humana cuja falsidade não pode ser provada, isso levanta suspeitas. Bentham, contudo, movia-se dentro da corrente predominante do início do Iluminismo; portanto, era bastante natural que considerasse que essa apresentação de seu argumento validava o ponto de vista utilitarista.

O utilitarismo, para Bentham, tinha uma base naturalista fundada nos imperativos de sobrevivência do organismo humano. Trata-se de algo notável, uma vez que ele escrevia setenta anos antes de Charles Darwin[8]. Bentham reconhecia que a dor e o prazer tinham origens e condicionantes religiosos, morais e políticos, mas insistia que todos eles se baseavam nas origens e nos condicionantes físicos da dor e do prazer, sendo secundários em relação a estes. O físico é o "fundamento" do político, do moral e do religioso; está "incluído em cada um deles"[9]. Estamos ligados ao princípio de utilidade pela "constituição natural do corpo humano"[10]; freqüentemente de maneira inconsciente, e mesmo quando a consciência considera que nossas ações são incompatíveis com ele. Se não nos mantivéssemos fiéis a esse princípio, diz ele em *The Psychology of Economic Man*, "a espécie não po-

---

7. Ibid., p. 9. Bentham poderia ter-se referido, neste caso, aos antigos cristãos donatistas do grupo dos *circumcelliones*, que despertavam atenção por adotarem a prática do suicídio a fim de eliminar o risco de pecar e, como resultado desse pecado, de sofrer a danação eterna. Considerava-se particularmente bom provocar um infiel para que ele o martirizasse, ou adotar práticas rigorosas que o conduzissem à morte, mas, em último caso, aceitavam-se outros meios. Vide G. Steven Neeley, *The Constitutional Right to Suicide: A Legal and Philosophical Examination* (Nova York, Peter Lang, 1994), p. 40.

8. *A origem das espécies,* de Darwin, foi publicada em 1859.

9. Bentham, *An Introduction to the Principles of Morals and Legislation*, p. 27.

10. Ibid., p. 4.

deria continuar existindo", e "bastariam alguns meses, para não dizer semanas ou dias, para que ela fosse aniquilada"[11]. Bentham considera um "axioma" – comparável aos "formulados por Euclides" – que, "sendo bem-sucedido ou não", o homem busca a felicidade, e, assim, "continuará a buscá-la enquanto for homem, em todas as coisas que fizer"[12].

2.2 Utilidade individual contra utilidade coletiva, e a necessidade do governo

Considerando-se essa visão absolutamente determinista da natureza humana, surge a pergunta: que lugar tem o governo? Se as pessoas não se cansam de procurar o prazer e evitar a dor a despeito de todas as outras considerações, parece não sobrar ao governo muito que fazer para estimular a busca da utilidade. Some-se a isso o fato de Bentham dizer que a legislatura tem pouco a ver com as causas do prazer e que suas principais atividades têm a ver com a prevenção de atos nocivos[13]. Além disso, parece claro que para ele os atos privados dos indivíduos, particularmente na geração de riqueza, são a principal fonte de utilidade. Sua obra *Principles of the Civil Code* deixa isso explícito:

> A lei não diz ao homem: *Trabalhe e eu o recompensarei*; mas diz: *Labute, e, ao sustar a mão que os tiraria de você, garantir-lhe-ei os frutos de sua labuta – sua natural e suficiente recompensa, a qual, sem mim, você não pode preservar*. Se a indústria cria, é a lei que preserva; se, em um primeiro momento, devemos tudo ao trabalho, em um segundo momento, e em todos que o sucedem, devemos tudo à lei[14].

---

11. Bentham, *The Psychology of Economic Man*, reimpressa em W. Stark (org.), *Jeremy Bentham's Economic Writings*, vol. 3 (Londres, George Allen & Unwin, 1954), p. 422. Stark deu esse título a uma seleção de textos de Bentham que posteriormente influenciou a psicologia econômica.
12. Ibid., p. 121.
13. Jeremy Bentham, *Principles of the Civil Code*, reimpressa em *The Works of Jeremy Bentham*, vol. 1, p. 301.
14. Ibid., p. 241.

Esta passagem reflete a visão de Bentham de que, embora o império da lei seja essencial para a busca da utilidade, a lei deve se limitar a garantir que as pessoas possam buscar a utilidade por si próprias. Como veremos, essa visão não está necessariamente contida na lógica do utilitarismo, mas parece claro o comprometimento de Bentham com ela[15].

O papel do governo *exigido* pela lógica da teoria de Bentham baseia-se no pressuposto egoísta de que a busca do prazer e o afastamento da dor agem sempre no nível psicológico individual. As pessoas procuram maximizar individualmente a utilidade, não dando a mínima para o bem geral da sociedade. Essa visão sugere que, se valer a pena e se puderem se safar, elas não cumprirão suas promessas e roubarão os outros, a menos que haja um direito criminal para proteger o direito à vida, à integridade física e à propriedade, bem como um código civil que faça cumprir os contratos e, por outro lado, facilite o comércio. Com base nas premissas de Bentham, essa possibilidade, por si só, não é suficiente para justificar o governo, pois uma guerra de todos contra todos em que o mais forte destrua o mais fraco pode, por tudo o que sabemos, conduzir à maior utilidade líquida possível para os sobreviventes. (Na verdade, veremos que uma das críticas mais agudas feitas ao utilitarismo decorre do fato de ele não dar nenhuma importância moral a quem se beneficia dos efeitos da utilidade, somente à sua existência.) Da perspectiva de Bentham, conseqüentemente, deve haver algo mais que motive a necessidade de governo que o simples fato de a procura egoísta de prazer e o afastamento da dor superarem todos os outros impulsos humanos.

O "algo mais" reduz-se a duas coisas; a primeira é que o comportamento egoísta pode ser autodestrutivo. Há diversas circunstâncias nas quais indivíduos puramente egoístas

---

15. Para uma discussão complementar sobre a ênfase que Bentham dá à promoção da segurança como propósito fundamental do direito, ver Nancy Rosenblum, *Bentham's Theory of the Modern State* (Cambridge, Mass., Harvard University Press, 1978), p. 53.

não farão voluntariamente o que é de seu interesse. O exemplo dado por Bentham, talvez um dos primeiros relatos da "lógica da carona"*, diz respeito ao financiamento de uma guerra. Embora cada indivíduo se beneficie da segurança proporcionada pelo exército, ele não consegue perceber nenhum retorno individual ao imposto de contribuição; não vê razão, portanto, em apoiar voluntariamente a guerra, se consegue obter um melhor retorno daquilo que, de outro modo, teria sido seu imposto de contribuição para o esforço de guerra[16]. Normalmente, se alguém sabe que um bem será fornecido quer contribua ou não para que isso aconteça, recusar-se-á a contribuir se for um calculista puramente egoísta unicamente preocupado com a utilidade. A questão do financiamento dos fundos públicos é, entre o conjunto de falhas do mercado, uma daquelas em que a mão invisível deste leva a resultados aquém dos ideais para todos os envolvidos[17]. Para Bentham, uma vez que a "a sociedade só se mantém unida pelos sacrifícios que os homens podem ser induzidos a fazer para a satisfação de suas necessidades", o governo teria que forçá-los a se sacrificar em circunstâncias nas quais poderiam ter deixado de fazê-lo. Fazer que se sacrifiquem é "a maior dificuldade e a maior tarefa do governo"[18].

Somando-se a essa nascente justificativa do governo originada nas falhas do mercado, Bentham também acreditava que o governo tinha um importante papel no cálculo dos interesses utilitários do povo e na aprovação de políticas que os promovessem. A tese contemporânea cujos fun-

---

* Em inglês, *logic of free riding*, expressão que designa algo obtido sem esforço ou custo. (N. do T.)

16. Bentham, *Psychology of Economic Man*, p. 429.

17. Bens públicos, como o ar puro e a segurança nacional, são bens que exigem, por sua natureza, a contribuição de todos, da qual é impossível excluir alguns membros do grupo. Como resultado, são vulneráveis aos "caroneiros". Para uma discussão geral sobre a "carona", vide Mancur Olson, *The Logic of Collective Action* (Cambridge, Mass., Harvard University Press, 1971), pp. 1-3, 64-5, 125-6.

18. Bentham, *Psychology of Economic Man*, p. 431.

damentos dizem que os indivíduos só estão interessados em si é, em geral, radicalmente antipaternalista ao assumir que, também quanto à definição de sua própria utilidade, o indivíduo é soberano. Esse pressuposto posterior só começou a penetrar a tradição utilitarista quando John Stuart Mill remodelou-a uma geração após Bentham ter escrito. E só evoluiu para uma posição radicalmente subjetiva quando Charles L. Stevenson, seguindo o caminho do positivismo lógico de Ayer, rejeitou a idéia – considerada correta pela tradição utilitária desde, no mínimo, a época de Hume – de que as fontes do prazer e da dor são as mesmas nos diferentes indivíduos. Daí a crença de Hume de que, solucionadas todas as questões factuais, não restaria nenhuma questão moral; e de que uma ciência das paixões poderia produzir conclusões generalizáveis a todos os indivíduos. Foi isso que Stevenson questionou radicalmente. Defendendo a idéia de que não há um bom motivo para acreditar que "pessoas informadas dos fatos darão sua aprovação aos mesmos objetos", concluía que "se não houvesse *nada* que recebesse uma mesma aprovação de todos ou da maioria das pessoas informadas, sendo as pessoas temperamentalmente diferentes a esse respeito – então *nada* seria virtude e *nada* seria vício"[19].

Para Bentham, que escrevia um século e meio antes da plena transformação do egoísmo em mero subjetivismo, o propósito final da nova ciência utilitarista era obter respostas definitivas que fossem mais que meras opiniões ou afir-

---

19. Charles L. Stevenson, *Ethics and Language* (New Haven, Yale University Press, 1944), p. 275. É claro que Hume é mais famoso por insistir que é impossível deduzir um "deve" de um "é". Ver David Hume, *A Treatise on Human Nature* (Nova York, Everyman, 1974 [1739]), vol. 2., pp. 177-8. Contudo, precisamente por presumir que a psicologia é basicamente a mesma para todos, a visão de Hume do hiato entre fato e valor não parecia ameaçar sua capacidade de chegar a conclusões sobre o que a justiça exige e o que é de interesse geral da sociedade. Ver Alasdair MacIntyre, "Hume on 'is' and 'ought'", em Vere C. Cappell (org.), *Hume* (Londres, MacMillan, 1966), pp. 240-64; Geoffrey Hunter, "Hume on *is* and *ought*", *Philosophy*, vol. 37 (1962), pp. 148-53; o diálogo entre Hunter e Anthony Flew em Chappell, *Hume*, pp. 278-94; e W. D. Hudson, "Hume on *is* and *ought*", ibid., pp. 295-307.

mações subjetivas. "A anatomia da mente humana é semelhante à anatomia e fisiologia do corpo humano: o raro não é o homem não estar familiarizado com ela, mas estar."[20] O egoísmo de Bentham tinha, assim, uma forte configuração objetivista. Ele nunca duvidou de que os cálculos utilitaristas pudessem ser feitos para todos e que o governo poderia, então, fazer os cálculos de custo e benefício para determinar o melhor caminho para a sociedade. Bentham pensava o prazer e a dor de acordo com quatro dimensões: intensidade, duração, certeza ou incerteza e "proximidade no tempo ou longinqüidade"[21]. Também pensou a "extensão", ou o número de pessoas – a quem determinada ação prazerosa ou dolorosa se aplique – que pudesse ser considerado uma comunidade política. Como inúmeros economistas políticos desde então, ele duvidava que a intensidade pudesse ser corretamente medida, mas estava certo de que todas as outras dimensões podiam ser quantificadas[22]. Imaginou, então, cálculos gigantescos de custo-benefício da utilidade para a sociedade, que iam dos fundamentos de medidas constitucionais às punições mais adequadas de infrações específicas do código penal[23]. De fato, grande parte dos fundamentos do *Principles of Morals and Legislation* dedicava-se a iniciar um grande projeto utilitário deste tipo, a ser refinado, embora não revisto em sua essência, pelas gerações posteriores. Bentham o considerava uma espécie de livro de re-

---

20. Bentham, *Psychology of Economic Man*, p. 425.
21. Bentham, *Introduction to the Principles of Morals and Legislation*, pp. 29-32. No que se refere aos prazeres e às dores, ele também acreditava que se podia calcular sua "fecundidade" (a probabilidade de que o prazer ou a dor decorrente de uma ação resultasse, no futuro, em um prazer ou em uma dor similar), bem como sua "pureza" (a possibilidade de "*não* serem acompanhados por sensações de tipo *contrário*: ou seja, dores, no caso de um prazer: prazeres, no caso de uma dor"). Estas duas últimas características "raramente são, de modo estrito, consideradas propriedades do próprio prazer ou da própria dor; não são, portanto, para serem atribuídas, de modo estrito, ao valor daquele prazer ou daquela dor". Ibid., p. 30. [Id., p. 16. (N. do R.)]
22. Bentham, *Psychology of Economic Man*, p. 443.
23. Ibid., pp. 152-4.

ferência que fosse pau para toda obra, ao qual os legisladores pudessem se reportar para ajustar o que pode ser descrito como o *"utilitômetro" deles*, à medida que procurassem remodelar a sociedade sobre bases científicas.

Além de serem quantificáveis, Bentham considerava que as dores e os prazeres relacionados às diferentes atividades eram intercambiáveis. Uma vez feito esse movimento, surge a questão: qual o sistema de medida ou unidade de cálculo referente ao qual elas se tornam comparáveis uma à outra? A não ser que exista tal sistema, ele observou, "não há proporção nem desproporção entre punição e crime"[24]. De modo geral, os indivíduos não teriam como comparar as diferentes fontes de dor e de prazer uma com a outra, ou como decidir, indivíduo por indivíduo, quanto à "extensão" da utilidade. Comparações intra e interpessoais desse tipo pressupõem a existência de um único sistema de medida em relação ao qual a infinidade de prazeres e dores possa se tornar mutuamente comensurável. É preciso que haja um substituto tangível para a utilidade.

O dinheiro foi o "utilitômetro" de Bentham. Assim como o termômetro serve "para medir a temperatura" e o barômetro "para medir a pressão atmosférica", o dinheiro "é o instrumento de medida da quantidade de dor e de prazer". Bentham reconhecia que o dinheiro pode não ser considerado uma unidade de cálculo inteiramente satisfatória. Mas deixou ao cético o ônus de provar isso e de "encontrar outra [unidade] mais precisa ou então dar adeus à política e à moral"[25]. Observando que "o homem rico é mais apto a ser feliz, em média, que o homem pobre", ele insistia que, ao usar o dinheiro como substituto da utilidade, provavelmente chegaremos "mais perto da verdade que quaisquer

---

24. Bentham, *The Philosophy of Economic Science*, reimpressa em Stark, *Jeremy Bentham's Economic Writings*, vol. 1, p. 118. Stark deu esse título a uma seleção de textos de Bentham que posteriormente influenciou a economia política.

25. Ibid., p. 117.

outras suposições gerais que possam ser feitas para o objetivo em questão"[26]. O dinheiro tem a vantagem adicional de servir de alavanca na difícil questão da intensidade de interesse, pois as pessoas podem vender as coisas que menos desejam a fim de comprar as coisas que mais desejam. Nas palavras de Bentham:

> Se, tendo uma coroa no bolso, e não estando com sede, hesito entre comprar com ela uma garrafa de clarete para beber e dispor dela para auxiliar uma família que vejo perecer por falta da mínima assistência, a longo prazo, tanto pior para mim: mas o certo é que, enquanto continuo hesitando, os dois prazeres, de satisfação dos sentidos, num caso, e de compaixão, no outro, têm para mim o valor exato de cinco *shillings*, são exatamente iguais para mim.[27]

"Tanto pior para mim" refere-se a complexidades relacionadas com comparações interpessoais que analisaremos mais adiante. A conclusão a que chegamos aqui é que para Bentham o dinheiro era o melhor substituto da utilidade, tanto para medir o prazer e a dor como para regular sistemas de incentivos que influenciassem o comportamento humano.

2.3 Comparações interpessoais e conseqüencialismo

O projeto de Bentham era um sistema cardinal na medida em que ele supunha que as unidades de dor e de prazer, convenientemente chamadas de *"utis"*, podiam ser somadas e subtraídas para produzir resultados agregados para um indivíduo. Podemos, então, em princípio, formar juízos como este: se alguém obtém três "utis" de prazer com a leitura de um livro mas se sacrifica dois "utis" para ganhar o dinheiro para comprá-lo, então, feito o balanço, o trabalho necessário para comprar o livro é desejável. O sistema de

---

26. Bentham, *Psychology of Economic Man*, p. 438.
27. Bentham, *Philosophy of Economic Science*, p. 117.

Bentham também permitia comparações interpessoais de utilidade, possibilitando que uma terceira parte avaliasse as utilidades relativas recebidas pelas diferentes pessoas com a distribuição de ganhos e perdas por toda a sociedade. Em meio às idéias de que se deve maximizar a felicidade da maioria, de que se deve maximizar a maior felicidade do maior grupo possível, ou simplesmente de que se deve maximizar a soma total de utilidade na sociedade, a prescrição de maximizar a maior felicidade para o maior número fica ambígua. Em nenhuma dessas interpretações (costuma-se considerar que a última apreende melhor a intenção de Bentham) há qualquer interesse em *quem* usufrui a utilidade de que se trata. A única referência na distribuição dos ganhos e perdas é o critério segundo o qual esta deve resultar na maximização líquida da utilidade social.

O utilitarismo clássico é, portanto, uma doutrina conseqüencialista. Mesmo que uma decisão política provoque um sério prejuízo para alguns, até mesmo a morte, não há razão para se opor a ela se o resultado líquido for a maximização da utilidade total. É por isso que se podem estabelecer ligações entre o utilitarismo e a eugenia, e é esse o motivo pelo qual ele encontra uma grande dificuldade em lidar com a questão dos portadores de deficiência. Quando os custos de manter alguém vivo excedem os benefícios recebidos por essa pessoa e pelo restante da sociedade, então não há nenhuma razão utilitarista para não deixá-la morrer. E quando membros da raça ariana que se crêem superiores sentem que, como resultado do extermínio dos judeus de seu meio, há um aumento de utilidade que excede o sofrimento experimentado por esses judeus, o utilitarismo não tem nada a objetar. Pelo contrário, ele na verdade apoiaria tal política, como foram obrigados a admitir até mesmo aqueles que são simpáticos às teorias conseqüencialistas[28].

---

28. Assim, Richard Posner observa que, se um grupo minoritário fosse "tão odiado que seu extermínio aumentaria a felicidade total da sociedade, o utilitarista coerente acharia difícil condenar esse extermínio". *The Economics of Justice* (Cambridge, Mass., Harvard University Press, 1981), p. 58. A própria

Além dos efeitos interpessoais, a centralidade radical que Bentham atribui à experiência do prazer traz consigo uma ameaça à autonomia e à autenticidade que a maioria das pessoas, ao refletir sobre ela, considerará perturbadora. Robert Nozick observa que, segundo tal teoria, nosso desejo seria nos ligarmos a "máquinas de experiência"– se pudessem ser criadas – que retirariam de nós toda dor e nos proporcionariam um fluxo contínuo de prazer, enquanto, na verdade, estaríamos boiando em um tanque, tendo o cérebro conectado a eletrodos[29]. Este é um prolongamento lógico do brilhante retrato do conformismo satisfeito traçado por Aldous Huxley na distopia *Admirável mundo novo*[30]. Como no caso dos *"feelies"* e do *"soma"* de Huxley, a reflexão sobre a máquina de prazer de Nozick nos recorda que é improvável que as pessoas queiram abrir mão do controle de suas vidas, ou que, conscientemente, troquem a realidade – por mais que ela freqüentemente nos decepcione – por uma ficção prazerosamente anestesiante. As pessoas geralmente consideram importante evitar a dor e buscar o prazer, mas a maioria de nós nem sempre considera que essas sejam as coisas mais importantes.

A marginalização dos portadores de deficiência, a exploração das minorias vulneráveis, a falta de autenticidade e a perda de autonomia são riscos do utilitarismo que estão sempre presentes, mas, quando Bentham pensava na redistribuição a fim de maximizar a utilidade social líquida, eles não ocupavam os primeiros lugares em sua lista de preocupações. A questão que claramente o pressionava, dada a

---

teoria de Posner implica a maximização da riqueza em vez da utilidade e descarta comparações interpessoais, evitando, portanto, esta dificuldade. Não evita, contudo, a dificuldade de que as pessoas inválidas que em nada contribuíssem para a produção de riqueza deveriam, para ele, ser deixadas para morrer de fome. Ibid., pp. 60-87. Para uma visão genérica, vide Alan Donagan, "Is there a credible form of utilitarianism?" em *Contemporary Utilitarianism*, Michael Bayes (org.) (Garden City, N.Y., Anchor Books, 1968), pp. 187-202.

29. Robert Nozick, *Anarchy, State and Utopia* (Nova York, Basic Books, 1974), pp. 42-5.

30. Aldous Huxley, *Brave New World* (Nova York, Harper, 1946 [1932]).

imensa riqueza de uma pequena minoria e as hordas de pobres do campo e, cada vez mais, das cidades, era se a distribuição dos bens dos ricos entre os pobres se constituiria numa melhora social líquida. Para Bentham, obviamente, a resposta era sim, considerando-se sua aceitação do que veio a ser conhecido como princípio da utilidade marginal decrescente. Embora a riqueza aumente a felicidade, Bentham insiste que "multiplicar a riqueza dez mil vezes não trará consigo dez mil vezes mais felicidade". Na verdade, ele até duvida de que trará o dobro de felicidade. A razão disso é que "o efeito da riqueza na produção de felicidade diminui na proporção em que a riqueza de um homem excede a de outro. Em outras palavras, a quantidade de felicidade produzida por uma partícula de riqueza (sendo cada partícula da mesma magnitude) é cada vez menor a cada partícula; a segunda produz menos que a primeira, a terceira menos que a segunda, e assim por diante"[31].

O princípio da utilidade marginal decrescente tornou-se, desde então, um padrão na economia e na economia política. Quando ligado a um projeto utilitarista que permita comparações interpessoais, ele adquire um caráter radicalmente redistribucionista, coisa de que Bentham estava bem consciente. Se todo o restante permanecer igual, "tendo em vista a maior felicidade do maior número como meta, haveria motivo suficiente para tomar a riqueza dos mais ricos e transferi-la para os menos ricos, até que as fortunas de todos eles estivessem reduzidas à igualdade, ou a um sistema de desigualdade tão pouco diferente da igualdade perfeita que não valeria a pena calcular sua diferença"[32]. A lógica do utilitarismo clássico era, portanto, simpática à idéia de que o Estado deveria se envolver em uma redistribuição maciça, da excessivamente afluente aristocracia inglesa para os pobres existentes, começando por transferir dos mais ricos para os mais pobres. "Quanto maior a fortuna do indivíduo

---

31. Bentham, *Philosophy of Economic Science*, p. 113.
32. Ibid., p. 115.

em questão, maior a probabilidade de que, pela subtração de determinada quantidade de sua riqueza, não aconteça absolutamente nenhuma subtração da quantidade de sua felicidade."[33]

Bentham tornou-se, ao longo da vida, um democrata cada vez mais radical. Nos primeiros anos, como reformador, ele pensava que bastaria esclarecer a aristocracia para conseguir implantar suas idéias. Mais tarde, entretanto, acabou considerando a aristocracia como um organismo corporativo, uma sociedade no interior da sociedade, que busca os interesses aristocráticos em vez de buscar os interesses da nação como um todo. Bentham acabou por compreender que "o espírito corporativo", nas palavras de Elie Halévy, "é o pior inimigo do espírito do princípio de utilidade pública"[34], de forma que seria necessária uma reforma política radical para que seu projeto se realizasse. Isso levou Bentham, juntamente com James Mill, Major Cartwright e outros reformadores utilitaristas radicais, a abraçar o sufrágio universal em seu *Resolutions on Parliamentary Reform*, publicado em 1818. Pois "somente na medida em que os membros da Câmara [dos Comuns] sejam de fato *escolhidos*, e de tempos em tempos *removíveis* pelo sufrágio livre da grande maioria do povo, é que pode haver uma garantia adequada de que suas ações estejam em conformidade com o sentimento e os desejos do povo; e, por conseguinte, que eles possam, verdadeiramente e sem abusar das palavras, ser intitulados, ou declarados, representantes do povo"[35].

Por mais que tenha se tornado um relutante democrata radical nas primeiras décadas do século XIX, Bentham nunca foi revolucionário[36]. Mesmo na questão da redistribuição

---

33. Ibid., p. 114.
34. Elie Halévy, *The Growth of Philosophic Radicalism* (Bath, Ingl., Faber & Faber, 1972 [1928]), p. 254.
35. Jeremy Bentham, *Resolutions on Parliamentary Reform*, impresso em *The Works of Jeremy Bentham*, vol. 10, pp. 495-7.
36. Para a história da gradual radicalização política de Bentham, bem como seu rompimento final com os revolucionários demagogos como William Cobbert e Henry Hunt, vide Halévy, *Growth of Philosophical Radicalism*, pp. 251-64.

de riqueza, achava que as políticas redistribucionistas deveriam ser mescladas com outras deliberações. Como escreveu em *The Philosophy of Economic Science*, embora o efeito de "primeira classe" da redistribuição dos bens dos ricos para os pobres fosse um grande aumento da utilidade social líquida, se levarmos em conta os "efeitos de segunda e de terceira classe", o resultado seria então bem diferente. "Em primeiro lugar, a maximização da felicidade seria substituída pela destruição universal da felicidade – e, em seguida, pela destruição da vida. Mal de segunda classe: aniquilamento da felicidade pela universalização do temor [entre os ricos, diante da perspectiva da redistribuição] e expansão do perigo, levando ao: Mal de terceira classe – destruição da vida pela certeza do não-gozo do fruto do trabalho, e, portanto, extinção da indução ao trabalho."[37] Na *Psychology of Economic Man*, Bentham explica isso de maneira mais explícita:

> Suponha que mal se tenha dado início, por meio da força de um tipo qualquer de governo, à determinação de estabelecê-la [igualdade absoluta]. O efeito seria que – em vez de todos terem igual participação no conjunto de objetos de desejo geral, particularmente os meios de *subsistência* e aquilo que constitui a *abundância* – ninguém teria, absolutamente, nenhuma parte disso. Antes que se conseguisse fazer qualquer divisão, o todo estaria destruído; e destruídos, juntamente com ele, aqueles *por* quem, bem como aqueles em cujo benefício, a divisão fora ordenada.[38]

Como conseqüência, Bentham defende que se busque a "igualdade prática", querendo dizer com isso que "pode ser feita toda e qualquer abordagem que torne a igualdade absoluta", desde que não abale a subsistência, a abundância e a segurança – "inevitavelmente superiores"[39].

Não está claro como Bentham espera que saibamos o que a "igualdade prática" exige do ponto de vista prático.

---

37. Bentham, *Philosophy of Economic Science*, pp. 115-6.
38. Bentham, *Psychology of Economic Man*, p. 442n.
39. Ibid., p. 442.

Além de descartar a escravidão[40], ele escreve como se houvesse um patamar abaixo do qual os ricos tolerariam a redistribuição, e acima do qual a rejeitariam. Este é o tipo de idéia que se ouvia na África do Sul durante o *apartheid*, quando era freqüente ouvir dizer que a minoria de fazendeiros brancos ricos preferiria queimar suas colheitas a submeter-se a um governo de maioria negra. O exemplo é instrutivo porque, naquele caso, praticamente todos eles aceitaram o governo da maioria sem nenhuma reação drástica desse tipo[41]. De modo semelhante, os ricos conviveram no Reino Unido com um nível de impostos marginais de mais de noventa por cento durante alguns governos trabalhistas posteriores à Segunda Guerra Mundial; e, mesmo nos Estados Unidos, têm-se convivido com impostos bem altos, particularmente durante as guerras[42]. Se existe um patamar de tributação acima do qual os ricos se insurgiriam, ele parece ser muito difícil de definir. Não é nada evidente, portanto, de que maneira um planejador utilitarista aplicaria a distinção entre igualdade absoluta e prática a uma política de impostos redistribucionista.

Em lugar de lidar com esse problema em termos de um patamar proibitivo, os economistas contemporâneos pensariam nele tendo como referência um intercâmbio entre os índices de taxação e a propensão dos taxados em trabalhar

---

40. Ibid., p. 443n.
41. Ver Ian Shapiro, *Democracy's Place* (Ítaca, N.Y., Cornell University Press, 1996), pp. 197-204.
42. Ver Joseph A. Pechman, *Federal Tax Policy* (Washington, Brookings Institute, 1971), p. 255. Os anos em que a taxa atingiu o pico nos Estados Unidos ocorreram a partir de 1944-45, em que o grupo mais taxado pagou um máximo de 94 por cento da renda bruta ajustada. Ver também Alan Peacock e Jack Wiseman, *The Growth of Public Expenditures in the United Kingdom* (Princeton, Princeton University Press, 1961), capítulo 1. Peacock e Wiseman observam que o público é mais receptivo à idéia de maior tributação em períodos de guerras ou outros distúrbios sociais. No Reino Unido, aproximadamente 32 por cento dos gastos com a Segunda Guerra Mundial foram financiados por meio de impostos, resultando em um nível de tributação que, em 1946, era 3,4 vezes superior ao de 1939.

ou investir com efeitos marginais variáveis: conforme sobem os índices de tributação, as pessoas estariam marginalmente menos inclinadas a trabalhar ou investir. O próprio Bentham possuía as ferramentas para formular o problema dessa maneira, considerando-se seu domínio do princípio da utilidade marginal decrescente. Por mais realista e intelectualmente satisfatória que essa abordagem possa ser, ela mal soluciona as questões políticas controversas. A fim de se descobrir qual é, para a redistribuição, o índice ótimo de taxação, será preciso calcular qual é, na verdade, o índice de intercâmbio (entre índices de taxação e atividade produtiva); e essa discussão acabará sendo objeto de ideologização e controvérsia. Acabará ideologizada porque os ricos têm interesse em retratar o índice de intercâmbio com uma inclinação maior que aquela em que os pobres ou seus representantes estão dispostos a acreditar que represente a realidade. Será objeto de controvérsia porque é sempre difícil separar os efeitos dos índices de taxação dos outros fatores que influenciam o desempenho econômico. Isso foi ilustrado de maneira dramática nas discussões acerca da teoria econômica do *"supply side"*, introduzida nos Estados Unidos e na Grã-Bretanha pelas administrações Reagan e Thatcher no início da década de 1980. A teoria diz que, na verdade, o corte de impostos aumenta a receita do governo, ao induzir o aumento do investimento e o crescimento econômico. Na verdade, o número de variáveis interagentes que influenciam o desempenho econômico é tão grande que é impossível encontrar dados que testem, de forma decisiva, a hipótese da teoria do *supply side*. Décadas depois, os economistas e políticos continuam em lados opostos da questão.

Observe que o que está em jogo nesse tipo de discussão não vai contra a lógica utilitarista. Pelo contrário, os argumentos sobre o efeito dinâmico das políticas fiscais no tamanho do bolo ao longo do tempo voltam-se contra aquilo que Bentham se referia como efeitos de segunda e terceira classe. Isso nos transporta para o universo dos controvertidos problemas empíricos. Neste universo, as reivindicações e contra-reivindicações se entrelaçam, cada um tem um interesse de que não pode abrir mão e as evidências, ao final, são inconclusivas. O pressuposto redistribucionista continua no centro da teoria, mas isso não implica que alguém que se intitule utilitarista benthamista tenha a obrigação de segui-lo em qualquer situação que se apresente.

Deve-se observar, também, que nenhuma política redistribucionista específica pode ser inferida do princípio de utilidade marginal decrescente. É um erro comum supor neste princípio a sugestão de que, quanto mais ricas as pessoas forem, menor importância o dinheiro terá para elas. De posse dessa concepção errônea, alguém pode enxergar nela elementos de reforço à crença de que a resistência dos ricos à redistribuição é menos provável do que temia Bentham. Na verdade, o princípio de utilidade marginal decrescente não tem tal implicação. O princípio diz que, quanto mais rico você for, menos utilidade nova obterá de cada dólar adicional. Isto sugere que, quanto mais dinheiro você tiver, *maior* será o incremento em dólar necessário, marginalmente, para que sua utilidade aumente. A melhor analogia é com o viciado em heroína, que necessita de quantidades crescentes da droga para alcançar o mesmo "barato": quanto mais você tem, mais você quer. Uma pessoa pobre obtém mais utilidade de determinada quantia de dinheiro que uma pessoa rica, o que não quer dizer que a pessoa rica deseje menos o dinheiro; pelo contrário.

Seria igualmente equivocado extrair desta observação a conclusão oposta, imaginando que ela forneça lastro à suposição da teoria do *supply-side* de que o aumento dos índices marginais de tributação tornará os ricos menos propensos a trabalhar ou investir. O princípio da utilidade marginal decrescente não diz nada sobre a intensidade das preferências ou sobre o nível de inclinação do índice de diminuição da utilidade. Além do mais, exatamente porque o dinheiro implica que "quanto mais você tem, mais você quer", como acabamos de descrever, pode acontecer que, à medida que a taxação suba, os ricos passem, na verdade, a trabalhar e a investir mais[43]. Pode ser que, se pudessem, participariam de um golpe ou de uma revolução para assumir o controle e abolir o sistema de taxação progressiva; mas, não estando em condições de fazê-lo, talvez trabalhem e invistam mais do que o fariam se os altos índices marginais não existissem. Dado que o princípio de utilidade marginal decrescente implica, na verdade, um desejo marginal ascendente de dólares, aumentar os índices de taxação marginal para alcançar novos aumentos de utilidade pode ser igual a aumentar a velocidade da roda sobre a qual o rato está correndo: ele pode *simplesmente* correr mais rápido, até o ponto em que, exausto, cairá, ou decidirá fazer outra coisa – o que um economista descreveria como o intercâmbio de trabalho por lazer. Entretanto, nada na teoria utilitarista ou no princípio de utilidade marginal decrescente diz onde estaria esse ponto, ou qual seria o índice ótimo de taxação que faria as pessoas trabalharem e investirem o máximo possível.

Em resumo, a suposição inicial em prol da igualdade absoluta escapa facilmente da lógica do sistema de Bentham. Assim que uma análise ponderada nos liberta da simplicidade radical deste sistema, adentramos o confuso universo empírico da política macroeconômica e seus efeitos marginais no comportamento humano. Percepções intuitivas sobre essas questões podem irromper em direções conflitantes, sendo provavelmente apresentadas com vigor pelos interesses que se beneficiam do fato de elas se moverem em uma direção em vez de outra. Em grande medida por causa de sua fé na ciência, Bentham subestimou a dificuldade de resolver essas questões, bem como o grau em que provavelmente seriam contaminadas pelos conflitos de interesse. É disso que trataremos a seguir.

---

43. Deve-se observar que esta lógica não se aplica a todos os produtos. Como é óbvio no caso do consumo de aspirina ou de álcool, a partir de determinado patamar o consumo do produto torna-se nocivo. Uma vez que o dinheiro pode ser sempre trocado por outros bens, a saturação e os efeitos negativos podem ser adiados por meio da troca, talvez indefinidamente.

2.4 Neutralidade científica e liberdade humana

Quando se defendem soluções utilitaristas, é inevitável que surjam as perguntas: quem vai controlar o "utilitômetro"? Quais serão suas prováveis motivações? É aqui que entrava em cena a enorme confiança de Bentham na ciência. Ele estava certo de que, feita da maneira certa, a maximização da utilidade só poderia resultar na produção de um amplo aumento de felicidade para toda a população do país. E também não duvidava de que, uma vez conhecida a resposta certa, o governo poderia ser induzido a maximizar corretamente a utilidade. Essa confiança era, no entanto, problemática.

O fato de Bentham ter perdido a fé na possibilidade de haver uma classe aristocrática esclarecida tocava de leve as enormes dificuldades ligadas às motivações políticas egoístas. Halévy observa que Bentham aplicava às questões políticas "não o princípio de identidade natural, mas o princípio de identidade artificial de interesses", acreditando que era possível organizar um regime representativo "sob condições tais que o interesse geral, e a harmonia de interesses dos governantes e dos governados, seria o resultado inevitável das decisões legislativas adotadas"[44]. Sua visão amadurecida da aristocracia como um organismo corporativo voltado para dentro de si tornava-a semelhante àquilo que Jean-Jacques Rousseau e James Madison se referiram como "associações parciais" e "facções" que debilitam o interesse geral da sociedade[45]. São conhecidas hoje como "interesses especiais". O exame que faremos desse tema em 7.2.1 irá demonstrar que, mais do que pensavam Bentham e esses outros escritores, é muito mais difícil demonstrar tanto a

---

44. Halévy, *Growth of Philosophic Radicalism*, p. 264.
45. Ver Jean-Jacques Rousseau, *The Social Contract and Discourses* (Nova York, Hafner Publishing, 1947 [1762]), pp. 26-7. Para a descrição que Madison faz das facções, encontrada em *Federalist #10*, ver James Madison, Alexander Hamilton e John Jay, *The Federalist Papers* (Londres, Penguin Books, 1987), pp. 122-8.

existência de um interesse geral quanto, se ele existe, que os procedimentos democráticos convergirão para ele. Sem tratar ainda dessas duas questões, é razoável dizer que, com base nas próprias premissas de Bentham, há razão para ceticismo. Se a aristocracia era um interesse especial, por que não podem se formar outros interesses com a instituição do voto universal? Em uma democracia, a política redistribucionista envolve a divisão equânime de dinheiro e de outros bens pelo governo da maioria. Parece inegável que, em tais condições, sempre haverá uma coalizão que conseguirá se enriquecer à custa dos outros. A coalizão será instável no sentido de que alguns de seus membros poderão se sentir tentados a formar uma nova coalizão com os que se encontram excluídos no momento, em detrimento de alguns dos atuais beneficiários[46]. Contudo, não há razão nenhuma para supor que maximizadores individuais preocupados com seu próprio interesse, do tipo que Bentham insiste que todos nós somos, venham a abrir mão algum dia de vantagens pessoais em prol do interesse geral. Conseqüentemente, devemos esperar que o tão desprezado interesse corporativo aristocrático seja substituído por outros que não estarão menos preocupados com seus próprios interesses do que ele.

Isso para não falar da venalidade dos políticos. Bentham parece imaginar que os que estão no poder consigam superar os impulsos egoístas em cujas garras, insiste, estamos todos inevitavelmente presos. Seria mais convincente, de seu ponto de vista, presumir que os políticos invariavelmen-

---

46. Isto segue a lógica do jogo da divisão do dólar. Se três pessoas votarem egoisticamente sobre como dividir um dólar seguindo a regra de que a maioria manda, não importa qual seja o *status quo* sempre haverá uma maioria potencial disposta a subvertê-lo em favor de uma nova distribuição. Este resultado é absolutamente generalizável. Para uma elaboração sobre o tema, vide Dennis Mueller, *Public Choice* (Cambridge, Cambridge University Press, 1979), pp. 19-31. Dado este potencial de permanente instabilidade, é admirável como são estáveis, ao longo do tempo, os regimes fiscais nas democracias. Ver Joseph Pechman, *Who Paid the Taxes, 1966–85?* (Washington, Brookings Institute, 1985), pp. 3-10; e Sven Steinmo, *Taxation and Democracy* (Nova York, Yale University Press, 1993).

te se prestariam a atender interesses especiais se o preço fosse suficientemente alto, quando não fossem francamente corruptos – tirando proveito de cargos que gozam da confiança pública, para obter ganho pessoal. Bentham pensava que, em uma democracia, esses impulsos poderiam ser de algum modo refreados pela ameaça de remoção do cargo; mas, mesmo que fosse assim, presumivelmente as mesmas tentações afligiriam os magistrados, os burocratas, os carcereiros e outros, para quem teríamos de olhar se quiséssemos implementar o cálculo utilitarista em toda a sociedade. Segundo seu cálculo, não há dúvida de que devemos esperar que eles sejam corruptos em todos os momentos, puxando a brasa para sua sardinha em vez de construir a utopia benthamista. De fato, Bentham acreditava que um *ethos* do serviço público tornaria responsáveis os funcionários do governo, mas, como Rosenblum observou, ele nunca indicou quem seriam os servidores públicos, ou por que eles superariam os impulsos de preservação de seu interesse pessoal, sentindo-se compelidos pelo *ethos* profissional do bom governo que ele defendia[47].

É mais fácil explicar a incapacidade de Bentham em perceber essa tensão em seu cálculo se nos reportamos ao seu compromisso com a concepção de ciência do início do Iluminismo, discutida em 1.1.2. Parece que ele supôs que a força cartesiana de suas propostas deveria torná-las irresistíveis para qualquer criatura pensante. Os eleitores de uma democracia, seus representantes no governo e os agentes da máquina burocrática superariam o interesse pessoal quando se tratasse de criar e implementar políticas públicas – e agiriam de acordo com os preceitos obrigatórios da ciência utilitarista. Do mesmo modo que, para Bacon, conhecimento era poder, Bentham considerava que o conhecimento nos transportava de uma adesão cega e servil ao cálculo de prazer/dor para um controle consciente das regras coletivas dentro das quais este opera. A ciência não

---

47. Rosenblum, *Bentham's Theory of the Modern State*, pp. 152, 120.

permite que transcendamos a natureza humana, mas certamente nos dá a capacidade de administrá-la racionalmente.

    Tentar decidir se isto situa Bentham do lado do livre-arbítrio ou do determinismo implica envolver-se com uma versão secular do dilema de Locke sobre Deus e a lei natural. Se nos ativermos à perspectiva de Bentham de que seus argumentos são racionalmente irresistíveis, então consideraremos que eles se aplicam, inevitavelmente, a todas as criaturas racionais, situando-se, portanto, do lado do determinismo. Se, por outro lado, o enxergarmos como ele foi durante boa parte da vida – alguém envolvido numa luta incessante para persuadir adversários e céticos de que sua maneira de organizar a sociedade era melhor que a que eles abraçavam no momento –, surge então uma visão diferente, na qual ação e escolha ocupam um lugar fundamental. A persuasão racional deve ter um objetivo – a saber, persuadir –, e isto não somente dá a entender que a persuasão é possível, mas também que ela pode fracassar, e que é importante tentar conduzi-la ao sucesso.

    Concluindo, então, é preciso notar que, embora Bentham seja merecidamente célebre como um determinista absolutamente mecanicista, há dois pontos em sua teoria nos quais os direitos individuais e a ação humana figuram de maneira importante. O primeiro refere-se à sua insistência de que os instrumentos da utilidade são produzidos de forma privada. Conseqüentemente, ele defende que o principal papel do governo é criar um ambiente no qual se possam gozar "os frutos do trabalho", protegendo-se esses frutos por meio da aplicação da lei. Esse embrião de defesa do libertarianismo inaugurou a distinção feita por Bentham entre igualdade absoluta e igualdade prática, abrandando aquilo que, de outro modo, teriam sido as implicações radicalmente redistribucionistas de sua teoria, e relegando o governo a um papel regulador em um mundo extremamente desigual. Essa é uma das razões pelas quais seu grupo acabou sendo conhecido como o grupo dos radicais "intelectuais" ou "filosóficos", como observa Halévy, perdendo seu caráter utópico e revolucionário, e tornando-se, em vez disso, o grupo dos "burgueses doutrinários"[48]. O outro ponto, no qual entra a ação humana, é mais determinante. Ao abraçar a idéia de que a ciência permite que compreendamos e moldemos nosso destino de uma forma melhor que as baseadas na religião, na superstição, na lei natural ou no impulso cego, Bentham ratifica a aspiração iluminista de alcançar a liberdade, ainda que esta venha embutida em uma ciência absolutamente determinista.

---

48. Halévy, *Growth of Philosophic Radicalism*, p. 264.

Capítulo 3
A síntese dos direitos e da utilidade

O utilitarismo clássico foi atormentado por duas dificuldades. Uma delas é que a quantidade de informação necessária para sua implementação é inacreditável. Não obstante o otimismo e a autoconfiança de Bentham, nada leva a crer que o tipo de "utilitômetro" por ele imaginado pudesse algum dia ser construído, pois parece excessivamente ambicioso esperar que algum governo pretenda investigar a mente dos indivíduos, obter os dados relevantes e compará-los uns com os outros; sem mencionar as questões problemáticas relativas aos estímulos com que se deparariam os responsáveis pelo manejo do "utilitômetro" há pouco discutido. A segunda dificuldade refere-se ao fato de que o método utilitarista clássico é insensível aos limites morais entre as pessoas[1]. Pode ser que, em relação a isso, algumas pessoas se sintam tranqüilas, por causa dos impulsos libertários de Bentham e do fato de ele defender, ao mesmo tempo, uma instância estatal regulamentadora aparelhada para permitir que as pessoas produzam os instrumentos de sua própria utilidade. Os méritos e deméritos desses pontos de vista são discutidos na seção 5.3. O que se deve destacar

---

1. Esta fragilidade do utilitarismo clássico é apresentada de maneira extremamente vigorosa por John Rawls, referindo-se à versão da doutrina apresentada por Henry Sidgwick. Ver John Rawls, *A Theory of Justice* (Cambridge, Belknap Press, 1971), pp. 183-92. [Trad. bras. *Uma teoria da justiça*, São Paulo, Martins Fontes, 2.ª ed., 2002.]

aqui é que os impulsos libertários de Bentham eram independentes da lógica da teoria clássica utilitarista. Os que tinham impulsos diferentes podiam dar aplicações extremamente mais intervencionistas a essa teoria – de agressivos programas redistribucionistas a formas draconianas de sacrifício dos desfavorecidos e dos deprimidos crônicos, à eutanásia e, possivelmente, ao genocídio.

Se o utilitarismo formulado por Bentham já estivesse em sua forma acabada, ele hoje provavelmente não passaria, à luz desses problemas, de uma relíquia histórica – e não teria nenhuma contribuição construtiva a dar à busca de um princípio viável de legitimidade política. Mas ele passou por modificações que deram respostas a ambas as dificuldades e contribuíram para sua capacidade de adaptação como uma das mais importantes ideologias políticas de nosso tempo. Essa transformação teve lugar em um contexto de mudança de pressupostos acerca da possibilidade de certeza da ciência e foi reforçada pelos progressos na economia e na filosofia entre meados do século XIX e início do século XX. O modo como esse processo ocorreu e como ele afeta a reflexão acerca da legitimidade política são os temas deste capítulo.

3.1 Mudanças no significado e na avaliação da utilidade

Os arquitetos da teoria neoclássica dos preços, William Jevons (1835-1882), Léon Walras (1834-1910), Alfred Marshall (1848-1924), Francis Edgeworth (1845-1926), Knut Wicksell (1851-1926) e Vilfredo Pareto (1848-1923), estavam interessados, sobretudo, em compreender o comportamento dos preços nas economias de mercado. No parágrafo de abertura do *Manual of Political Economy* [Manual de economia política], por exemplo, Pareto estabelece uma diferenciação entre sua iniciativa de desenvolver o conhecimento pelo conhecimento e os projetos de aconselhamento prático que apresentam ou promovem uma doutrina específica

A SÍNTESE DOS DIREITOS E DA UTILIDADE 51

que almeja o progresso social[2]. Alguns desses teóricos estavam profundamente comprometidos com o progresso social e alguns pensavam que os avanços na teoria econômica conduziriam a ele; mas a atividade, tomada isoladamente, era de busca da verdade: compreender as leis que moviam os sistemas econômicos, particularmente o capitalismo, a fim de prever seu comportamento futuro. Queriam desenvolver suas teorias com um mínimo de bagagem metafísica. Desejavam, particularmente, encontrar uma maneira de prosseguir sem ficar envolvidos em dois debates que pareciam, ambos, problemáticos e desnecessários. Um era sobre a teoria do valor do trabalho. Ela preocupara os economistas clássicos, Adam Smith (1723-1790), David Ricardo (1772-1823) e Karl Marx (1818-1883), e nos ocuparemos dela na Seção 4.2. O outro, em que nos concentramos aqui, ocupava-se daquilo que Pareto descrevia como teoria da amostragem. Extremamente consciente dos problemas de informação enfrentados pelo utilitarismo clássico, ele tinha toda razão em querer que a nova ciência da economia política dependesse o menos possível da solução desses problemas.

A pergunta, desse ponto de vista, passou a ser: até onde podemos compreender os mecanismos que governam a operação dos mercados, baseando-nos em um mínimo de informação sobre o que é a utilidade para as pessoas? Muito mais problemática, obviamente, era a idéia das comparações interpessoais de utilidade. Pareto distinguiu, assim, entre o estudo das "sensações de um homem em diferentes situações" para determinar que escolhas ele faria e o estudo que envolve a comparação "das sensações de um homem com as de outro homem e determina as condições em que os homens devem ser colocados um em relação ao outro se quisermos alcançar determinados objetivos". Este último tipo de estudo, insiste, "é um dos mais insatisfatórios

---

2. Vilfredo Pareto, *Manual of Political Economy* (Nova York, Augustus Kelley, 1971 [1909]), pp. 1-2.

da ciência social". A razão é a falta de um "utilitômetro" para fazer as comparações cabíveis. Assim como não podemos saber se a felicidade que o lobo retira do fato de comer um carneiro excede a felicidade que o carneiro retira do fato de não ser comido, o mesmo, insiste Pareto, é verdadeiro no caso dos seres humanos[3]. Ou ainda:

> A felicidade dos romanos repousa na destruição de Cartago; a felicidade dos cartagineses, talvez, na destruição de Roma e, de qualquer modo, na salvação de sua cidade. Como é possível alcançar a felicidade dos romanos e dos cartagineses? (...) Poder-se-ia replicar: se os romanos não destruíssem Cartago, nem os cartagineses destruíssem Roma, a felicidade total seria maior do que se uma das cidades fosse destruída. Esta é uma afirmação inútil, que não se sustenta com nenhuma prova. Como alguém pode comparar essas sensações agradáveis ou dolorosas, e juntá-las?[4]

Pareto estava convencido de que qualquer princípio de felicidade máxima que utilizasse comparações interpessoais poderia levar a resultados objetáveis, como o apoio à escravidão (se os proprietários de escravos dissessem que a felicidade que ganhavam era maior que a que os escravos perdiam) ou a impossibilidade de impedir o roubo como imoral. "Para saber se o roubo é imoral ou não", pergunta ele de modo bombástico, "devemos comparar as sensações dolorosas do indivíduo roubado com as sensações agradáveis do ladrão e verificar as que têm maior intensidade?"[5] Em vez de abandonar, diante de tais exemplos, o objetivo de maximizar a utilidade social, a atitude de Pareto foi abandonar o uso das comparações interpessoais de utilidade. Predecessores seus, como Marshall, Edgeworth e Wicksell, haviam passado a depender menos dos pressupostos sobre comparabilidade interpessoal, mas Pareto foi o primeiro a prescin-

---
3. Ibid., pp. 104-5.
4. Ibid., p. 48.
5. Ibid., p. 49.

A SÍNTESE DOS DIREITOS E DA UTILIDADE 53

dir inteiramente deles[6]. Ele não era capaz de enxergar nenhuma base científica para sua formulação, de modo que qualquer teoria que os apresente tem de ser uma escolha ética que reflita "os sentimentos de seu autor, sentimentos esses que, em sua maioria, são emprestados da sociedade na qual ele vive e dos quais apenas uma parte muito pequena pertence a ele; sentimentos que são um resultado não-lógico e muito pouco modificados pelo raciocínio"[7].

Além de excluir as comparações interpessoais, Pareto defendia uma maior modéstia quanto àquilo que devíamos aspirar a conhecer sobre a psicologia dos indivíduos. Ele queria evitar a investigação sobre os motivos pelos quais as pessoas desejam as coisas ou até sobre se elas consomem os bens que tentam adquirir. Achava inteiramente desnecessário entrar em questões sobre se os bens de consumo trazem felicidade às pessoas. "No sentido usual da palavra, a morfina não é útil, uma vez que prejudica o viciado em morfina; por outro lado, ela é economicamente *útil* para ele, mesmo que não seja saudável, porque satisfaz um de seus desejos."[8] Para designar a idéia de utilidade puramente econômica, ele até inventou o termo *ofelimidade*, o qual, entretanto, não se difundiu, nem será usado aqui. Sua tese era que, para compreender o modo pelo qual os desejos influenciam o comportamento econômico das pessoas – e, por meio disso, o funcionamento do sistema econômico como um todo –, não precisamos saber nada sobre por que as pessoas têm os desejos que têm, sobre se estes são bons ou ruins, ou sobre que estados mentais são produzidos quando eles são satisfeitos ou deixam de ser satisfeitos. Nem precisamos nos preocupar com discussões filosóficas sobre a adequação de se identificar a felicidade com o prazer[9]. Pareto não tinha nenhuma

---

6. Mark Blaug, *Economic Theory in Retrospect*, 3.ª ed. (Cambridge, Cambridge University Press, 1978), p. 618.
7. Pareto, *Manual of Political Economy*, p. 39.
8. Ibid., p. 111.
9. Ver, por exemplo, a tese de G. E. Moore de que a identificação utilitarista da felicidade com o prazer continha uma versão da falácia genética, em

objeção a que desenvolvêssemos juízos sobre as preferências das pessoas, do ponto de vista moral, psicológico ou qualquer outro, mas ele os considerava irrelevantes para uma economia política científica:

> Engana-se redondamente aquele que acusa a pessoa que estuda as ações econômicas – ou *homo oeconomicus* – de descurar, ou mesmo de zombar, das ações morais, religiosas etc. – ou seja, o *homo ethicus*, o *homo religiosus*, etc.; seria o mesmo que dizer que a geometria descura e zomba das propriedades químicas das substâncias, de suas propriedades físicas etc. Comete-se o mesmo erro ao se acusar a economia política de não levar em conta a moralidade. É como acusar a teoria do jogo de xadrez de não levar em conta a culinária... Ao separar o estudo da economia política do estudo da moralidade, não pretendemos afirmar que a primeira importa mais que a segunda. Quando alguém escreve um tratado sobre o jogo de xadrez, certamente não pretende, com isso, afirmar a primazia do jogo de xadrez sobre a arte da culinária, ou sobre qualquer ciência ou arte.[10]

Esse repúdio era, até certo ponto, insincero. Já vimos que Pareto era profundamente cético quanto à possibilidade de existir qualquer base científica para os julgamentos morais. Menos de trinta páginas depois da passagem recém-citada, ele insistia que "a ética ou a moral" é um assunto "que todos acreditam compreender perfeitamente, mas que ninguém foi capaz de definir de maneira rigorosa", e que elas "quase nunca foram estudadas de um ponto de vista puramente objetivo"[11]. Para Pareto, o estudo científico objetivo é, decididamente, não "raciocinar em torno de palavras". Ele insiste que "devemos nos livrar desse método" se quisermos que as ciências sociais avancem[12].

George Edward Moore, *Principia Ethica* (Cambridge, Cambridge University Press, 1960 [1903]), pp. 59-109.
    10. Pareto, *Manual of Political Economy*, p. 13.
    11. Ibid., p. 38.
    12. Ibid., p. 10.

Enquanto assunto metodológico, Pareto estava convencido de que a economia política de seu tempo era o exemplo de caminho a ser seguido pelo estudo das relações humanas. A economia política chegara a reconhecer que todas as teorias são falíveis porque a ciência está em permanente desenvolvimento. "Uma teoria que hoje consideramos verdadeira terá que ser abandonada amanhã se for descoberta outra que se aproxime mais da realidade."[13] Para Pareto, "é bastante óbvio que um fenômeno, qualquer que seja ele, só pode ser conhecido por meio da idéia que faz nascer dentro de nós". Isto significa, inevitavelmente, que só conseguimos "ter uma imagem imperfeita da realidade". Devemos comparar sempre "os fenômenos subjetivos – isto é, a teoria – com os fenômenos objetivos – isto é, com o fato empírico"[14]. Quando é possível fazer uma experiência, como na maioria das ciências naturais, tanto melhor; quando não é, como na meteorologia, na astronomia e na economia política, devemos "nos contentar com a observação"[15]. A idéia de que enunciados possam aspirar a ter qualquer valor científico sem ser sistematicamente testados por meio da experiência era um anátema para ele; daí sua dúvida em relação à ética e à filosofia moral. Esta visão está muito distante daquela que caracterizava o Iluminismo em seus primórdios e considerava essas matérias juntamente com a lógica e a matemática, ciências preeminentes. O modo como Pareto encarava a ética tinha muito mais em comum, na verdade, com a doutrina de Stevenson, discutida na seção 2.2.

Contudo, Pareto geralmente desprezava a investigação normativa, pois a maior parte do seu *Manual* a considerava supérflua. Não havia necessidade de dar atenção à moral e a outras dimensões da ação humana, porque seu sistema não dependia de juízos sobre esses assuntos. Pareto nem mesmo exigia que a utilidade obtida por uma pessoa fosse

---

13. Ibid., p. 8.
14. Ibid., p. 9.
15. Ibid., p. 11.

expressa em uma escala cardinal, já que ele não exigia que se aplicasse qualquer função aritmética a ela. Esta também era uma modificação importante da doutrina utilitarista clássica, porque a idéia de expressar a utilidade em termos de unidades cardinais dava muito trabalho, mesmo que as dificuldades fossem agrupadas juntamente com as comparações interpessoais. Muito freqüentemente, talvez como regra, seria impossível saber quanta utilidade é decorrente de uma atividade em comparação com outra. Para Pareto, tentar responder a essa questão era mais um desvio desnecessário. Tudo o que se exigia era a idéia de uma escala ordenada na qual a própria pessoa declarasse preferir uma coisa ou outra, ou permanecesse indiferente entre as duas. Não havia necessidade alguma de conhecer o nível de preferência que se tinha por uma coisa em relação à outra, e, embora Pareto aceitasse a hipótese da utilidade marginal decrescente, ele não tinha de presumir nada no que diz respeito à taxa de diminuição da utilidade de um bem específico para uma pessoa específica[16].

A outra única hipótese que ele precisava considerar – vista geralmente como condição mínima de racionalidade, e não como um aspecto da utilidade – era a idéia de transitividade: se prefiro a a b e b a c, então devo preferir a a c[17]. Ele não tinha de julgar se as pessoas eram egoístas ou altruístas. Percebendo que é costume da economia política fazer a suposição egoísta de que "o homem guiar-se-á em sua escolha considerando exclusivamente sua própria vantagem, seu interesse pessoal", Pareto apontou a inutilidade dessa suposição. Sem perda para seu sistema, poderíamos supor, com a mesma facilidade, que as pessoas são altruístas (se

---

16. Na verdade, Pareto admitia a existência de exceções, como a organização de uma coleção ou o comportamento de um "avarento". Ver ibid., p. 193. Em geral, contudo, como todos os teóricos clássicos e neoclássicos, ele admitia que a utilidade marginal decrescente é válida na maior parte do tempo, e que ela se sai melhor, como hipótese, do que as visões alternativas da questão.

17. Para a explicação do conceito de transitividade, ver Dennis C. Mueller, *Public Choice* (Cambridge, Cambridge University Press, 1979, pp. 189-94.

isto pudesse ser rigorosamente especificado) ou trabalhar com alguma outra regra coerente "que o homem siga ao comparar suas sensações". Não é nem mesmo uma característica essencial do grupo de teorias aceitáveis "que, ao escolher entre duas sensações, um homem escolha a que mais lhe agrade; em obediência a uma regra que fosse estabelecida arbitrariamente, ele poderia escolher outra sensação"[18]. Contanto que limitemos nossas comparações a uma única pessoa e exijamos a condição mínima de racionalidade de que as preferências sejam ordenadas de modo transitivo, isso é suficiente para os objetivos de Pareto.

A negação, por parte de Pareto, da possibilidade de se fazerem comparações interpessoais resultou na importação de uma poderosa doutrina de autonomia individual para o núcleo lógico do utilitarismo. Ao passo que, na melhor das hipóteses, o impulso libertário de Bentham só estava acidentalmente relacionado à análise lógica de seu princípio de felicidade máxima, é um axioma do sistema de Pareto que toda pessoa é independente para decidir suas preferências. O indivíduo é obrigado a ser racional no sentido extremamente limitado que a transitividade implica, mas, fora isso, não há juízos de terceiros a respeito daquilo que as pessoas valorizam ou deveriam valorizar. Com isso, seu sistema cria um espaço analítico e moral para o ideal iluminista dos direitos individuais.

Pareto também demonstrava ser uma criatura do Iluminismo pelo fato de estar fortemente comprometido com a ciência. Diferentemente de Bentham, contudo, sua madura concepção iluminista de ciência "deduzia seus resultados da experiência, sem introduzir nenhuma entidade metafísica" e sem confiar nos "raciocínios em torno das palavras"[19]. Como veremos a seguir, ele tentou lidar com as tensões entre os dois compromissos iluministas por meio de uma profética ciência das transações, com a qual se pode esperar que

---

18. Pareto, *Manual of Political Economy*, p. 105.
19. Ibid., pp. 113, 10.

os indivíduos autônomos se envolvam sem comprometer sua autonomia. Então, assim como para Bentham, para Pareto a eficiência utilitarista fica sendo a herdeira secular do determinismo da lei natural; isso, contudo, concretiza-se em um nível mais profundo porque, agora, o respeito aos direitos individuais é um componente do utilitarismo. No lugar de uma coexistência acidental entre direitos e utilidade, Pareto oferece uma síntese.

3.2 O mercado como "utilitômetro"

Embora a teoria de Pareto não seja normativa, ela tem, apesar disso, implicações normativas. Estas implicações decorrem do papel fundamental atribuído à livre escolha individual embutida nas transações de mercado e expressa por meio destas. Para compreender essas implicações, e distingui-las das implicações normativas espúrias que, com freqüência, são injustamente atribuídas ao sistema de Pareto, é preciso se concentrar em sua análise do que o comportamento do mercado nos diz – e do que não diz – sobre a utilidade individual e social.

A noção fundamental é a da curva de indiferença. A intuição por trás dela é uma síntese de três idéias já discutidas: as pessoas querem maximizar a utilidade, no sentido despojado atribuído por Pareto; suas escolhas geralmente refletem o princípio de utilidade marginal decrescente; e elas são minimamente racionais, no sentido de que dispõem seus desejos de forma a não violar a transitividade. Se pensarmos em dois bens diferentes, pão e vinho, a utilidade marginal decrescente sugere que alguém que não tenha vinho, mas tenha um grande estoque de pão, se disporá a trocar grandes quantidades de pão por quantidades comparativamente pequenas de vinho, mas que o "preço" em pão que ele estará disposto a pagar pelo vinho diminuirá à medida que seu estoque de vinho aumente e sua pilha de pães encolha – e vice-versa. Indiferença significa exatamente isso: alguém fica indiferente diante de dois bens se, ao trocar um pelo outro, não vê aumentar nem diminuir a utilidade que detém. Ao aplicar esta noção a pães e garrafas de vinho, podemos imaginar que haveria arranjos de possíveis lotes de diferentes quantidades de ambos, diante dos quais alguém permaneceria indiferente, como, por exemplo: quarenta pães e seis garrafas de vinho, quinze pães e oito garrafas de vinho, cinco pães e nove garrafas de vinho. Não temos de saber quais são os números, nem supor que seriam os mesmos para todos, mas apenas que eles aumentam e diminuem nas direções previstas pela utilidade marginal decrescente e não violam a transitividade. As curvas de indiferença capturam essa idéia, como está mostrado na Figura 3.1.

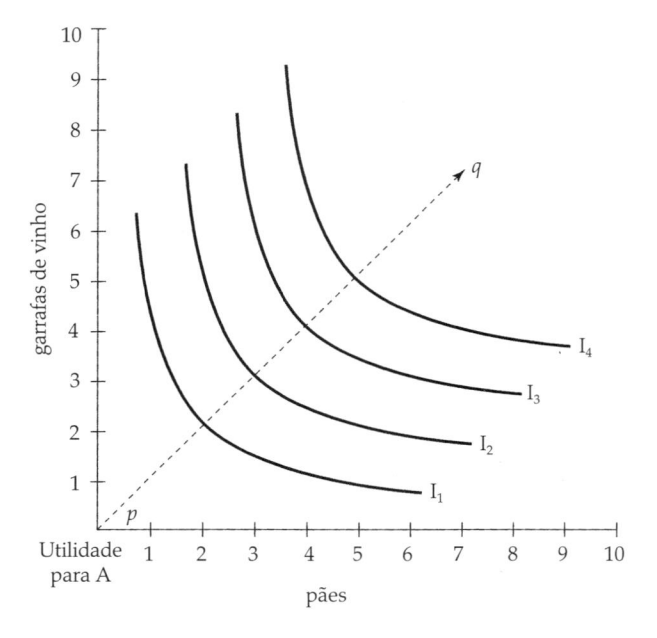

Figura 3.1. Curvas de indiferença de Pareto para um indivíduo e dois produtos

Cada curva de indiferença – I_1, I_2, I_3, I_4, e assim por diante – representa diferentes combinações de pão e vinho entre as quais o indivíduo A permanece indiferente. Sua utilidade só aumentaria se ele pudesse se mover para uma curva de indiferença mais alta, por exemplo, de I_1 para I_2, ou de I_2 para I_3. Supõe-se que ele queira estar na mais alta curva de indiferença possível, de forma que a flecha hifenizada *pq*, apontando, de sua origem, na direção nordeste, indica a direção de mudança que aumentaria a utilidade dele. As curvas de indiferença têm sempre uma inclinação negativa e são geralmente convexas do ponto de origem (isto é, a curva passa acima de sua tangente em todos os pontos), refletindo a utilidade marginal decrescente. Não podem se cruzar, pois isso violaria a transitividade[20].

O gênio de Pareto está em ver que esse aparato conceitual oferecia previsões sobre como as pessoas iriam interagir em situações de mercado, permitindo melhorar a utilidade social líquida que não exigisse nenhuma comparação interpessoal de utilidade. Uma vez que as pessoas podem revelar suas preferências uma para a outra por meio de seu comportamento no mercado, este torna supérfluo o "utilitômetro". O funcionamento dessa teoria da preferência revelada pode ser visto na Figura 3.2.

Supõe-se aqui a existência de uma distribuição de bens entre dois indivíduos A e B, designada como *x*. Além disso, supõe-se que a disponibilidade desses bens é invariável, não sendo possível, portanto, mover-se para fora da fronteira de possibilidade *qr*, e que cada um dos indivíduos se comporta conforme o descrito na Figura 3.1, procurando entrar na mais alta curva de indiferença possível. Isto é, a pessoa A quer se mover conforme está indicado na flecha de direção *pq*, e a pessoa B quer se mover conforme está indicado na flecha de direção *pr*. Pode-se imaginar que as curvas de indiferença de A passam através das duas flechas

---

20. Para uma explicação mais elaborada destes conceitos básicos de Pareto, ver Charles E. Ferguson e John P. Gould, *Microeconomic Theory* (Homewood, Ill., R. D. Irwin, 1975), caps. 1 e 15.

A SÍNTESE DOS DIREITOS E DA UTILIDADE   61

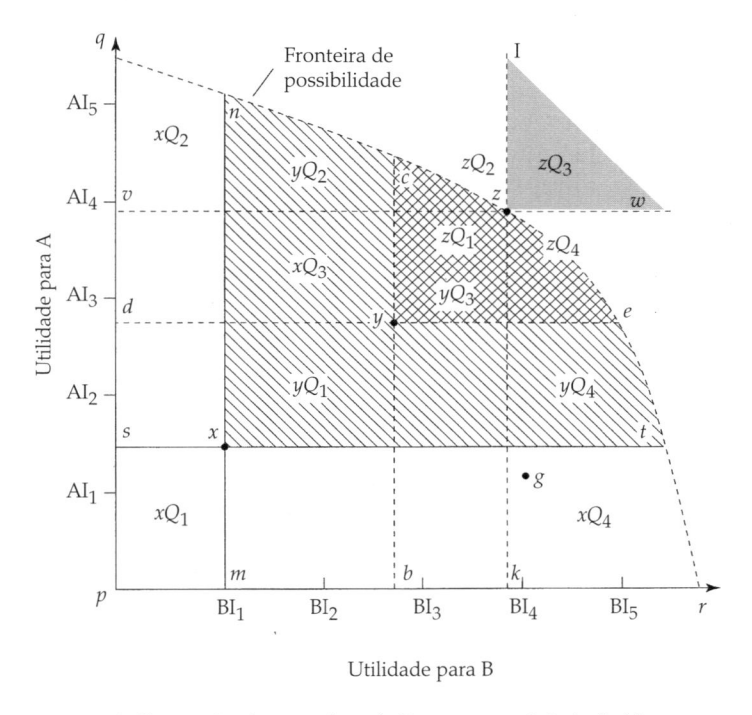

Figura 3.2. Ilustração do princípio de Pareto com dois indivíduos em um universo invariável de mercadoria

nos pontos indicados por AI_1, AI_2, AI_3, e assim por diante; as de B, por BI_1, BI_2, BI_3, e assim por diante. Se traçarmos uma linha vertical *mn* e uma linha horizontal *st* através do *status quo x*, o universo da mercadoria fica dividido em quatro quadrantes: xQ_1 a sudoeste de *x*, xQ_2 a noroeste, xQ_3 a nordeste e xQ_4 a sudeste.

O que podemos dizer acerca de cada um desses quadrantes? xQ_1 distingue-se pelo fato de que A e B considerariam qualquer movimento para dentro dele como sendo inferior ao *status quo*. Podemos imaginar tais mudanças como conseqüência de uma taxação imposta a A e B pelo Estado para financiar um programa do qual nenhum deles se beneficia na proporção daquilo que foi arrecadado deles. Isso pode acontecer por causa do desperdício do governo, por serem os fundos enviados, como ajuda externa, a um país que tanto A como B menosprezam, ou por alguma outra razão. Tais mudanças deixam todos, em nossa sociedade de duas pessoas, em pior situação. Por causa disso, não se deve esperar que elas aconteçam no sistema de mercado. Elas são *Pareto-inferiores* a x.

Qualquer movimento de x para dentro de xQ_3, por outro lado, deixaria ambos em melhor situação. Talvez A produza vinho e B produza pão, e eles descubram uma troca mutuamente favorável que os conduza a uma curva de indiferença mais alta. Essas mudanças *Pareto-superiores* ocorrerão em um mercado livre; tanto A como B se beneficiam da troca, portanto pode-se esperar que ambos queiram participar dela voluntariamente. Podemos, assim, imaginar a troca de determinada quantidade de pão por determinada quantidade de vinho, que os leva de x a um novo *status quo* y[21]. Qualquer troca que seja vantajosa para pelo menos uma pessoa, sem prejuízo de ninguém, apresenta essa propriedade. Note que isso inclui, por exemplo, um movimento de x para n que resultaria em uma melhora da utilidade para A, mas que para B seria indiferente.[22]

Podemos repetir a experiência, traçando uma linha vertical bc e uma linha horizontal de através do novo *status quo* y, o que nos dá quatro novos quadrantes – yQ_1, yQ_2, yQ_3 e yQ_4 – que apresentam as mesmas propriedades de seus predecessores em relação a x. Podemos dizer, nova-

---

21. Observe que os eixos da Figura 3.2 representam as utilidades de A e de B, não o pão e vinho que possuem.

22. Às vezes, uma versão forte da superioridade de Pareto – exigindo que todos melhorem – distingue-se da versão mais fraca discutida no texto, a qual só exige que ninguém piore de situação. Assumindo que o ponto x na Figura 3.2 é o *status quo*, diríamos, segundo a interpretação forte, que todo o conjunto de mudanças Pareto-superiores fica a nordeste de x, enquanto a interpretação fraca incluiria também pontos a nordeste de x que incidam nas linhas mn e st.

mente, que nenhuma das partes terá qualquer interesse em se mover para o interior de yQ_1, mas ambas se beneficiariam de incursões no interior de yQ_3. Isso deve levar à ocorrência de trocas repetidas de pão por vinho, até que A e B atinjam um *status quo* que se mantenha na fronteira de possibilidade *qr*, como *z*. Podemos, novamente, traçar a linha vertical *kl*, a linha horizontal *vw* e os quatro quadrantes zQ_1, zQ_2, zQ_3 e zQ_4. Mas, como o fato de zQ_3 cair inteiramente a nordeste da fronteira de possibilidade revela, a possibilidade de futuras trocas que beneficiem a ambos está esgotada. Isto significa que não há como aumentar a utilidade para A sem diminuir a utilidade para B, e vice-versa, e que se chegou a um ponto *Pareto-ideal*. Quando *x* era o *status quo*, qualquer ponto da fronteira de possibilidade entre *n* e *t* podia ter sido potencialmente alcançado, dependendo da capacidade ou habilidade de negociar de A e de B, bem como do grau de inclinação de suas curvas de indiferença. Uma vez que tenham alcançado algum ponto na fronteira de possibilidade, contudo, não haverá mais trocas voluntárias entre eles; ter-se-á alcançado o equilíbrio.

E o que acontece com os quadrantes noroeste e sudoeste, xQ_2 e xQ_4, yQ_2 e yQ_4, zQ_2 e zQ_4, e assim por diante? Estas eram mudanças do *status quo* em que um ganha à custa do outro. Como no caso das mudanças Pareto-inferiores, elas não ocorrerão em um mercado livre, pois os potenciais perdedores se oporão a elas. Tais mudanças *Pareto-indetermináveis* são a base das políticas redistribucionistas, na medida em que o Estado taxa um grupo e redistribui o que arrecada a outro grupo. São indetermináveis por Pareto, pelo fato de não ser possível determinar, com base em suas premissas, se elas conduzem ou não a uma melhora líquida da utilidade social. Por exemplo, um movimento do *status quo x* para a distribuição *g* pode beneficiar B mais do que prejudica A, mas pode ser que isso não aconteça. Por trabalharmos com utilidades ordinais e por termos excluído as comparações impessoais, não se pode inferir nada das distâncias entre os eixos no que diz respeito à quantidade de utilidade ganha ou perdida por qualquer das partes. Só se pode dizer que A perde e B ganha; nada em relação à quantidade.

Observem que não decorre do princípio de Pareto que as mudanças Pareto-superiores produzam mais utilidade social que as Pareto-indetermináveis. Até onde se sabe, a distribuição *g* pode produzir mais utilidade associada para A e B que a distribuição *y*; não há uma razão melhor para afirmar que ela faça do que para afirmar que ela não faça isso. Pareto estava ciente de que seu princípio seria erroneamente interpretado, como se este implicasse uma tese normativa no sentido de que as trocas Pareto-superiores, ou as transações de mercado, levariam a uma melhora líquida maior que as transações Pareto-indetermináveis que não fossem de mercado; mas ele se mantinha inflexível quanto ao fato de que sua tese não implicava isso, e de que, de qualquer modo, seu negócio não era oferecer teses normativas referentes à redistribuição, pois não conseguia ver nenhuma base científica nestas[23]. O que *pode* ser dito é que as mudanças Pareto-superiores significam melhoras claras no *status quo*, e as mudanças Pareto-inferiores são evidentemente piores que o *status quo*; nada mais, nada menos.

É possível combinar a informação transmitida nas Figuras 3.1 e 3.2 em uma única figura, conhecida como diagrama da Caixa de Edgeworth, conforme é apresentado na Figura 3.3. Temos, nessa figura, tanto A como B, e as duas mercadorias, pão e vinho; assume-se, por uma questão de conveniência, que elas são as únicas mercadorias existentes na economia. Como na Figura 3.1, A procura se mover para

---

23. Quanto ao seu repúdio genérico, vide o *Manual of Political Economy*, pp. 1-2. Fica claro, contudo, tendo como base seu capítulo sobre população, que, de uma perspectiva social-darwinista, Pareto era cético quanto aos benefícios de longo prazo da redistribuição, de inspiração humanitária, dos fortes para os fracos, a qual tenderia a preservar os "elementos inferiores" da sociedade. O alcoolismo, assim, "é um poderoso agente de seleção, fazendo que desapareçam os indivíduos e as raças que não saibam como resistir a ele (...) A tuberculose também é um poderoso instrumento de seleção, uma vez que afeta somente um pequeno número de indivíduos fortes, enquanto destrói um número muito grande de indivíduos fracos". Ibid., pp. 288-9.

A SÍNTESE DOS DIREITOS E DA UTILIDADE

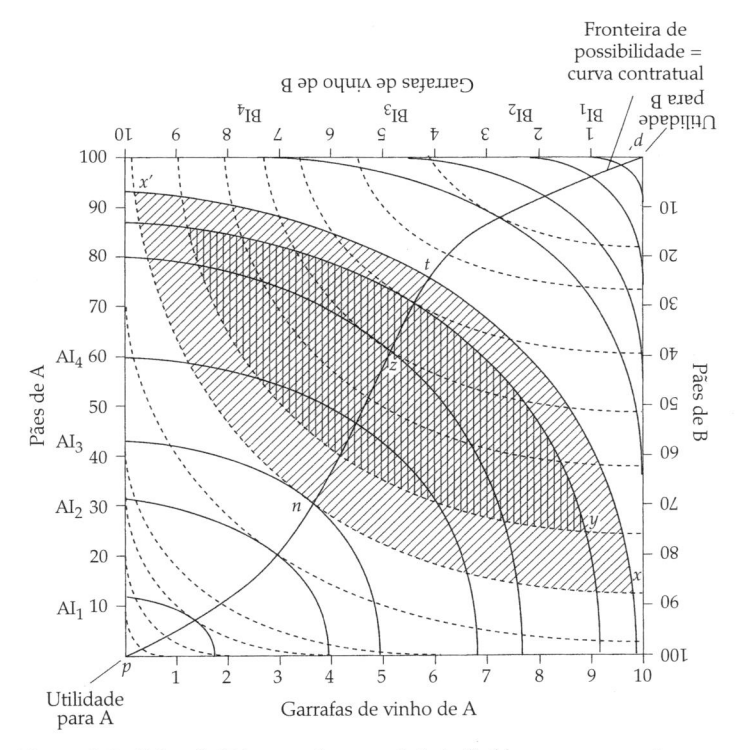

Figura 3.3. Caixa de Edgeworth, com dois indivíduos em um universo fixo de mercadorias

nordeste, partindo de seu ponto de origem p a sudoeste, a fim de obter a mais alta curva de indiferença possível. As preferências de B estão representadas como um espelho de A, de forma que, de seu ponto de origem p' no canto nordeste do diagrama, sua curva de indiferença avança para sudoeste. O *status quo* x encontra-se agora na ponta de uma zona Pareto-superior com o formato de uma bola de futebol americano, e suas curvas são formadas pelas curvas de indiferença de A e B que se cruzam em x. O movimento de x para y cria uma nova bola de futebol americano menor, que representa a nova zona Pareto-superior originária do *status quo y*; um posterior movimento para *z* as traz para a fronteira de possibilidade, como indica o fato de as curvas de indiferença de A e B passarem através dela em pontos de tangência de uma com a outra. Este é, portanto, o mesmo tipo de equilíbrio representado por *z* na Figura 3.2; não há nenhum modo de melhorar a utilidade para um deles sem diminuir a utilidade para o outro. Se imaginarmos uma linha do ponto de origem de A (*p*) ao ponto de origem de B (*p'*), que passe através de todos os pontos de tangência entre as curvas de indiferença de A e de B, ela será a fronteira de possibilidade (linha *qr* na Figura 3.2), também conhecida como curva contratual.

A previsão é que, não importa onde comecem, os acordos voluntários levarão A e B a fazer trocas que os moverão na direção da curva contratual; quando eles a alcançarem, estarão em equilíbrio – o que significa dizer que não mais haverá trocas entre eles. Exatamente onde vão acabar na curva contratual dentro da bola de futebol definida por *xx'* (isto é, entre *n* e *t*), isso dependerá de seu poder relativo, ou de sua capacidade relativa, de negociação, bem como do grau de inclinação de suas curvas de indiferença.

Antes de fazermos uma avaliação do princípio de Pareto do ponto de vista de nossa preocupação com os fundamentos da legitimidade política, será útil compará-lo com o princípio de felicidade máxima de Bentham, conforme está representado na Figura 3.4. Esta comparação é, inevitavelmente, parcial, porque o princípio de felicidade máxima aplica-se a utilidades cardinais comparáveis interpessoalmente, enquanto o princípio de Pareto aplica-se a utilidades ordinais não-comparáveis. No entanto, superpondo um ao outro, podemos compreender o que está em jogo na passagem do utilitarismo clássico para o utilitarismo neoclássico. Supondo, mais uma vez, que o *status quo* seja *x*, se traçarmos uma linha *hk* descendente com a inclinação de 45 graus, do eixo *pq* para o eixo *pr*, então tudo entre essa linha e a fronteira de possibilidade é Bentham-superior a *x*, e tudo entre ela e a origem *p* é Bentham-inferior a *x*. Isto decorre do fato de

A SÍNTESE DOS DIREITOS E DA UTILIDADE 67

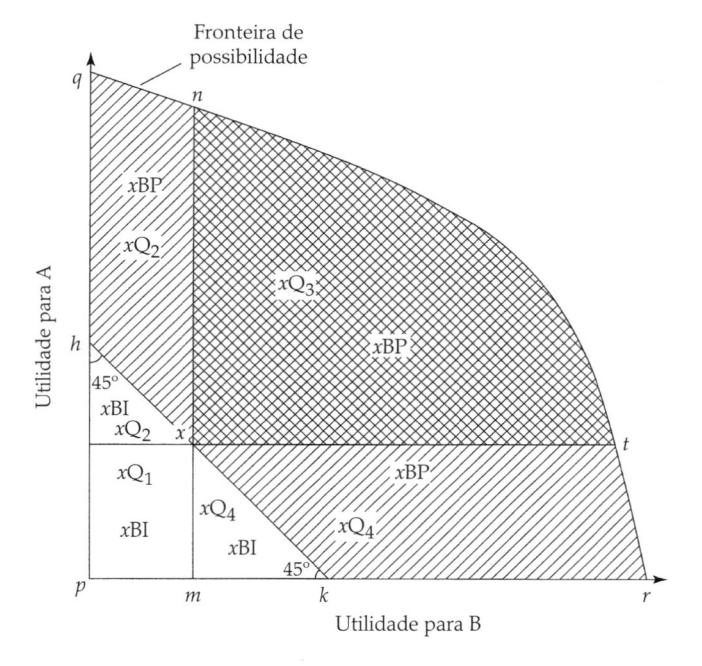

Figura 3.4. Comparação parcial do princípio de Pareto com o princípio de felicidade máxima de Bentham em um universo fixo de mercadorias

que o princípio de Bentham só é sensível à quantidade total de utilidade na sociedade. Tudo o que é Pareto-superior a x também é, portanto, Bentham-superior, mas a recíproca não é verdadeira, porque partes dos quadrantes Pareto-indetermináveis xQ_2 e xQ_4 são Bentham-superiores a x. A linha hk que constitui esse divisor decisivo para o princípio de felicidade máxima delimita partes de xQ_2 e xQ_4 como Bentham-superior ao *status quo x*. Isto reflete o desejo de Bentham de distinguir entre resultados que Pareto consideraria impossíveis de diferençar um do outro cientificamente.

Parte daquilo que está em questão entre esses dois princípios, no que diz respeito à maneira de pensar a legitimidade política dos arranjos distributivos, pode ser vista quan-

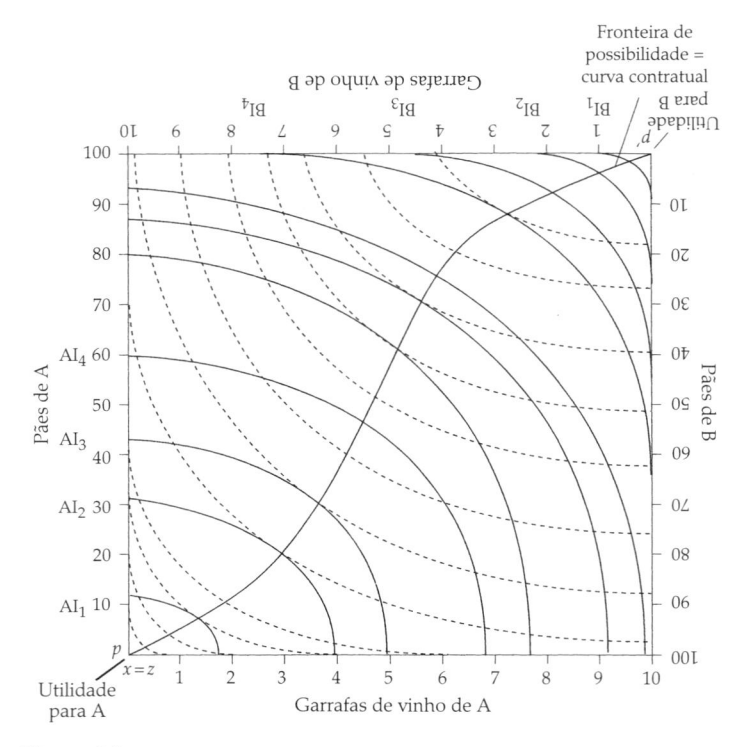

Figura 3.5.

do se atenta para a situação-limite descrita na Figura 3.5. Esta Caixa de Edgeworth é idêntica àquela descrita na Figura 3.3, exceto pelo fato de que o *status quo* inicial encontra-se agora no canto sudoeste (em *p*), refletindo uma extrema má distribuição em que B tem a totalidade das duas mercadorias. Conseqüentemente, ela também difere da situação anterior pelo fato de que agora *x* cai na fronteira de possibilidade e tem, por isso, as mesmas propriedades que *z* tem nas Figuras 3.2 e 3.3. Este *status quo* é, portanto, um equilíbrio Pareto-ideal, embora A, nele, presumivelmente morra de fome. Uma vez que A não tem nada que B queira, não haverá nenhuma troca entre eles.

Podemos ver aqui a força retórica da dúvida de Pareto: como podemos ter a esperança de saber se a utilidade que o lobo obtém em comer o carneiro excede a utilidade que este obtém em não ser comido? Esta é uma maneira fácil de fazer com que o princípio de Bentham pareça bom. É óbvio que pequenas transferências de B trarão grandes benefícios a A, e é difícil levar a sério a idéia de que o ganho de utilidade para A não excederá a perda de utilidade para B. Mas nenhum princípio pode ser julgado com base em seu desempenho na situação mais fácil. O seguinte argumento geral surge desta comparação: nenhum dos dois princípios serve para se pensar a respeito das condições em que é legítimo que o Estado altere a organização distributiva. O princípio "objetivo" de Bentham é forte demais. Ele é merecidamente criticado por ser ingênuo quanto à possibilidade de se evitarem comparações controversas, e por ter dado atenção insuficiente ao monitoramento do comportamento dos governos e dos burocratas encarregados de conceber e implementar a política baseada nessas comparações. Considerações semelhantes entram em cena quando avaliamos as declarações de utilitaristas objetivos contemporâneos como Peter Singer, quando ele defende o infanticídio e a eutanásia[24].

O princípio "subjetivo" de Pareto, ao contrário, é fraco demais. Ele estava certo ao dizer que as transações Pareto-superiores diferem de maneira importante das Pareto-indetermináveis. Mas aqueles que usam sua tese para sugerir que o Estado ganha legitimidade quando deixa a distribuição por conta do mercado exageram em pelo menos dois aspectos: um que diz respeito ao domínio do Pareto-superior, e outro, ao domínio do Pareto-indeterminável. Em relação ao primeiro, deveríamos dotar a Figura 3.5 de um

---

24. Peter Singer, *Practical Ethics*, 2.ª ed. (Nova York, Cambridge University Press, 1993), pp. 182-8 [trad. bras. *Ética prática*, São Paulo, Martins Fontes, 3.ª ed., 2002]. Isto para não mencionar a questão da utilidade não-humana e as exigências que ela legitimamente pode fazer a nós por conta de um utilitarismo objetivo. Ver ibid., pp. 63-8, 134.

pouco mais de realidade, observando que, no mundo real, pão e vinho não são as únicas mercadorias. As pessoas que possuem uma grande quantidade daquilo de que outras pessoas necessitam podem induzi-las a concordar "voluntariamente" em se tornar prostitutas, em trabalhar por salários de fome, em vender a si próprias como servos sem registro, ou mesmo, em alguns casos, como escravos. O fato de uma mudança ser um movimento Pareto-superior do *status quo* não pode ser motivo para legitimá-la, se ela envolver humilhação, exploração ou algo pior. Resumindo: embora faça parte do sistema de Pareto uma concepção de direitos individuais, verificamos que essa concepção, se analisada mais de perto, revela-se estreita, para não dizer artificial, sendo pouco provável que ela consiga muitos adeptos entre os vulneráveis ou despossuídos.

A respeito dos resultados Pareto-indetermináveis, vimos na discussão precedente que eles variam dentro de um enorme conjunto de possibilidades extremamente diferentes, ratificando o impulso de Bentham de que devemos procurar diferençá-los baseando-nos em princípios. Se admitimos que sua descrição de como dividir ao meio os quadrantes Pareto-indetermináveis não chega a ser bem-sucedida, isso simplesmente sublinha a necessidade premente de tentar fazer melhor. A tentativa mais séria e influente levada a cabo nos últimos 150 anos foi a de John Stuart Mill (1806-1873), de quem me ocupo a seguir.

3.3 A prevenção do dano como legitimadora da ação do Estado

O pai de Mill, James (1773-1836), fora contemporâneo e entusiasta das idéias de Bentham, criando o filho dentro de uma rígida dieta utilitarista. Embora o jovem Mill reagisse fortemente contra isso, boa parte de seus textos subseqüentes sobre filosofia política foi consagrada à reformulação do utilitarismo de forma a torná-lo palatável para a consciência liberal[25]. *Utilitarismo* (1863) contém sua declaração mais plenamente desenvolvida, mas é em *A liberdade* (1859) que ele enfrenta de maneira direta a tensão entre as demandas utilitaristas da sociedade e o comprometimento iluminista com a liberdade individual. A abordagem que ele assume nessa obra parece, à primeira vista, conquistar pela simplicidade e se postar decisivamente do lado da liberdade individual.

A finalidade deste Ensaio é sustentar um princípio bastante simples, capaz de governar absolutamente as relações da sociedade com o indivíduo no que diz respeito à compulsão e ao controle, quer os meios empregados sejam os da força física sob a forma de penalidades legais, quer a coerção moral da opinião pública. Esse princípio é o de que a autoproteção constitui a única finalidade pela qual se garante à humanidade, individual ou coletivamente, interferir na liberdade de ação de qualquer um. O único propósito de se exercer legitimamente o poder sobre qualquer membro de uma comunidade civilizada, contra sua vontade, é evitar dano aos demais. Seu próprio bem, físico ou moral, não é garantia suficiente. Não pode ser legitimamente compelido a fazer ou a deixar de fazer por ser melhor para ele, porque o fará feliz, porque, na opinião dos outros, fazê-lo seria sábio ou mesmo acertado. Essas são boas razões para o advertir, contestar, persuadir, instar, mas não para o compelir ou castigar quando procede de outra forma. Para justificar esse exercício do poder, é preciso mostrar-lhe que a conduta que

---

25. Vide o ensaio rigoroso no qual Mill afirma que, apesar de sua impressionante perspicácia filosófica, Bentham era tolhido por uma compreensão irremediavelmente superficial da motivação humana. "Ele não sabia quanto da natureza humana dormitava dentro dele, nem nós podemos saber (...). Conhecendo tão pouco os sentimentos humanos, ele conhecia ainda menos as influências por meio das quais esses sentimentos se formam: todas as operações mais sutis, tanto da mente sobre si mesma como das coisas externas sobre a mente, escapavam-lhe; e provavelmente não há ninguém que, em uma era altamente esclarecida, tenha tentado alguma vez apresentar um guia para a conduta humana e tenha demonstrado uma concepção tão limitada tanto das ações pelas quais a conduta humana *é*, quanto daquelas pelas quais *deveria* ser influenciada." John Stuart Mill, *Mill on Bentham and Coleridge*, F. R. Leavis (org.) (Cambridge, Cambridge University Press, 1980 [1950]), p. 63.

se pretende impedi-lo de ter produzirá mal a outrem. A única parte da conduta de cada um, pela qual é responsável perante a sociedade, é a que diz respeito a outros. Na parte que diz respeito apenas a si mesmo, sua independência é, de direito, absoluta. Sobre si mesmo, sobre seu corpo e mente, o indivíduo é soberano.[26]

A motivação de Mill ao definir o princípio do dano pode ser situada nos dois valores básicos do Iluminismo aqui examinados, mas a abordagem que ele propõe das relações entre estes difere de todas aquelas com as quais nos defrontamos até agora. Seu comprometimento com os direitos individuais, embutido de maneira clara no princípio do dano, subsiste parcialmente na noção de que a liberdade individual é uma característica intrinsecamente valiosa da existência humana. Mill preocupava-se com "a dificuldade dos modos comuns de pensamento" de seus dias "em reconhecer que a espontaneidade individual possua um valor intrínseco, ou que mereça qualquer atenção por si mesma"[27]. Ele citava, com aprovação, o humanista romântico alemão Wilhelm von Humboldt (1767-1837) para defender que "a finalidade do homem... consiste no mais elevado e harmonioso desenvolvimento de suas faculdades num conjunto completo e coerente". O desenvolvimento da originalidade requer "o vigor individual e a múltipla diversidade", que nasce da "liberdade e variedade de situações"[28]. Para Mill, "é privilégio e condição própria do ser humano, tão logo alcance a maturidade de suas faculdades, usar e interpretar a experiência à sua maneira"[29]. Mill acreditava que a autonomia individual era insuficientemente valorizada nas democracias (depois veremos mais sobre esse assunto), mas não tinha nenhuma dú-

---

26. John Stuart Mill, *On Liberty* (Indianápolis, Hackett, 1978 [1859]), p. 9. [Trad. bras. *A liberdade / Utilitarismo*. São Paulo, Martins Fontes, 2000, pp. 17-8. (N. do R.)]
27. Ibid., p. 54. [Id., p. 87. (N. do R.)]
28. Ibid., pp. 55-6. [Id., p. 88. (N. do R.)]
29. Ibid., p. 55. [Id., p. 89. (N. do R.)]

vida quanto ao seu valor intrínseco. Vem daí a ênfase com que insistia "na importância do gênio e na necessidade de lhe permitir desenvolver-se livremente tanto em pensamento como na prática"[30], e a defesa que fazia de medidas como um segundo voto para os universitários formados[31].

Mill também pensava que o regime de direitos individuais que seu princípio do dano implicava era instrumentalmente valioso para a promoção da utilidade, não da maneira estipulante que levou Pareto a definir utilidade como qualquer coisa que a troca voluntária entre detentores de direitos origine, mas como algo mediado pela ciência. Ele considerava a utilidade "como a solução última de todas as questões éticas, devendo-se empregá-la, porém, em seu sentido amplo, a saber, a utilidade fundamentada nos interesses permanentes do homem como um ser de progresso"[32]. Mill acreditava que isso significava respeitar o princípio do dano, porque o que é de interesse do homem enquanto ser de progresso tem de ser descoberto por meio da ciência, e a liberdade é essencial a esse empreendimento. A promoção da liberdade individual é o caminho mais seguro para a expansão do conhecimento e este, por sua vez, é vital para o progresso utilitarista.

O longo segundo capítulo de Mill sobre a liberdade de pensamento e de discussão é voltado para a demonstração da primeira parte de sua afirmação, que se referia a uma concepção falibilista de conhecimento que tem muito em comum com a de Pareto. Para Mill, as opiniões são verdadeiras, falsas, ou – como normalmente acontece – parcialmente verdadeiras e parcialmente falsas. Se suprimimos uma opinião alegando sua falsidade, existe sempre a possibilidade de estarmos enganados. Mesmo se não estivermos, e a opinião for errada, "ela pode conter, e muito comumente

---

30. Ibid., p. 62. [Id., p. 100. (N. do R.)]
31. John Stuart Mill, *Representative Government*, reimpresso em Mill, *Three Essays* (Oxford, Oxford University Press, 1975), pp. 284-5.
32. Mill, *On Liberty*, p. 10. [Id., p. 19. (N. do R.)]

contém, uma parcela de verdade; e, como nunca ou quase nunca a opinião geral ou dominante sobre um assunto qualquer constitui a verdade inteira, é apenas pelo choque de opiniões adversas que o resíduo da verdade tem alguma possibilidade de se produzir". Além disso, mesmo se a opinião aceita sobre um assunto representar a verdade completa, a menos que seja "contestada vigorosa e veementemente, muitos dos que a recebem a professarão como um preconceito", em vez de fazê-lo em bases científicas críveis. Como resultado, a verdade em questão correrá o risco de se "perder ou enfraquecer", transformando-se simplesmente em "uma manifestação formal, ineficaz para promover o bem"[33].

Portanto, a liberdade de expressão é essencial para a atividade científica, embora Mill claramente a considere mais que um simples direito negativo. A menos que a individualidade, o pensamento crítico e a resistência a aceitar os argumentos da autoridade sejam ativamente promovidos por meio de um vigoroso regime de direitos individuais, o perigo da obediência servil cresce. Este, por sua vez, debilita a postura científica e, com ela, o crescimento do conhecimento, que é essencial para a utilidade no longo prazo. Na verdade, é da maior importância para Mill encontrar modos de promover e manter a individualidade, pois ele espera que o avanço do conhecimento e os efeitos igualitários da difusão da educação alimentem a obediência. Embora o avanço da ciência seja importante para que o governo tome decisões utilitaristas acertadas, a educação "submete as pessoas a influências comuns, e lhes fornece acesso ao patrimônio geral de fatos e sentimentos", levando a um nivelamento social geral, cuja conseqüência é que "desaparece dos espíritos dos políticos práticos a mera idéia de resistir à vontade do público, quando se sabe claramente que este possui uma vontade"[34]. Mesmo quando um credo se baseia em um conhecimento válido, há o perigo de que ele se transforme em um "credo hereditário",

---

33. Ibid., p. 50. [Id., pp. 80-1. (N. do R.)]
34. Ibid., p. 70. [Id., p. 112. (N. do R.)]

passando a ser recebido de modo passivo, e não ativo; quando o espírito não mais é compelido, no mesmo grau em que de início, a exercer seus poderes vitais sobre as questões que a crença nele lhe sugere, há uma tendência progressiva a esquecer tudo a respeito da crença, exceto os livros de orações, ou a dar-lhe um assentimento entorpecido e obtuso – como se aceitá-lo por fé dispensasse a necessidade de percebê-lo em consciência, ou de testá-lo mediante a experiência pessoal –, até que quase cessa de ter qualquer ligação com a vida interior do indivíduo[35].

Portanto, o conhecimento pode ter um mau uso e o avanço da ciência pode alimentar formas indesejáveis de obediência, mas no final das contas o falibilismo de Mill o obriga a apostar na busca da verdade. Pode ser que haja outras formas de preservar a individualidade, mas é muito perigoso apostar em qualquer outra coisa que não seja a busca da verdade.

Para compreender como Mill concebia a ligação entre verdade e utilidade, precisamos olhar mais de perto a maneira como ele pretendia que o princípio do dano funcionasse na prática. Parece haver, à primeira vista, uma tensão entre o enunciado do princípio e o relato que Mill faz de suas aplicações no Capítulo 5 de *A liberdade*. Ele diz, por exemplo, que "quem quer que alcance êxito numa profissão muito procurada ou num exame muito concorrido, quem quer que seja preferido a outro numa disputa por um objeto que ambos desejam, colhe benefício da perda dos outros, de seus esforços inúteis e de sua frustração". Contudo, apesar disso Mill defende a meritocracia competitiva, baseando-se no fato de que "em geral se admite que é melhor ao interesse comum da humanidade os homens perseguirem seus objetivos sem que os detenha essa espécie de conseqüência"[36]. De modo semelhante, Mill reconhece que o livre-comércio causa dano a algumas pessoas e, mesmo assim, ele o defende, baseado no fato de que "hoje se reconhece, em-

---

35. Ibid., pp. 38-9. [Id., p. 63. (N. do R.)]
36. Ibid., pp. 93-4. [Id., p. 144. (N. do R.)]

bora somente após um longo conflito, que se alcança com mais eficiência o preço baixo e a boa qualidade das mercadorias" em um regime de livre-comércio[37]. Ademais, embora as regulamentações sanitárias, as regras de segurança do trabalho e a repressão à fraude sejam medidas coercitivas e interfiram na liberdade das pessoas, tais políticas são aceitáveis porque a legitimidade dos objetivos a que elas atendem é "incontestável"[38].

A pergunta óbvia é: como Mill pode justificar, neste e em outros casos, a interferência na liberdade referindo-se à opinião predominante, quando ele investe tão violentamente contra ela ao defender o princípio do dano? Lembremos que ele direciona o princípio do dano contra a coerção e o controle, sejam eles feitos por meio da "força física" ou da "coerção moral da opinião pública", de forma que o fato de uma política ser amplamente aceita não é, de modo algum, motivo para ser adotada. Mill, na verdade, talvez seja mais conhecido por endossar a afirmação de Alexis de Tocqueville (1805-1859) de que a tirania da maioria está "entre os males contra os quais a sociedade precisa se pôr em guarda", insistindo, juntamente com Tocqueville, que a opressão causada pelas idéias consagradas é uma das mais insidiosas formas que a tirania da maioria pode assumir[39]. Diferentemente de Bentham, Mill não via razão para confiar na democracia como um impedimento da mão opressora do governo. Limitar o poder do governo sobre o indivíduo "não deixa de ser importante (…), mesmo quando os detentores do poder prestam regularmente contas à comunidade, isto é, a seu partido mais forte"[40]. É contra a maioria, seja ela institucionalizada ou na forma de opinião hegemônica, que é preciso se precaver. Portanto, Mill parece

---

37. Ibid., p. 94. [Id., p. 145. (N. do R.)]
38. Ibid., p. 94.
39. Ibid., p. 4. Ver Alexis de Tocqueville, *Democracy in America* (Nova York, Anchor Doubleday, 1966 [1832], pp. 250-76. [Trad. bras. *A democracia na América*, São Paulo, Martins Fontes, Livro I, 2.ª ed., 2005, e Livro II, 1998.]
40. Mill, *On Liberty*, p. 4. [Id., p. 9. (N. do R.)]

pôr a raposa para cuidar do galinheiro no capítulo "Aplicações" de *A liberdade*, quando faz um apelo ao senso comum para justificar a interferência na liberdade.

Para compreender como Mill resolve esta aparente contradição, considere que o princípio do dano opera em duas etapas. Ao avaliar uma ação ou política específica, a primeira etapa implica decidir se a ação ofende, ou tem potencial para ofender, os outros. Se a resposta for não, então a ação está no domínio daquilo que diz respeito ao indivíduo, e a intervenção do governo não se justificaria. Na verdade, nesse caso o governo também tem o dever de proteger a liberdade de ação do indivíduo contra a interferência dos outros. Entretanto, se a resposta à questão inicial for sim, surgem aí diferentes avaliações. Encontramo-nos, então, num mundo em que se ofende a esmo. A pergunta é: diante disso, o que deve fazer o governo, se é que deve fazer algo? Sob esse aspecto, pode-se encontrar, no início do Capítulo 4, um resumo mais acurado do princípio do dano do que a formulação mais célebre já citada: "Tão logo qualquer parte da conduta de alguém influencie de modo prejudicial os interesses de outros, a sociedade adquire jurisdição sobre tal conduta, e a questão de saber se essa interferência favorecerá ou não o bem-estar geral se abre à discussão. Mas não há espaço para cogitar dessa questão quando a conduta de uma pessoa não afeta senão seus próprios interesses"[41].

Para Mill, se o limiar do dano é ultrapassado, as considerações utilitaristas entram em cena. Contudo, o objetivo não deve ser, necessariamente, evitar qualquer dano específico. Deve ser, de preferência, a definição da melhor política para a sociedade como um todo, dado que agora nos encontramos no domínio daquilo que diz respeito ao outro. A esse respeito, Mill era mais um utilitarista das regras que um utilitarista dos atos; para ele, as decisões deveriam ser tomadas de maneira conjunta sobre as conseqüências finais de categorias de ações e políticas, não sobre cada ato ou po-

---

41. Ibid., p. 73. [Id., p. 116. (N. do R.)]

lítica tomados individualmente[42]. Ao fazer essas determinações, Mill na verdade pensava que deveríamos apelar para o tipo de conhecimento avançado que ele invocara no capítulo sobre aplicações, reconhecendo sempre que tais pretensões de conhecimento são falíveis. Podem vir a ter necessidade – e provavelmente terão – de serem revistas, à medida que a ciência e o senso comum avancem[43].

Vista desta perspectiva, a tensão do Capítulo 5 se desfaz; mas Mill mal consegue se livrar do perigo, porque a questão então se volta para a definição de dano relevante. Se, para Bentham, a preocupação era como construir e operar o "utilitômetro", para Mill a questão é: como construir e operar o instrumento que podemos descrever como *"delitômetro"*?[44]

Começando com a definição de dano, parece claro que, para Mill – ao menos o Mill de *A liberdade* –, a esfera de ação que diz respeito ao indivíduo é bem ampla[45]. Apesar do baixo conceito em que tinha a religião em geral e o cristianismo em particular, ele era favorável, como já discutimos, a uma grande tolerância religiosa e a uma ampla liberdade de crença. Era também um vigoroso defensor da liberdade de expressão, exceto nas circunstâncias em que ela se tornava uma clara incitação à desordem. Assim, "a opinião de que os comerciantes de cereais causam a fome dos pobres,

---

42. Sobre a distinção entre utilitarismo de ação e de governo vide D. H. Hodgson, *Consequences of Utilitarianism* (Oxford, Clarendon Press, 1967), pp. 1-8.

43. Pode-se encontrar um balanço lúcido do princípio do dano na obra de Joel Feinberg, *Social Philosophy* (Englewood Cliffs, N.J., Prentice Hall, 1973), pp. 25-54.

44. Nos sistemas legais anglo-americanos, *tort* geralmente subentende um dano ou lesão civil, exceto a quebra de contrato, para o qual o tribunal propõe reparações – normalmente na forma de indenização. O termo deriva do latim *torquere*, torcer, ou *tortus*, torcido ou distendido de lado. Vide *Black's Law Dictionary*, 5.ª ed. (St. Paul, Minn., West Publishing Co., 1983), p. 774.

45. Joseph Hamburger observa em *John Stuart Mill on Liberty and Control* (Princeton, Princeton University Press, 1999) que, considerando sua obra como um todo, Mill era de fato favorável a uma quantidade significativa de controle social.

ou de que a propriedade privada é um roubo, devem ser deixadas em paz quando circulam apenas pela imprensa, mas podem incorrer em justa punição se proferidas oralmente diante de uma turba exaltada, reunida em frente da casa de um comerciante de cereais, ou se propagadas entre a mesma turba sob a forma de cartazes"[46].

Mas o que temos aqui é um conjunto de exemplos. Qual é o princípio geral que leva Mill a declarar que algumas ações ultrapassam o limiar do dano e outras ficam aquém dele? A resposta de Mill é que as ações entram na esfera da relação com o outro quando são "calculadas para fazer o mal a outrem"[47]. Ninguém pode ser punido por causa do vício e dos maus hábitos, mas, se isso prejudica os outros, aí sim; a embriaguez não é censurável em si, "mas um soldado ou um policial devem ser punidos por estarem bêbados em serviço"[48]. Aparentemente, o que você faz é problema seu; como isso afeta os outros, é problema da sociedade.

As coisas, contudo, não são tão simples. Por mais incontroversos que possam parecer os exemplos específicos de Mill, eles desviam a atenção da profunda ambigüidade de sua definição de dano, que a dependência do termo *calculado* condensa. Esse termo poderia significar algo intencional, como em "ele calcula", "ele é uma pessoa calculista", e assim por diante. Ou, então, poderia receber uma interpretação conseqüencialista, como em "calculamos que estas ações prejudicam os outros". Tem muito a ver com a interpretação adotada. Uma leitura absolutamente intencionalista criaria um princípio de dano excessivamente forte, que protegeria o indivíduo das diversas formas de interferência toleradas nas modernas democracias liberais. Em contraposição a isso, não é evidente que uma leitura conseqüencialista o protegeria muito, de qualquer modo, da interferência do governo. Praticamente toda ação tem uma

---

46. Mill, *On Liberty*, p. 53. [Op. cit., pp. 85-6. (N. do R.)]
47. Ibid., p. 9.
48. Ibid., pp. 79-80. [Id., p. 125. (N. do R.)]

conseqüência danosa para alguém em algum lugar, mesmo sem entrarmos no confuso universo filosófico que discute se a omissão também é uma ação. As ações têm aquilo que Arthur Pigou (1877-1959) descreveu como externalidades: conseqüências que podem ser prejudiciais para terceiros, independentemente de ter sido essa a intenção[49].

Mill expôs as duas interpretações em diferentes lugares de *A liberdade*. Em sua defesa da poligamia mórmon, por exemplo, embora estivesse plenamente convencido de que ela prejudica a mulher, considerava que a sociedade devia se submeter à vontade de seus integrantes. Se a escolha tivesse sido voluntária, a sociedade não tinha nada que interferir[50]. Considerava que não havia uma base justificável para a legislação que tratava da guarda do domingo, popular nos Estados Unidos à época em que ele escreveu, baseando-se mais uma vez no fato de que o comércio aos domingos não causava dano aos outros; insistia, igualmente, que a legislação moralizante cujo objetivo era a erradicação do vício e dos maus hábitos para o próprio bem das pessoas carecia de legitimidade[51]. Ao discutir a proibição, ele despreza profundamente a alegação de que o consumo de álcool tem efeitos deletérios sobre aqueles que não o consomem, descartando-a como uma reivindicação de "direitos sociais" ilusórios[52].

Em grande parte do tempo, contudo, Mill abraça claramente o significado conseqüencialista da palavra *calculado*, como quando diz que sempre que houver "um dano claro ou um risco claro de dano, seja a um indivíduo, seja ao público, o caso é retirado da província da liberdade, e coloca-

---

49. Importam-nos aqui as externalidades danosas ou "negativas", embora Pigou estivesse bem consciente de que, em muitas circunstâncias, as ações também poderiam ter externalidades benéficas ou "positivas". Ver A. C. Pigou, *The Economics of Welfare*, 4.ª ed. (Londres, MacMillan, 1948), pp. 167-203.

50. Mill, *On Liberty*, pp. 89-90, 87-9. Mill insiste que, pelas mesmas razões, a prostituição e o jogo devem ser tolerados, embora seja evasivo quanto a saber se a pessoa "é livre para ser um cafetão" ou "dirigir um cassino", reconhecendo haver bons argumentos a favor e contra. Ibid., p. 98.

51. Ibid., pp. 79-88.

52. Ibid., p. 87.

do na província da moralidade ou da lei"[53]. Os exemplos que se referem à competição baseada no mérito, ao livre-comércio e à regulamentação da indústria, examinados anteriormente, exibem todos essa coloração. A interpretação do princípio de dano parece nos apresentar, então, um dilema semelhante à escolha de Hobson entre as definições objetiva e subjetiva de utilidade. Como a concepção objetiva de Bentham, a leitura conseqüencialista do princípio de dano dá carta branca ao Estado para sacrificar a liberdade individual em nome da utilidade social. Como a explanação subjetiva de Pareto, inversamente, a leitura intencionalista conduz a uma instância libertária que torna o Estado impotente para limitar diversas formas extremas de exploração. É difícil, se não impossível, tornar qualquer uma destas leituras moralmente satisfatórias. Talvez seja por isso que os partidários de ambos os lados tenham a tendência de apontar as falhas da interpretação oposta, enquanto relevam as deficiências que acompanham a interpretação que defendem.

3.4 Variação contextual da definição de dano

Encontrar uma única e definitiva interpretação do princípio de dano parece ser uma tarefa impossível. Talvez faça mais sentido considerar a possibilidade de que diferentes definições de dano sejam adequadas a diferentes circunstâncias, de forma que não há que se ter uma única interpretação correta. Esse veio pluralista começa a parecer plausível se refletimos sobre as diversas definições de dano existentes na legislação americana. A legislação criminal gira em torno de um padrão intencionalista, no sentido de que a existência da *mens rea*, ou mente culpada, é um dos elementos do crime que a promotoria tem que provar sem deixar dúvidas. Em contraposição, grande parte do direito civil gira em torno de padrões conseqüencialistas de dano,

---

53. Ibid., p. 80. [Op. cit., p. 125. (N. do R.)]

sendo o limite dado pela estrita responsabilidade nos delitos, em que aquele que comete o delito (delinqüente) é considerado imputável sem que se faça referência à possibilidade de ele estar errado e sem se levar em conta suas intenções. A diferença, neste caso, deve-se ao fato de que o direito penal e o direito de responsabilidade civil delitual* têm motivações diferentes. A intenção do direito penal é desencorajar os atos – como o assassinato, o estupro, o assalto ou o roubo – considerados errados, e para os quais foram julgadas apropriadas as sanções morais. Antes de condenar alguém por tal ato e de fazê-lo pagar o preço de perda da liberdade e humilhação social, há que se constatar a existência da intenção pertinente de causar dano[54].

O direito de responsabilidade civil delitual também é pensado para desestimular, em parte, atos intencionais reprováveis como a agressão e a violação de propriedade. Mas sua principal preocupação é dar um tratamento equânime às externalidades danosas de atividades que, em si, não merecem censura, como a fabricação de bens, o fornecimento de serviços, a produção de remédios ou o exercício da medicina. Uma vez que o propósito da iniciativa não é eliminar a atividade em si, não faz sentido lançar mão de um padrão *mens rea* para descobrir se alguém teve ou não a intenção de praticar o ato em questão. O direito de responsabilidade civil delitual preocupa-se mais em nos proteger dos efeitos danosos de atos que, em condições normais, são legítimos, minimizando o custo dos acidentes e o custo de evitá-los,

---

* Direito de responsabilidade civil delitual. No original, *tort law*, também usualmente conhecido como "direito dos *torts*". (N. do R.)

54. Pode-se dizer que há exceções quanto a isto, como o caso de dirigir bêbado, em que se tem menos condição de determinar a intenção relevante de causar dano. Mas esse tipo de exceção confirma a regra, pois o fato de todos concordarem que dirigir bêbado pode ser danoso permite que se deduza a intenção. Mesmo que uma pessoa se encontrasse tão bêbada a ponto de não se lembrar de ter entrado no carro antes de cometer o atropelamento, atribui-se-lhe a intenção relevante, pelo simples fato de ela se ter colocado numa situação em que teria de dirigir após beber.

para usar a célebre definição de Guido Calabresi[55]. A melhor maneira de conseguir isso é através da atribuição da responsabilidade objetiva, através de um padrão de negligência que exija a demonstração de que o praticante do delito não foi capaz de oferecer um padrão apropriado de segurança, ou de outro critério qualquer. O padrão apropriado pode variar de uma atividade para outra – responsabilidade pelos produtos, erro médico, dano ambiental e outros tipos de delito, todos eles apresentam problemas específicos – e mudar com o tempo, em resposta a novas descobertas de como influenciar melhor o comportamento[56]. Uma vez acionado o princípio do dano, Mill achava que era exatamente esse tipo de cálculo utilitarista inspirado pelo avanço da ciência que tinha de ser feito.

O reconhecimento de que, para diferentes áreas da legislação, é preciso ter diferentes noções de dano é um passo importante para reajustar as expectativas a respeito daquilo que se deve querer que os princípios gerais ofereçam. O que vier deles não será, contudo, uma panacéia, porque não estará interessado em responder à pergunta: quem deve manejar o "delitômetro"? Ou, numa visão mais pluralista, quem deve decidir qual "delitômetro" deve ser manejado, e em que contexto? É possível que se descubra uma grande concordância a respeito da afirmação de que o dano deve ser considerado de modo diferente no Código Penal e no Código Civil e de que diferentes concepções podem ser apropriadas para contratos, delitos, responsabilidade por produtos, erros médicos, e assim por diante, sem que se entre num acordo sobre que atividades pertencem a essas diferentes áreas. Conti-

---

55. Ver Guido Calabresi, *The Costs of Accidents: A Legal and Economic Analysis* (New Haven, Yale University Press, 1970), pp. 24-31.

56. Desde a década de 1970, tem ocorrido nos Estados Unidos uma mudança desse tipo, no sentido de abandonar a negligência, e em direção à responsabilidade objetiva. Ver ibid., pp. 13-4, e, para uma visão geral resumida, Guido Calabresi e A. Douglas Melamed, "Property rules, liability rules and inalienability: One view of the cathedral", *Harvard Law Review*, vol. 85 (abril de 1972), pp. 1089-128.

nuariam sem solução, por exemplo, questões relacionadas à criminalização ou não do aborto, à prostituição, ao uso de drogas leves ou à recusa de fornecer tratamento médico a crianças por motivos religiosos. É verdade que muitos temas não despertariam controvérsia: extorsão, chantagem, assalto, agressão física e estupro se situariam dentro dos limites da maior parte das concepções do que é apropriado para a legislação penal, mas muita coisa continuaria sem solução.

No que diz respeito à responsabilidade do governo de dar uma resposta à injustiça social fora do âmbito da legislação penal, a expectativa é que talvez haja controvérsia na maior parte do terreno. Um modo de pôr em destaque os fatores em jogo aqui é observar que o critério usado para identificar um dano pertinente pode ser controvertido não apenas por razões técnicas – como quando Calabresi discorda de Richard Posner sobre se a negligência ou a responsabilidade objetiva maximiza a eficácia do direito de responsabilidade civil delitual[57] – mas também por razões normativas. Um exemplo disso é a jurisprudência da Suprema Corte americana, marcada pelas mudanças ideológicas ocorridas a partir do período em que Warren a presidiu nas décadas de 1950 e 1960. Desde então, as presidências de Burger e Rehnquist foram marcadas por retrocessos em diversas áreas da legislação constitucional, de padrões conseqüencialistas *de facto* para identificar os tipos de injustiça que permitem a intervenção corretiva da Corte até as barreiras muito mais altas dos padrões intencionalistas *de jure*[58].

Na área de dessegregação escolar, por exemplo, os casos de *Green versus Conselho Escolar Municipal* (1968) e de *Swann versus Conselho Educacional de Charlotte Mecklenburg* (1971) haviam estabelecido que, se a segregação *de jure* tivesse alguma vez ocorrido em um distrito escolar, então os padrões

---

57. Ver Calabresi, "Optimal deterrence and accidents", *Yale Law Journal*, vol. 84, pp. 656-71.
58. Earl Warren presidiu a Suprema Corte de 1953 a 1969; Warren E. Burger, de 1969 a 1986, quando William Rehnquist foi conduzido ao cargo por Ronald Reagan.

de discriminação que persistissem seriam considerados, *de facto*, uma conseqüência dela. Seriam tomadas medidas corretivas enquanto as escolas continuassem a exibir um caráter racialmente identificável[59]. Esse padrão sofreu um forte desgaste, contudo, com casos como *Freeman versus Pitts* (1992) e *Missouri versus Jenkins II* (1990). A Corte agora deixa ao impetrante (que procura o tribunal em busca de reparação) o ônus de demonstrar que cada exemplo de aparente discriminação por parte de um servidor público resulta de uma intenção de discriminar[60]. Quanto à discriminação no trabalho, o caso *Griggs versus Duke Power* (1971) deu ganho de causa aos queixosos sob a alegação de "impacto desigual", mas, desde então, a Corte tem evitado chegar a conclusões sobre discriminação tomando por base seus efeitos[61]. A respeito do direito de voto, o caso *Rogers versus Lodge* (1982) rejeitou as recomendações anteriores de *Mobile versus Bolden* (1980) e *Rome versus Estados Unidos* (1980) – de que para haver reparação bastavam os efeitos da discriminação – e exigiu, em vez disso, a demonstração de que havia intenção de discriminar. Em 1982, uma emenda do Congresso à Lei do Direito de Voto derrubou na prática a decisão do caso *Rogers versus Lodge*, ratificando uma vez mais a norma que permite que os "efeitos" comprovem as violações[62].

---

59. *Green v. County School Board*, 391 U.S. 430 (1968); *Swann v. Charlotte Mecklenburg Board of Education*, 402 U.S. 1 (1971).

60. *Freeman v. Pitts*, 503 U.S. 467 (1992); *Missouri v. Jenkins*, 495 U.S. 33 (1990).

61. *Griggs v. Duke Power Co.*, 401 U.S. 424 (1971); *Washington v. Davis*, 426 U.S. 229 (1976) em 240; ver também *Alexander v. Sandoval*, 121 S. Ct. 1511 (2001), em que a Corte determinou que as pessoas não têm o direito de agir para fazer cumprir a regulamentação de impacto desigual promulgada no Capítulo IV da Lei de Direitos Civis de 1964. Desde então, só se pode dar início a um processo se for para impor a proibição de discriminação intencional, conforme especificado na seção 601 do capítulo VI. Contudo, o capítulo VII ainda possibilita as alegações de impacto desigual.

62. Ver *Mobile v. Bolden*, 446 U.S. 55 (1980), *City of Rome v. United States*, 446 U.S. 156 (1980), *Rogers v. Lodge*, 458 U.S. 613 (1982). A modificação do estatuto – Capítulo 2 da Lei dos Direitos de Voto de 1965, emendado em 29 de junho de 1982 – foi confirmada pela Corte em *Thornburg v. Gingles*, 487 U.S. 30 (1986).

O que está em questão nesses casos ultrapassa em muito as divergências técnicas. Em vez disso, o que há são dois pontos de vista opostos sobre a injustiça: um deles centra-se nos atos mal-intencionados que exigem compensação civil individual; o outro, nos modelos de desvantagem estrutural que, para serem tratados eficazmente, exigem uma ação continuada do governo. Nos capítulos seguintes, procuraremos verificar qual deles é mais razoável. Deve-se ressaltar que o princípio de dano de Mill não auxilia em nada essa tomada de decisão. Mill pode estar certo quando diz que a prevenção do dano é um critério importante para determinar a legitimidade da ação do Estado, mas seu princípio não diz quais são os danos relevantes para os diversos tipos de ação do Estado, como resolver as divergências acerca de tais questões ou até onde devem chegar as ações reparadoras do Estado. Pensa-se no princípio do dano mais como parte do esqueleto de uma teoria do governo legítimo do que como qualquer coisa que se pareça com o animal por inteiro.

Antes de concluir a análise de Mill, devemos levar em conta o viés conservador inercial que ambas as interpretações que analisamos têm do princípio do dano. Na leitura intencionalista, o princípio de Mill é análogo ao de Pareto por fazer do consentimento mútuo a única justificativa para a mudança. Podemos censurar, argumentar, persuadir ou implorar, mas nunca obrigar as pessoas a fazer algo se essas outras abordagens não surtirem efeito – contanto que, pelo menos, aqueles que causaram dano não tenham tido a intenção clara de fazê-lo. Podemos defender, nos jornais ou participando de demonstrações pacíficas, a tese de que os comerciantes de cereais fazem os pobres morrerem de fome, ou que a propriedade privada é um roubo, mas, se os comerciantes de cereais e os proprietários resistirem à nossa vigorosa argumentação, teremos de nos contentar com a sopa para os pobres. Exigir que, para alterar o *status quo*, todas as partes se ponham de acordo inevitavelmente o privilegia, como constataram há muito tempo os críticos do governo de consenso[63]. O *status quo* pode estar coberto de injustiça, facilitando a improvável identificação entre transações voluntárias e a parte dos direitos da síntese direitos-utilidade identificada em 3.2.

A leitura conseqüencialista do princípio do dano pode parecer potencialmente mais radical, mas a exigência de que o cálculo conseqüencialista seja inspirado no senso comum é uma restrição prática importante. Como Mill percebeu em relação à sua própria vida, o senso comum pode ser dogmático e representar um profundo retrocesso[64]. Ele acreditava que, à medida que o conhecimento avançasse e a educação se tornasse mais difundida, a superstição e a irracionalidade seriam gradualmente substituídas por uma postura científica que influenciaria a opinião pública e, com ela, os cálculos utilitaristas dos administradores no campo da relação com os outros. Nesse sentido, Mill tinha sua própria variante de como substituir o governo pela administração. Por mais que possa ter assumido, por outros motivos, uma postura ambivalente a respeito dessa evolução, o fato de tê-la pressentido dá a entender que a atitude de Mill era um pouco parecida com a dos progressistas americanos como John Dewey (1859-1952). Na prática, contudo, ela não passa de uma aposta, que, da perspectiva do século XXI, não parece ser particularmente acertada. Isso ficou evidenciado de maneira dramática com os ataques ao World Trade Center e ao Pentágono em 11 de setembro de 2001. Confiar que o comportamento científico irá domesticar o dogmatismo e a irracionalidade na política parece ingenui-

---

63. Ver Brian Barry, *Political Argument* (Londres, Routledge and Kegan Paul, 1965), pp. 237-59; Douglas W. Rae, "Decision-rules and individual values in Constitutional choice", em *American Political Science Review*, vol. 63, n.º 1 (1969), pp. 40-6, 51; e "The limits of consensual decision", em: *American Political Science Review*, vol. 69, n.º 4 (1975), pp. 1270-94.

64. Como observa Hamburger, Mill sentiu-se obrigado, ao longo de toda a vida, a ocultar suas opiniões anti-religiosas e anticristãs, pelo temor de pôr em risco não apenas sua reputação, mas a possibilidade de ser lido e de ser levado a sério. *Mill on Liberty and Control*, pp. 55-85.

dade depois dos totalitarismos fascista e comunista, sem falar dos vários fundamentalismos e tribalismos que ameaçam dominar a política hoje – se é que já não o fazem – em tantos países. É provável que Mill se surpreendesse, mesmo em democracias liberais como a Grã-Bretanha e os Estados Unidos, com a força das posturas anticientíficas e a persistência e amplitude das divergências ideológicas na política, quase um século e meio depois de ele ter escrito *A liberdade*.

Isso dá a entender que, embora por razões diferentes, a solução para a tensão entre as visões iluministas da ciência e dos direitos decorrentes da leitura conseqüencialista do princípio do dano é tão problemática quanto a decorrente da leitura intencionalista. Vimos que a leitura intencionalista serve-se de uma concepção de escolha que ignora – ao mesmo tempo que preserva – uma herança de contextos sufocantes de escolha individual. Assim, a leitura intencionalista pode tornar perverso o princípio do dano, transformando-o em um artifício para proteger os direitos individuais. A leitura conseqüencialista evita essa dificuldade, só que ao preço de adotar uma fé infundada na idéia de que o conhecimento científico moldará, cada vez mais, as decisões utilitaristas tomadas pelos governos ao ponderar sobre quando o princípio do dano foi violado e qual a maneira de intervir.

Surgem aqui duas dificuldades. A primeira, a que já fizemos alusão, é a de que na verdade as posturas científicas podem não vir a substituir o preconceito e o dogmatismo na mente pública e, *eo ipso*, nas atitudes dos servidores públicos encarregados de ler o "delitômetro" à luz do senso comum. Além disso – e esta é a segunda dificuldade –, não está claro que, uma vez transposto o patamar do dano, uma ciência de qualidade conduzirá a políticas de proteção dos direitos, desencadeando a legítima intervenção governamental. É bom lembrar que Mill não diz que, quando esse dano acontece, o governo deve aprovar medidas para minimizá-lo ou para proteger os mais vulneráveis; o que ele diz é que o governo deve agir "no interesse geral da humanidade". O critério científico aceito em determinada época pode defender que se atende melhor o interesse geral da humanidade com leis contra a miscigenação, com políticas eugenísticas ou com algo pior. Enquanto aqueles que controlam o "delitômetro" julgarem que estão atuando em uma área na qual é possível que alguém sofra algum tipo de dano, não existirá nada na tese defendida por Mill em *A liberdade* que os impeça de responder a esse dano com medidas coercitivas[65].

---

65. Para uma discussão mais ampla sobre o insucesso de Mill em combinar a autonomia individual com uma visão determinista da ciência, ver Alan Ryan, *The Philosophy of John Stuart Mill* (Londres, Macmillan, 1970), pp. 103-31.

Capítulo 4
Marxismo

E se for verdade que os comerciantes de cereais matam os pobres de fome? E se a propriedade privada for, de fato, um roubo? Entra em cena Karl Marx, que considerava que ambas as proposições deviam ser levadas extremamente a sério. Na visão de Marx, longe de legitimar a ordem política, o princípio de Pareto e o princípio do dano de Mill lançavam uma névoa ideológica que obscurecia a falta de legitimidade dessa ordem política. Esta falta de legitimidade decorre da injustiça básica do *status quo* que eles protegem. Como a visão de Marx é tão diametralmente oposta à deles, poderíamos pensar que eles não têm nada em comum. Refletindo a respeito disso, alguns comentaristas sustentam que Marx e Mill operavam a partir de paradigmas ou visões de mundo fundamentalmente opostos[1]. Defendo aqui o ponto de vista contrário: Marx, como todos aqueles analisados até aqui, era filho do Iluminismo e, como tal, profundamente comprometido com a tarefa extremamente difícil de compatibilizar uma visão científica da organização social humana com uma noção sólida de direitos individuais. Ele e os liberais divergiam em relação a esses dois conceitos; contudo, muito freqüentemente, as diferenças entre eles são exageradas e não se levam em conta os pontos que tinham em comum.

---

1. Ver Graeme Duncan, *Marx and Mill: Two Views of Social Conflict and Social Harmony* (Cambridge, Cambridge University Press, 1973).

Parece lógico perguntar: por que, da perspectiva do século XXI, deveríamos nos importar com o marxismo? Por um motivo: praticamente todas as previsões de Marx mostraram-se erradas. Ele supunha que, à medida que os radicalizados proletariados urbanos cada vez mais cosmopolitas se juntassem para derrubar o sistema capitalista – o qual, para ele, encontrava-se à beira do colapso em meados do século XIX –, ocorreriam revoluções comunistas nos países capitalistas avançados. Marx acreditava ser o Partido Comunista a vanguarda do proletariado que lideraria a revolução, substituindo a burguesia como a classe dominante e, dessa forma, vencendo a "batalha da democracia". De acordo com Marx, essa vanguarda "faria avançar" os partidos da classe trabalhadora de todos os países; eles "mostrariam e trariam para o primeiro plano os interesses comuns de todo o proletariado" a fim de alcançar seu objetivo: "a constituição do proletariado enquanto classe, a eliminação da supremacia burguesa [e] a conquista do poder político pelo proletariado"[2]. V. I. Lênin (1870-1924) repete essa idéia em *State and Revolution*, quando insiste que

> ao educar o partido dos trabalhadores, o marxismo educa a vanguarda do proletariado, capaz de assumir o poder e liderar todo o povo para o socialismo, de dirigir e organizar o novo sistema, de ser o mestre, o guia e o líder de todos os trabalhadores explorados na organização de sua vida em sociedade, sem a burguesia e contra a burguesia.[3]

Na verdade, onde as revoluções comunistas de fato ocorreram, a ditadura do proletariado acabou sendo a ditadura da vanguarda do partido sobre o proletariado, o que dá a entender que Marx estava certo em se preocupar, na terceira tese sobre Feuerbach, com o fato de que "o próprio

---

2. Karl Marx e Frederick Engels, *The Communist Manifesto* (Nova York, Monthly Review Press, 1964 [1848]), pp. 39, 25-6.
3. V. I. Lênin, *State and Revolution* (Nova York, International Publishers, 1943 [1918]), pp. 23-4.

educador precisa ser educado"[4]. Além disso, a classe trabalhadora dos países capitalistas avançados passou a assumir sempre uma postura nacionalista e decididamente não-revolucionária, e os estudiosos marxistas, que escreviam sobre o capitalismo "tardio" mesmo um século depois de Marx, trocaram as afirmações baseadas em fatos por afirmações baseadas na esperança[5]. As revoluções cujos líderes juravam fidelidade às idéias de Marx ocorreram em sociedades camponesas como a Rússia e a China, ou foram impostas de fora pela força ou pela ameaça do uso da força – como aconteceu em muitos países do Leste europeu depois da Segunda Guerra Mundial. Seja como for, esses regimes agora já desapareceram, com a exceção de persistentes postos avançados como Cuba e Coréia do Norte, ou estão abraçando o capitalismo com o fervor dos convertidos – como é o caso da China. Não há dúvida de que Marx teria ficado chocado com os diversos usos que sua doutrina teve no mundo real, mas quem está esperando pelo produto autêntico parece, cada vez mais, estar esperando Godot.

Outra coisa que justifica a pergunta "por que se importar?" é que o edifício teórico de Marx não parece estar em condições muito melhores que suas previsões políticas. Ele tem sofrido uma série de críticas devastadoras, dentre as quais as mais agudas vêm de estudiosos de tendências igualitárias que não são simpáticos ao capitalismo. Seja pelo determinismo econômico no centro de sua teoria materialista da história, pela teoria do valor do trabalho que fornece a base para sua análise da exploração, pela teoria da tendência declinante da taxa de lucro e a inevitabilidade das crises capitalistas, ou pela descrição de como o socialismo e o capitalismo funcionariam, as teses de Marx não resistiram ao teste do tempo. Essa combinação de fracasso político e

---

4. Karl Marx, *Theses in Feuerbach*, republicado em Karl Marx e Frederick Engels, *Selected Works* (Moscou, Progress Publishers, 1969), vol. 1, p. 13. [Trad. bras. *Teses sobre Feuerbach*. Em: *A ideologia alemã*. São Paulo, Martins Fontes, 1998, p. 100. (N. do R.)]

5. Ver Ernest Mandel, *Late Capitalism* (Londres, New Left Books, 1975).

teórico dá a entender que qualquer tentativa de salvar o marxismo, como um sistema explicativo ou normativo, está condenada ao fracasso.

A lista de fracassos é impressionante, embora nisso o marxismo mal se diferencie dos outros importantes sistemas teóricos do Ocidente moderno estudados aqui. As teorias de caráter previsivo saíram-se mal em todos os domínios da ciência política, seja no âmbito dos prognósticos sobre as eleições e demais aspectos da política do dia-a-dia, seja ao fazer previsões a respeito de tipos de regime, atitude que caracterizou Marx e seus sucessores. Quanto ao fracasso de sua teoria geral, Marx também tem muito em comum com as variantes utilitaristas já estudadas e com as teorias que irão nos ocupar na seqüência. A questão não é se Marx estava errado acerca de inúmeras coisas, mas se ele, brilhantemente, estava certo a respeito de algumas outras.

Além disso, há que se levar em conta que, apesar de todas as suas deficiências, o marxismo foi a alternativa mais duradoura ao pensamento político liberal e conservador desde o início do Iluminismo. Ele passou por infindáveis reformulações – da parte de Lênin e de Leon Trotsky (1879-1940), na Rússia, de Rosa Luxemburgo (1871-1919) e Karl Kautsky (1854-1938), na Alemanha, e de Mao Tsé-tung (1893-1976), na China, sem falar da variante latino-americana de Che Guevara (1928-1967). O marxismo deu origem à teoria crítica da Escola de Frankfurt[6], a grande parte da teoria feminista contemporânea, a diversos ramos dos estudos legais críticos e a outras formas de teoria anti-*establishment* presentes nas escolas de direito americanas. Os movimentos intelectuais conhecidos como estruturalista, pós-estruturalista e desconstrucionista também trazem o marxismo no

---

6. Esse termo refere-se a um grupo de intelectuais europeus liderados por Theodor Adorno (1903-1969), Herbert Marcuse (1898-1979) e Max Horkheimer (1895-1973), que deixaram a Europa para escapar de Hitler e, em 1933, fundaram a New School for Social Research, em Nova York. Jürgen Habermas, nascido em 1929, geralmente é considerado seu herdeiro contemporâneo.

centro de sua árvore genealógica, e figuras como Max Weber (1864-1920) e os teóricos da elite Gaetano Mosca (1858-1941), Robert Michels (1876-1936) e C. Wright Mills (1916-1962) carregam a marca indelével do marxismo contra o qual reagem. Isso para não mencionar o impacto decisivo que os marxistas e as idéias marxistas tiveram no surgimento e na evolução da moderna socialdemocracia[7]. Em suma, o marxismo subsiste na consciência intelectual do Ocidente, em parte por causa da falta de alternativas e em parte porque, apesar de todos os fracassos, articula críticas do presente e aspirações em relação ao futuro que nunca saíram de cena.

4.1 Materialismo histórico e ação individual

Marx tinha uma visão histórica da ciência social totalmente cartesiana, no sentido que demos a esse termo na seção 1.1. Sua visão dedutiva era considerada válida por razões teóricas internas, e ele não tinha o menor interesse no falibilismo ou em testar empiricamente suas afirmações. Na verdade, ele pensava que o mundo fenomenológico seria profundamente mal interpretado se confiássemos nas "aparências" ou no universo dos dados empíricos[8]. Como Bentham, Marx acreditava que as leis que governam a sociedade geralmente não eram compreendidas, e que só seria possível apreendê-las por meio da compreensão de seu sistema teórico como um todo. Este daria sentido ao reino dos fenômenos, tornando possível, pela primeira vez na

---

7. Para uma brilhante descrição da influência das idéias marxistas sobre os fundadores do Partido Trabalhista britânico no início do século XX, ver Michael Foot, *Aneurin Bevan, A Biography, 1897-1960* (Nova York, Atheneum, 1963).

8. Daí ele declarar, no início de *O capital*, que o sistema capitalista "aparece como" um enorme conjunto de mercadorias, o que fundamentava sua afirmação de que essas aparências escondem uma realidade diferente. Ver Karl Marx, *Capital: A Critique of Political Economy*, vol. 1, Ernest Mandel (org.) (Harmondsworth, Ingl., Penguin Books, 1976), p. 125.

história humana, que as pessoas entendessem a si próprias e compreendessem seu lugar na evolução da sociedade. Uma vez feito isso, a tensão entre a ciência determinista e a concepção de direitos individuais que personifica o livre-arbítrio finalmente desapareceria, porque as pessoas, tendo alcançado a autoconsciência, estariam em condições de fazer a própria história.

Marx também se parece com Bentham pelo fato de fundamentar sua teoria em um relato dos interesses básicos do organismo humano; quanto a isso, ambos fazem parte da tradição naturalista que remonta a Hume e Aristóteles e tem continuidade com Darwin, Stevenson e os emotivistas. As exortações por ação das teorias naturalistas originam-se de teorias da natureza humana ou da psicologia humana, teorias estas que são, pode-se dizer, endógenas ao ser humano e a suas necessidades. Elas são geralmente comparadas, por oposição, às teorias antinaturalistas, que se voltam, antes de mais nada, para algo exógeno – seja a teoria das formas de Platão, a vontade de Deus, leis naturais estabelecidas para sempre ou outros padrões extrínsecos aos quais os seres humanos de algum modo têm de corresponder. Como outros naturalistas, Marx baseia seu relato naquilo que ele considerava característico do animal humano. Para ele, não se tratava da busca do prazer do utilitarismo, da busca do poder de Hobbes, dos imperativos da reprodução das espécies que viriam a motivar Darwin ou da capacidade de consciência que motivava G. W. F. Hegel (1730-1831) e os idealistas alemães, e contra quem Marx reagiu de maneira mais direta e imediata. Em vez disso, Marx sustentava que, embora "se possa distinguir os homens dos animais pela consciência, pela religião e por tudo o que se queira", eles se distinguem dos animais "logo que começam a *produzir* seus meios de existência"[9].

---

9. Karl Marx e Frederick Engels, *The German Ideology*, parte I, C. J. Arthur (org.) (Nova York, International Publishers, 1970 [1845-46]), p. 42. [Op. cit., p. 10. (N. do R.)]

4.1.1 Determinismo dialético

Se Marx assemelha-se a Bentham por desenvolver uma arquitetura abrangente da qual se poderiam depreender as leis de interação humana, difere dele por acrescentar um elemento dinâmico. O principal antagonista que moldou o jovem Marx foi Hegel, autor também de uma teoria arquitetônica abrangente, que continha um elemento dinâmico. A teoria de Hegel girava em torno da substituição, ao longo da história, de um sistema de idéias por outro, em um processo dialético no qual as imperfeições das idéias alimentavam reações, sendo estas então substituídas por novas idéias que incorporavam elementos das originais e da alternativa que reagira a elas. Vem daí o famoso lema da lógica dialética hegeliana: *tese, antítese, síntese*[10]. A tese é deslocada pela antítese e ambas são incluídas na nova síntese; o processo, então, recomeça com a síntese, que se torna a tese seguinte. Enquanto os seres humanos viverem num mundo de idéias imperfeitas, esse processo nunca terminará; mas Hegel acreditava que ele poderia terminar, e terminaria, durante sua própria vida, com o Estado prussiano da época sendo reconhecido como a forma perfeita de associação política e ocasionando, literalmente, o fim da história.

Marx apossou-se desse sistema de interpretação da mudança histórica, mas descartou seu conteúdo. Sua teoria dialética materialista girava em torno dos modos como os seres humanos organizam a produção. Como Hegel, ele adotava um conceito de desequilíbrio de curto prazo e equilíbrio de longo prazo, no sentido de que todo modo de produção até

---

10. Esse lema não era de Hegel. Desenvolvido primeiramente por Johann Gottlieb Fichte (1762-1814), na *Fenomenologia* e em outros textos, para explicar a estrutura do raciocínio dialético de Hegel, o fato de Marx ter atribuído a Hegel, em *A miséria da filosofia*, a fórmula tese-antítese-síntese foi o que parece ter feito com que o lema emplacasse. Ver Walter Kaufmann, *Hegel: Reinterpretation, Texts, and Commentary* (Garden City, N.Y., Doubleday, 1965), pp. 165-75; e G. E. Muller, "The Hegel legend of thesis-antithesis-synthesis", em: *Journal of the History of Ideas*, vol. 19, n.º 3 (1958), pp. 411-4.

então existente abrigara tensões internas ou "contradições", as quais inevitavelmente alimentavam uma reação ou substituição por outro sistema internamente contraditório, a ser sucessivamente substituído até que se pudesse atingir um sistema estável. Para Marx, em lugar do Estado prussiano da Europa do século XIX, o equilíbrio estável seria antes uma utopia comunista prenunciada por um Estado socialista que se seguiria à derrocada do capitalismo. Até que se alcançasse esse objetivo, a história seria uma seqüência de reações insatisfatórias a tensões incontroláveis, sempre marcadas pela contradição entre as relações de produção e as forças de produção. Ele queria dizer, com isso, que o processo de produção dividia as pessoas em classes, geralmente a daqueles que possuíam ou controlavam os meios de produção e a dos que trabalhavam para eles a fim de produzir o excedente consumido pelas pessoas. Quando Marx e Engels abrem o *Manifesto comunista* com "A história das sociedades até aqui existentes é a história das lutas de classe"[11], eles querem dizer que, em todos os modos de produção existentes ao longo da história, a classe proprietária ou controladora dos meios de produção explorou a classe que trabalhava neles, por meio da apropriação do fruto de seu trabalho. Conforme apresentado de maneira mais completa em *A ideologia alemã*, a história, portanto, "nada mais é que a sucessão de gerações independentes, cada uma das quais explora as matérias-primas, os recursos de capitais e as forças produtivas que lhes foram legados por todas as gerações precedentes, continuando, assim, por um lado, a atividade tradicional em circunstâncias completamente alteradas e, por outro, modificando as antigas circunstâncias através de uma atividade completamente alterada"[12].

Na explicação de Marx, esse processo normalmente era inconsciente. Assim, quando o servo trabalhava certo nú-

---

11. Marx e Engels, *The Communist Manifesto* (Nova York, Monthly Review Press, 1964 [1848]), p. 2.
12. Marx e Engels, *The German Ideology*, parte I, p. 57.

mero de dias na terra do senhor em troca da proteção contra o ataque dos exércitos de outros senhores feudais e do direito de praticar uma agricultura de subsistência para a família, pode ser que ele considerasse essa troca vantajosa, mesmo que, ao longo da vida toda, não tivesse expectativa alguma de deixar de ser pobre. Embora possam ocorrer explosões intermitentes de fúria, quem sabe mesmo revoltas coletivas ocasionais, nem o servo nem o senhor compreendem plenamente a dinâmica do modo feudal de produção, ou, por esse motivo, o que seria necessário para substituí-lo por um sistema que não girasse em torno da exploração de uma classe por outra. Em vez disso, o feudalismo é substituído por uma dinâmica diferente.

Para Marx, todo modo de produção contém as sementes de sua própria destruição. A diferença entre o feudalismo e os modos primitivos de produção é que, neste, em vez de cada família produzir o que seus membros consomem, há uma classe produtiva de camponeses e uma classe improdutiva de proprietários de terra, cujos interesses, ao longo do tempo, tornam-se divergentes. Com o capitalismo, "o governo dos democratas burgueses trará dentro de si, desde o princípio, os germes de sua própria destruição". Ou, como ele e Engels dizem mais detalhadamente no *Manifesto*: "O desenvolvimento da indústria moderna arranca, portanto, de debaixo de seus pés, as próprias fundações sobre as quais a burguesia produz e se apropria da produção. Acima de tudo, portanto, a burguesia produz seus próprios coveiros. Sua queda e a vitória do proletariado são igualmente inevitáveis."[13]

Para Marx, a divisão do trabalho talvez seja a principal força responsável pela forma como se dá a evolução dos modos de produção[14]. Esta tem dois aspectos que são de funda-

---

13. Karl Marx, *Address of the Central Committee to the Communist League* (1850), republicado em Robert C. Tucker (org.), *The Marx-Engels Reader* (Nova York, Norton, 1978), p. 506; Marx e Engels, *The Communist Manifesto*, p. 24.

14. Como Engels chama a atenção em *The Origin of the Family, Private Property, and the State* (Nova York, International Publishers, 1972 [1884]), a di-

mental importância para nós. O primeiro, como Adam Smith (1723-1790) destaca em *A riqueza das nações*, é que ela leva a um enorme aumento de produtividade, registrado por ele na célebre análise da fabricação de alfinetes:

> Um homem estende o arame, outro o endireita, o terceiro o corta, o quarto o segura estendido, o quinto lima uma das extremidades para receber a cabeça; são necessárias duas ou três operações para fazer a cabeça; para fixá-la, é preciso executar uma operação muito específica, assim como para branquear os alfinetes; até embrulhá-los constitui-se, em si mesmo, uma ocupação; e, desse modo, a importante atividade de fabricar alfinetes é dividida em aproximadamente dezoito operações distintas.

Como resultado da divisão do trabalho, Smith calculava que dez trabalhadores poderiam fazer "mais de 48 mil alfinetes por dia", mas, "se todos tivessem trabalhado separadamente e de maneira independente, sem que nenhum deles tivesse sido treinado para essa atividade específica, certamente não teriam conseguido, individualmente, ter feito vinte, talvez nem um alfinete por dia; isto, certamente, não corresponde à ducentésima quadragésima parte, talvez nem a 1/4800 avos daquilo que, no momento, são capazes de desempenhar como conseqüência de uma divisão adequada e da combinação de suas diferentes operações"[15].

Outra importante característica da divisão do trabalho, que o exemplo de Smith também destaca, é que, uma vez posta em marcha, não há como pará-la. Ainda que a multiplicação de tarefas promova a eficiência, ela se opõe clara-

---

visão do trabalho começa de forma rudimentar no interior da família. Marx atribuiu uma importância restrita a esse fato – p. ex., em: *The German Ideology*, parte I, pp. 44, 51-3 –, mas a divisão do trabalho entre os sexos nunca fez parte, de fato, de sua análise da exploração existente no capitalismo, tornando a teoria vulnerável à crítica feminista, que comentamos em 4.2.3.

15. Adam Smith, *An Inquiry into the Nature and Causes of the Wealth of Nations*, Edwin Cannan (org.) (Chicago, University of Chicago Press, 1976 [1776]), pp. 7-9.

mente a um sistema produtivo marcado por uma única divisão de trabalho: entre o senhor e o camponês. O feudalismo, conseqüentemente, atrofia-se, sendo inevitavelmente substituído, embora de maneira gradual, à medida que surge uma nova classe cujos membros percebem o extraordinário potencial inerente à divisão do trabalho e vêem como tirar vantagem dela. Essa classe burguesa, ou capitalista, toma o lugar da aristocracia fundiária e cria a moderna classe trabalhadora, ou proletariado, ao possibilitar o trabalho assalariado – ímã que atrai os camponeses para os novos centros urbanos onde acontece a produção fabril.

Embora a aristocracia fundiária e o campesinato fossem, objetivamente, os principais oponentes dentro do feudalismo, eles não se viam como tais, e não são os conflitos entre eles que causam o desaparecimento da ordem feudal. Assim como os oponentes em todos os modos de produção anteriores, eles constituem, na terminologia usada por Marx, "classes em si", não classes "para si"[16]. São portadores de relações históricas, interpretam um roteiro que não compreendem e, por causa disso, não têm como influenciar[17]. O que diferencia o capitalismo de todos os modos de produção anteriores é que, nele, isso não acontece. Pela primeira vez na história os integrantes da classe explorada conseguem compreender o processo dialético da história e seu próprio lugar nele, de forma que o proletariado não é somente uma classe "em si", mas também uma classe "para si".

De acordo com os cálculos de Marx, a consciência da classe trabalhadora cresce à medida que o capitalismo evo-

---

16. Marx e Engels, *The German Ideology*, parte I, pp. 82, 85, 94.
17. Ibid., p. 54. "O poder social, isto é, a força produtiva multiplicada (...) não aparece a esses indivíduos como sendo sua própria força conjugada (...); ela lhes aparece, ao contrário, como uma força estranha, situada fora deles, que não sabem de onde vem nem para onde vai, que, portanto, não podem mais dominar e, inversamente, percorre agora uma série particular de fases e estágios de desenvolvimento, tão independente da vontade e da marcha da humanidade, que na verdade é ela que dirige essa vontade e essa marcha da humanidade." [Op. cit., p. 30. (N. do R.)]

lui das fases produtivas radicalmente inovadoras para uma maturidade carregada de problemas, a qual é marcada pelo surgimento das contradições explicadas na seção 4.2. O resultado é que se torna possível uma revolução genuinamente autoconsciente por parte do proletariado, porque seus membros compreendem a dinâmica e os problemas do capitalismo, e tal revolução consciente torna-se necessária porque o socialismo defendido pelo proletariado apresenta a única solução viável para as dores do capitalismo. "O movimento proletário é o movimento consciente e independente da imensa maioria, no interesse da imensa maioria."[18] Isso conduz a um mundo socialista, no qual o princípio de distribuição é: de cada um segundo sua capacidade, a cada um segundo seu trabalho[19]. O mundo socialista também contém contradições porque continua sendo um espaço de direitos no qual alguns se saem melhor que outros. Por exemplo, se dois trabalhadores são pagos tomando-se por base seu trabalho, aquele que tem filhos para sustentar fica em pior situação que o que não tem. Como diz Marx, de modo mais geral:

> A justiça, por sua própria natureza, só pode fundamentar-se na aplicação de um critério único; mas só podemos avaliar indivíduos desiguais (e eles não seriam indivíduos diferentes se não fossem desiguais) por um mesmo parâmetro na medida em que sejam encarados de uma mesma perspectiva, que os analisemos apenas por um aspecto *definido* – no caso presente, por exemplo, que sejam vistos *apenas como trabalhadores*, não se enxergando mais nada neles, ignorando-se todo o resto. Ademais, um trabalhador é casado, o outro, não; um tem mais filhos que o outro, e assim por diante. Assim, com a mesma quantidade de produção e, conseqüentemente, a mesma contribuição para a reserva de consumo da sociedade, uma pessoa receberá, na verdade, mais do que ou-

---

18. Marx e Engels, *The Communist Manifesto*, p. 22.
19. Karl Marx, *Critique of the Gotha Programme* (Pequim, Foreign Languages Publishers, 1972 [1875]), pp. 12-6.

tra, uma será mais rica que outra, e assim por diante. Para evitar todas essas imperfeições, a justiça, em vez de tratar igualmente a todos, teria que tratá-los de maneira desigual.[20]

Marx trata essas desigualdades inevitáveis como resultado do fato de a nova ordem ser marcada pela sociedade da qual ela surge, porque "a justiça nunca pode estar acima da estrutura econômica da sociedade e do desenvolvimento cultural condicionado por ela". O socialismo é um avanço em relação ao capitalismo porque "o produtor individual recebe de volta da sociedade – depois de feitos os descontos [para a provisão dos bens públicos e de futuros investimentos] – exatamente aquilo que lhe dá". Não obstante,

> não nos deparamos aqui com uma sociedade comunista que se *desenvolveu* sobre seus próprios fundamentos; pelo contrário, trata-se de uma sociedade comunista tal como se encontra no momento em que *surge* da sociedade capitalista; e que, portanto, traz ainda, sob todos os aspectos – econômica, moral e intelectualmente –, as marcas de nascença da velha sociedade de cujo útero provém.[21]

Somente mais tarde, por meio de um processo que não fica inteiramente claro, seguem-se a ela o enfraquecimento do Estado socialista e o surgimento da utopia comunista que a superabundância de riqueza produzida pelo capitalismo torna possível. Nela, a distribuição é feita segundo o seguinte princípio: "De cada um segundo sua capacidade, a cada um segundo sua necessidade"[22]. É o equivalente de Marx ao fim da história de Hegel.

4.1.2 Ação e autonomia individual

Qual é o lugar da ação individual nessa avassaladora visão determinista da mudança histórica? Se se der a esta

---

20. Ibid., p. 17.
21. Ibid., pp. 8, 10.
22. Ibid., p. 10.

pergunta uma interpretação que implique uma causa, depende de qual Marx se lê. Algumas formulações da concepção materialista de história indicam um profundo determinismo mecanicista segundo o qual o que acontece na "base" material da sociedade, a saber, a contradição dinâmica entre as forças e as relações de produção, determina o que acontece na "superestrutura" da política, da ideologia, da cultura e em todas as ações humanas conscientes. Nessas formulações, Marx insiste que, "na produção social de sua existência, os homens inevitavelmente estabelecem entre si relações definidas que independem de sua vontade, a saber, relações de produção adequadas a determinado estágio de desenvolvimento de suas forças materiais de produção". Essas relações constituem "a estrutura econômica da sociedade, o verdadeiro fundamento, sobre o qual se ergue uma superestrutura legal e política e ao qual correspondem formas definidas de consciência social". A base econômica "condiciona o curso geral da vida social, política e intelectual", de forma que "não é a consciência dos homens que determina sua existência, mas sua existência social que determina sua consciência".

O método materialista histórico preocupa-se com a base material. Ao estudar sua transformação,

> é necessário fazer sempre a distinção entre a transformação material das condições econômicas de produção, que pode ser determinada com a precisão da ciência natural, e as transformações legais, políticas, religiosas, artísticas ou filosóficas – em suma, as formas ideológicas nas quais os homens se tornam conscientes desse conflito e lutam até resolvê-lo.[23]

Na grande narrativa histórica, o destino dos indivíduos é desempenhar, normalmente de maneira inconsciente, papéis determinados pelas classes a que pertencem. Na verdade, mesmo na revolução proletária, quando a "classe em si" se torna "classe para si", não há, obviamente, muito espaço de ação ou de escolha. Pelo fato de a revolução prole-

---

23. Marx, *A Contribution to the Critique of Political Economy*, pp. 20-1.

tária conduzir inexoravelmente ao fim da história, parece que mesmo o proletariado revolucionário que age em defesa de seus verdadeiros interesses não é livre para ter outro comportamento.

Algumas outras formulações de Marx, contudo, dão a entender que a ação humana ocupa um lugar importante, como em *O Dezoito Brumário de Luís Bonaparte*, onde Marx diz que o homem faz sua própria história, mas não a faz sob as circunstâncias de sua escolha[24]. Parece claro, quanto mais não seja pela urgência com que Marx, em seus textos polêmicos, instava os intelectuais a trabalhar em prol do aumento de consciência da classe trabalhadora, que ele estava convencido de que existe a possibilidade de escolha na política, e que escolhas ruins levam a resultados ruins. Desde sua época, diversas tentativas têm sido feitas para definir com rigor uma concepção materialista em que o campo econômico seja determinante "em última instância", mas no qual exista uma "autonomia relativa" dos campos político e ideológico[25]. Em termos da ciência social contemporânea, a melhor reformulação de tais interpretações da intuição marxiana é a afirmação de que os interesses e conflitos materiais dão conta da maior parte das explicações divergentes dos diferentes resultados sociais e políticos, mas não de todas, e que a ação livre do homem também é uma variável independente significativa. A questão de saber se os pesos relativos das diferentes variáveis podem ou não ser descritos em termos gerais torna-se, então, uma questão de pesquisa empírica mais que de especulação teórica.

Às vezes se diz que o reconhecimento do livre-arbítrio como um fator causal de explicação das questões sociais

---

24. Karl Marx, *The Eighteenth Brumaire of Louis Bonaparte* (Nova York, International Publishers, 1963 [1852]), p. 15.

25. Estas formulações vêm de Louis Althusser, *For Marx* (Londres, Verso, 1979). Ver também Nicos Poulantzas, *Classes in Contemporary Capitalism* (Londres, Verso, 1979). Para uma reconstrução analítica da concepção materialista da história, ver G. A. Cohen, *Karl Marx's Theory of History: A Defense* (Princeton, Princeton University Press, 1978).

mina a possibilidade de se aspirar a qualquer ciência social determinista, inclusive a de Marx[26]. Não é forçoso que seja assim, em parte pela razão mencionada há pouco: ainda que o livre-arbítrio responda por parte daquilo que acontece na sociedade, isso não quer dizer que seja responsável por tudo. Mas há outro motivo, analisado de modo mais completo por mim na seção 6.4, que revela a deficiência da crítica: admitindo-se que a livre escolha tenha um significado causal, é razoável, contudo, que os cientistas sociais desejem fazer previsões probabilísticas acerca daquilo que, em determinados tipos de circunstância, as pessoas normalmente escolhem[27]. Em todo caso, parece claro que, se é plausível considerar a teoria causal marxiana à luz de suas previsões até hoje fracassadas, isso terá que fazer parte de uma explicação que contenha variáveis múltiplas. Resta ver se uma única teoria causal de todos os fenômenos sociais e políticos se sustenta, mesmo como parte de um modelo de variáveis múltiplas desse tipo[28].

O problema do lugar ocupado pela ação humana no cálculo de Marx também pode ser interpretado como uma questão normativa. Ainda que as pessoas tenham a capacidade de praticar ações diferentes daquelas que normalmente praticam, qual é a verdadeira validade dessas ações, se a teoria decreta que só há uma escolha certa a ser feita? Dessa perspectiva, a afirmação de Marx de que o comunismo é a única escolha aceitável é similar à célebre – e não menos enigmática – declaração de Rousseau no sentido de

---

26. Ver, por exemplo, Alasdair MacIntyre, *After Virtue* (Notre Dame, Ind., University of Notre Dame Press, 1984), pp. 88-108.

27. Para uma abordagem genérica, ver as discussões sobre universalismo parcial e segmentado em Donald Green e Ian Shapiro, *Pathologies of Rational Choice Theory* (New Haven, Conn., Yale University Press, 1994), pp. 26-8, 192-3.

28. Ver ibid., particularmente o capítulo 8, bem como Green e Shapiro, "Pathologies revisited: Reflections on our critics", em Jeffrey Friedman (org.), *The Rational Choice Controversy: Economic Models of Politics Reconsidered* (New Haven, Conn., Yale University Press), pp. 235-76.

que o ser humano deveria ser "forçado a ser livre"[29]. Na verdade, sua estrutura lógica assemelha-se às teses presentes na tradição do contrato social, analisadas no Capítulo 5 (em que se considera legítimo um tipo específico de organização social em razão do fato de que pessoas dotadas de liberdade de escolha o escolheriam se pensassem com clareza em seus interesses), bem como às teses utilitaristas já discutidas. Todas essas teses afirmam, em certa medida, que existe uma resposta certa à pergunta "quais são as melhores organizações sociais e políticas para os seres humanos?"; e que, em parte, esta é a resposta certa em virtude do suposto fato de que as pessoas, livres de coação e pensando com clareza em seus interesses, a escolheriam. Todas essas formulações incorporam variantes seculares da tensão com que primeiramente nos deparamos, na seção 1.1, entre a onipotência divina e a lei natural atemporal, em meio à qual Locke se debatia. No caso de Marx, há a exigência suplementar de liberdade, que só pode ser concebida, de fato, em um regime comunista, pois qualquer outro modo de produção implica exploração.

O significado que se pode extrair desta última afirmação – se é que algum significado pode ser extraído – é algo de que tratarei mais adiante ao analisar o conceito marxiano de exploração. Primeiramente, é preciso dar conta de outro significado, devido ao qual o marxismo é às vezes apontado como hostil à autêntica ação humana. Se Marx considera o comunismo legítimo e o capitalismo ilegítimo com base no fato de que um proletariado revolucionário com liberdade de ação rejeitaria o capitalismo e abraçaria o comunismo, pode-se dizer que essa doutrina das classes não deixa muito lugar para os direitos individuais ou para a liberdade. Essa crítica erra o alvo por dois motivos. O primeiro é que a lógica de Marx, no fundo, é individualista, tanto porque as classes são definidas tendo como referência as re-

---

29. Rousseau, *The Social Contract*, p. 64. [Trad. bras. *O contrato social*. São Paulo, Martins Fontes, 3.ª ed., 1996, p. 25. (N. do R.)]

lações que os *indivíduos* mantêm com os meios de produção, como porque Marx acreditava que os obstáculos para alcançar a liberdade individual decorrem das subordinações inerentes à divisão do trabalho[30]. O comunismo, que torna possível a abolição da divisão do trabalho, é uma utopia altamente individualista em que as pessoas são livres para "caçar de manhã, pescar na parte da tarde, cuidar do gado ao anoitecer, fazer crítica após as refeições, a meu bel-prazer, sem nunca me tornar caçador, pescador, pastor ou crítico"[31], e "o livre desenvolvimento de cada um é a condição do livre desenvolvimento de todos"[32]. Resumindo, a ação coletiva é necessária enquanto os obstáculos à liberdade individual são mantidos coletivamente, mas o ideal normativo é a liberdade individual, não a ação coletiva. Conforme está apresentado de modo mais completo em 4.2.3, isso faz de Marx um teórico com uma sólida concepção dos direitos individuais, não obstante o fato de que ele rejeitava a conversa sobre direitos como palavrório burguês.

Isso não significa, entretanto, que Marx entenda a liberdade de maneira idêntica à dos liberais. Sua concepção de liberdade é a que Isaiah Berlin descreveu certa vez como "positiva", porque centrada na liberdade de fazer, de conquistar e de se tornar certas coisas, diferençando-se de uma concepção "negativa" cuja atenção esteja voltada para uma zona de atuação dentro da qual o indivíduo é deixado só[33]. Pode-se exagerar a diferença entre as duas visões, uma vez que todas as descrições da liberdade fazem referência (ainda que de maneira implícita) tanto às condições restritivas quanto às ações[34]. Contudo, Marx e os teóricos por ele

---

30. A respeito do individualismo metodológico de Marx, ver Jon Elster, *Making Sense of Marx* (Nova York, Cambridge University Press, 1985).
31. Marx e Engels, *The German Ideology*, parte I, p. 53. [Op. cit., pp. 28-9. (N. do R.)]
32. Marx e Engels, *The Communist Manifesto*, p. 41.
33. Isaiah Berlin, "Two concepts of liberty", em: *Four Essays on Liberty* (Londres, Oxford University Press, 1969), pp. 118-72, de sua autoria.
34. As discussões entre libertarianistas negativos e positivos, portanto, podem se reduzir às vezes a disputas semânticas em torno da questão de sa-

influenciados aparentemente concentram mais sua atenção no que as pessoas são capazes de fazer com as liberdades de que dispõem do que simplesmente naquilo que não pode ser feito a elas. Daí a observação sarcástica de Anatole France quanto ao fato de que, de acordo com a legislação francesa da época, pobres e ricos eram igualmente proibidos de dormir debaixo das pontes, mendigar nas ruas e roubar pão[35].

A contestação da análise de classe sob o argumento de que ela é hostil aos direitos individuais também foge da questão, pois Marx sustenta que o ponto de vista do proletariado é o ponto de vista universal, definido como aquele em que nenhuma exploração acontece. Em *Discursos*, Nicolau Maquiavel (1469-1527) endossou a tese romana em favor do republicanismo, a qual dizia que a liberdade devia ficar sob a guarda das pessoas comuns, porque, diferentemente da aristocracia, que deseja dominar, o desejo destas é não serem dominadas[36]. Dentro do mesmo espírito, Marx considerava que os interesses do proletariado eram os interesses da humanidade. A defesa destes conduziria não somente à expropriação dos expropriadores, mas ao fim da expropriação enquanto tal. A identificação feita por Marx entre os interesses do proletariado e os da humanidade é análoga à identificação feita por John Rawls entre o ponto de vista da justiça e o ponto de vista do indivíduo representativo menos favorecido (em 5.3.1). A plausibilidade da alternativa de Marx depende de quão defensável é o relato que ele faz da exploração, bem como da possibilidade de abolição desta, tema de que trato a seguir.

---

ber se é a presença das correntes ou a ausência da chave que priva o prisioneiro da liberdade. Ver Gerald C. MacCallum, "Negative and positive freedom". Em Peter Laslett, W. G. Runciman e Quentin Skinner (orgs.), *Philosophy, Politics, and Society*, quarta coleção (Oxford, Blackwell, 1972), pp. 174-93.

35. Anatole France, *Le Lys Rouge* (Paris, Calmann-Lévy, ed. 1923 [c. 1895]), p. 113.

36. Niccolò Machiavelli, *The Discourses* (Londres, Routledge & Kegan Paul, 1950 [1517]), seção 1.5, pp. 220-2.

4.2 A teoria do valor do trabalho, o artesanato e a exploração

Assim como o princípio de Pareto, a teoria do valor do trabalho de Marx apresentou-se como uma explicação técnica concebida para elucidar o comportamento dos preços em uma economia de mercado competitiva. Ao menos desde a época de Hobbes e *Sir* William Petty (1623-1687), os pensadores ingleses tinham namorado a idéia de que, mais que o comércio (como seus antecessores ingleses acreditavam) ou a terra (como no futuro viriam a insistir, por algum tempo, os fisiocratas franceses), é o trabalho humano que determina o preço que é pago pelos bens permutáveis em uma economia de mercado[37]. Quando Marx acabou de escrever o primeiro volume de sua obra magna *Das Kapital*, em 1867, teorias do trabalho haviam sido sistematizadas por Adam Smith em *A riqueza das nações* e aperfeiçoadas por David Ricardo (1772-1823) em *Princípios de economia política e de tributação* (1821). Estes economistas clássicos, e os outros, estavam todos procurando as leis que moviam as economias de mercado, entendendo que deviam ir à busca de uma teoria dos salários, preços, rendas e lucros. Tal como os economistas neoclássicos que viriam depois deles, eles queriam entender como esses elementos variavam nos mercados competitivos. Diferentemente de seus sucessores, contudo, eles pensavam que o modo de fazer isso era desenvolver uma teoria dos salários, preços, rendas e lucros naturais, em torno da qual se supunha que os salários, preços, rendas e lucros do mercado flutuariam[38].

Marx encaixou-se, de maneira inequívoca, nessa tradição clássica, desenvolvendo uma teoria do trabalho que ele

---

37. Para uma discussão suplementar sobre as teorias do valor do trabalho abraçadas por Petty e Hobbes, vide Shapiro, *Evolution of Rights in Liberal Theory*, pp. 35-8.

38. A melhor abordagem generalista deste assunto é a de Maurice Dobb, *Theories of Value and Distribution Since Adam Smith* (Cambridge, Cambridge University Press, 1973).

acreditava ser capaz de calcular os valores naturais, os valores de mercado e a relação entre os dois. Ele também pensava que sua teoria seria capaz de explicar o caráter dinâmico e inovador do capitalismo, bem como sua decadência inevitável no longo prazo à medida que as contradições inerentes ao sistema dessem fim a si próprias. A crítica normativa da exploração capitalista foi apresentada como um subproduto dessa análise técnica. Em parte isso é verdade, mas veremos que, ao apresentar sua crítica normativa como uma tese puramente técnica, Marx lançou mão de um subterfúgio um tanto enganoso para disfarçar o comprometimento com postulados surpreendentemente individualistas acerca dos direitos. Para compreender por que isso é assim, primeiro é necessário expor as teorias do valor e da exploração.

4.2.1 Valor, mais-valia e a análise da exploração

O objetivo analítico de Marx em *O capital* era explicar o valor das mercadorias, as quais ele definia como bens (e serviços, poderíamos acrescentar sem prejudicar sua tese) produzidos para troca. Acreditava-se que as mercadorias apresentavam dois tipos de valor carentes de explicação: "valor de uso", mais bem concebido como utilidade, e "valor de troca" ou "Valor", que para Marx significava preço. Marx tratava o valor de uso como um economista neoclássico o faria, tendo a oferta e a procura por referência. Uma coisa não pode ser mercadoria a menos que haja procura por ela, e a existência de procura faz com que exista o suprimento do bem ou serviço em questão. Mas, enquanto um economista neoclássico empregaria os mesmos instrumentos de oferta e procura para explicar as variações dos preços, os economistas clássicos, Marx inclusive, acreditavam que não bastava dizer que os preços aumentavam com a procura e diminuíam com a oferta: algo mais devia ser dito. Deve haver um ponto, especulavam, ao redor do qual os preços de determinada mercadoria flutuam, e eles pensaram na necessidade de uma teoria dos preços naturais como a necessidade de uma teoria que explicasse por que esse ponto é o que é.

Marx conceituou isso ao considerar que as flutuações da oferta e da procura modelam os preços no curto prazo e a produção no longo prazo. Na terminologia clássica, qualquer teoria sobre o que determina essas flutuações seria uma teoria dos preços de mercado. A teoria do valor do trabalho, diversamente, era uma teoria dos preços naturais. Traduzido para a terminologia contemporânea, podemos chamá-la de teoria de equilíbrio de preços de longo prazo: ela pretendia explicar por que os preços das mercadorias são o que são quando há equilíbrio entre oferta e procura. Portanto, quem reclama que a teoria do valor do trabalho não faz sentido porque não consegue dar conta da realidade de que a oferta e a procura influenciam os preços, não entende o significado do projeto da economia política clássica e a interpretação ortodoxa dada por Marx a esse projeto[39].

Para produzir uma teoria dos preços naturais, os economistas clássicos procuraram por um denominador comum. Perguntaram: qual é o elemento de que as mercadorias necessitam para serem produzidas? A resposta obtida foi: trabalho ou, como disse Marx de modo mais preciso que seus antecessores, tempo de trabalho socialmente necessário: "Somente a quantidade de trabalho ou o tempo de trabalho necessário para a produção de um artigo determina com exclusividade a grandeza do seu valor (...). O valor de uma mercadoria, pois, varia na razão direta da quantidade e na razão inversa da produtividade do trabalho que nela se realiza."[40]

Essa atenção que se dava ao tempo de trabalho socialmente necessário procurava refletir e incorporar a necessidade de eficiência que se encontra no núcleo do capitalismo competitivo. Suponhamos que você e eu sejamos os dois

---

39. Tanto que Marx escreve freqüentemente sobre variação de preços em resposta a flutuações de oferta e procura, como no Capítulo 3 de *Wage, Labor, and Capital* (Nova York, International Publishers, 1978 [1849]).

40. Marx, *Capital*, vol. 1, pp. 129, 131.

únicos produtores de tecido de algodão do mercado. Você inventa uma máquina de fiar que lhe permite produzir a mesma quantidade de tecido que nós dois produzíamos anteriormente, só que agora em um décimo do tempo. A teoria marxiana do valor do trabalho não diz que o meu tecido será trocado por um preço dez vezes maior que o preço do seu, uma inferência obviamente problemática das teorias do trabalho que tinham confiado nas quantidades reais de trabalho empregadas no cálculo do valor de uma mercadoria. Antes, o advento da máquina de fiar significa, na verdade, que noventa por cento do trabalho que estou empregando tornou-se socialmente desnecessário. Como resultado, meu trabalho adicional não se refletirá no valor. O preço de uma unidade de tecido de algodão cairá até o nível ditado pela quantidade de tempo de trabalho que precisa ser empregada para produzi-la com o uso da nova tecnologia.

Os economistas clássicos acreditavam também que, numa economia de mercado, uma teoria do valor adequada tem que levar em conta a existência do lucro. Marx acreditava que sua teoria podia fazer isso, ao mesmo tempo que explicava os fatores determinantes dos salários e revelava a natureza da exploração. Quanto a isso, sua primeira inovação foi elaborar uma concepção muito geral, entendendo-a literalmente como qualquer coisa produzida para troca. Para Marx, portanto, o dinheiro é uma mercadoria como outra qualquer; seu valor de uso é o fato de funcionar como instrumento de troca, e seu valor de troca é determinado pela quantidade de tempo de trabalho socialmente necessário para sua produção. O ouro (usado como base monetária em sua época) não tem nada de especial. Qualquer mercadoria que fosse durável e divisível poderia servir de meio de troca. Ele proporciona uma unidade de medida prática para expressar, em termos recíprocos, a quantidade de tempo de trabalho socialmente necessário cristalizada nas diferentes mercadorias.

Da maior importância para Marx é o fato de que, numa economia de mercado, a força de trabalho também é uma mercadoria. Seu valor de uso é o fato de poder ser utilizada para a criação de um novo valor de troca. Como qualquer outra mercadoria, seu valor de troca é determinado pelo tempo de trabalho socialmente necessário para sua produção. Os salários devem flutuar, no curto prazo, em razão da oferta e da procura; no longo prazo, entretanto, eles irão refletir os custos de produção dos trabalhadores. A existência de diferenças salariais no longo prazo não reflete o valor daquilo que os diferentes trabalhadores produzem, mas sim os custos para produzir diferentes trabalhadores. Leva-se mais tempo de trabalho socialmente necessário para produzir um técnico especializado que um trabalhador manual, o que se refletirá nas diferenças salariais. Mesmo diferenças extremas podem ser explicadas desse modo: ao calcular o valor de um jogador de beisebol extremamente bem pago, devemos levar em conta todos os custos de produzi-lo – a manutenção de um sistema de divisões inferiores, todos os investimentos feitos em jogadores que não dão certo, e assim por diante. Para Marx, portanto, o trabalhador é uma mercadoria como outra qualquer. Seu valor é determinado pelos custos de sua produção.

Para Marx, contudo, o que explica a fonte de lucro é uma característica exclusiva da força de trabalho. Ele deu essa explicação tendo como referência a teoria de mais-valia do trabalho. Os economistas clássicos tinham se deparado com o seguinte enigma: como pode haver lucro em uma economia de mercado se os equivalentes são sempre trocados por equivalentes? Marx respondeu que, de fato, equivalentes são trocados por equivalentes, medidos em termos de tempo de trabalho socialmente necessário, mas a força de trabalho é uma mercadoria única, porque seu consumo como valor de uso leva à criação de valor de troca novo. Dito de modo diferente, o consumo da força de trabalho é produtivo, enquanto outras formas de consumo não são. Intuitivamente, se compro um livro, que consumirei com minha leitura, ou uma refeição, que consumirei ao comê-la, não crio, com esses atos de consumo, nenhum valor novo. Entretanto, se compro sua capacidade de trabalho durante dez horas por dia, e consumo o que comprei pondo-o para trabalhar em minha máquina de fiar, tenho, uma vez consumida a força de trabalho que comprei, algo novo produzido por você: o tecido de algodão que pode ser vendido. Uma vez cobertos a folha salarial e outros custos – matérias-primas, aluguel, maquinário, custos de *marketing* etc. –, o que fica do excedente é meu lucro. O capitalista é diferente porque, enquanto outros, em uma economia de mercado, produzem mercadorias, trocam-nas por dinheiro e usam o resultado para comprar outras mercadorias unicamente para seu consumo, ele está interessado em algo diferente. Os capitalistas começam com dinheiro, compram a mercadoria peculiar que é a força de trabalho, consomem-na e vendem o produto por uma quantidade de dinheiro maior do que aquela com a qual começaram. É assim que se chega aos lucros e à possibilidade de acúmulo de capital.

O trabalhador é diferente porque, para viver, necessita vender a alguém sua força de trabalho. Para Marx, qualquer um que se encontre nessas circunstâncias faz parte da classe trabalhadora no sentido "em si", independentemente de ter consciência disso ou não. Se você não tem condições de comprar os meios de produção, mas, em vez disso, tem de trabalhar naqueles que são propriedade de outras pessoas, seus interesses objetivos são os mesmos daqueles que se encontram em uma condição semelhante. Às vezes se pergunta o que Marx teria a dizer a respeito dos trabalhadores dos dias de hoje, milhões dos quais possuem ações em fundos mútuos. Tal exemplo não o perturbaria. A questão-chave não é a propriedade, é a necessidade: se um trabalhador tiver uma quantidade tal de ações que lhe permita escolher não trabalhar para outra pessoa e, em vez disso, viver dos dividendos, então ele não será mais membro da classe trabalhadora – mesmo se continuar a ter um emprego assalariado. Enquanto esse limiar não for cruzado, ele pertence à classe trabalhadora. Trabalhadores têm de vender sua força de trabalho para outras pessoas a fim de viver; capitalistas, não. Marx defendia a idéia de que, no capitalismo, cada vez mais as pessoas passariam a se integrar em um desses dois grupos – a imensa maioria, na classe trabalhadora.

Marx fazia a diferenciação entre capital *variável* e capital *constante*. O primeiro designava a folha salarial; o segundo, todos os outros investimentos no processo produtivo – matérias-primas, aluguel, maquinário, custos de marketing etc. Ele também fazia a diferenciação entre tempo de trabalho *necessário* e tempo de trabalho *excedente*. Tempo de trabalho necessário é a quantidade de tempo que o trabalhador tem de trabalhar para produzir os bens que, uma vez vendidos, cobrirão o custo de seu salário. Tempo de trabalho excedente é o restante do tempo em que o trabalhador trabalha produzindo bens que, ao serem vendidos, cobrirão os custos do capital constante do capitalista e proporcionarão lucro. Marx pressupunha que existe uma permanente oferta excessiva de trabalho. A existência permanente de um exército proletário de reserva significa que os salários tenderão sempre à subsistência[41]. Os desempregados sempre quererão trabalhar em troca da subsistência se alguns dos empregados não o quiserem.

Isto levanta a questão do significado de *subsistência*. É célebre a imprecisão de Marx a esse respeito, evitando uma definição que se referisse à mera sobrevivência física, em favor de outra que inclui um "componente histórico e moral"[42]. Ele procurou fixar a idéia de que, ao longo do tempo, o que é considerado subsistência pode mudar, de acordo com as normas e condições tecnológicas que passem a ser aceitas. Desse modo, em uma economia centrada nos subúrbios como acontece com os Estados Unidos hoje, Marx poderia não se surpreender com o fato de que a posse de recursos para manter um carro é aceita como parte da definição de subsistência. Como veremos logo adiante, a tese de Marx permite supor que certa dose de dinâmica capitalista pressiona para cima a definição aceita de subsistência.

---

41. Marx, *Capital*, vol. 1, pp. 781-93.
42. Marx, *Capital*, vol. 1, p. 275. Ver também pp. 701-6.

Levando-se em conta esses pressupostos e definições, a *exploração* é definida como a proporção do excedente em relação ao tempo de trabalho necessário, ou a mais-valia em relação ao capital variável. Em princípio, ela pode ser calculada com precisão, como é mostrado na Figura 4.1. Na situação A, pressupõe-se que a jornada de trabalho dure dez horas, sendo as primeiras quatro horas tempo de trabalho necessário. A taxa de exploração é, então, 6/4 ou 1,5. Na situação B, a jornada de trabalho aumenta para onze horas, fazendo com que a taxa de exploração aumente para 7/4 ou 1,75. Na situação C, supomos que ocorra a introdução de uma inovação tecnológica que aumente a produtividade do trabalhador, de sorte que agora ele é capaz de cobrir o custo de seu salário com três horas de tempo de trabalho necessário. Com uma jornada diária de trabalho de dez horas, a taxa de exploração aumenta para 7/3 ou 2,33. Marx chamava as mudanças do tipo de A para B de aumentos na mais-valia "absoluta", e as mudanças do tipo de A para C aumentos na mais-valia "relativa". Tanto em um caso como no outro podemos calcular a que taxa o capitalista explora o trabalhador – ao mesmo tempo que, apesar disso, paga a ele o valor pleno de sua força de trabalho.

4.2.2 Implicações para a compreensão do capitalismo

Ao desenvolver as variações da teoria do valor do trabalho e da teoria da mais-valia, Marx acreditava ter formulado uma teoria consistente dos valores naturais e dos valores de mercado, e das relações entre os dois. Ele também pensava ter fornecido a base para demonstrar por que, em suas fases inovadoras, o capitalismo era o mais dinâmico e produtivo sistema jamais imaginado, mas que deve se tornar cada vez menos funcional à medida que amadurece. Embora suas previsões macroeconômicas não sejam o que mais nos interessa aqui, será útil lhes dedicar um pouco de atenção como prelúdio ao exame das propriedades normativas de sua teoria da exploração.

$$\text{taxa de mais-valia} = \frac{\text{mais-valia}}{\text{capital variável}} = \frac{m}{v} = \frac{\text{tempo de trabalho excedente}}{\text{tempo de trabalho necessário}} = \text{taxa de exploração}$$

A:

tempo de trabalho necessário	tempo de trabalho excedente
0 1 2 3 4	5 6 7 8 9 10

horas

taxa de exploração

$$\frac{6 \text{ hs. de tempo de trabalho excedente}}{4 \text{ hs. de tempo de trabalho necessário}} = 1.5$$

(aumento de 1. na mais-valia absoluta)

B:

tempo de trabalho necessário	tempo de trabalho excedente
0 1 2 3 4	5 6 7 8 9 10 11

horas

$$\frac{7 \text{ hs. de tempo de trabalho excedente}}{4 \text{ hs. de tempo de trabalho necessário}} = 1.75$$

(aumento de 1. na mais-valia relativa)

C:

tempo de trabalho necessário	tempo de trabalho excedente
0 1 2 3	4 5 6 7 8 9 10

horas

$$\frac{7 \text{ hs. de tempo de trabalho excedente}}{3 \text{ hs. de tempo de trabalho necessário}} = 2.33$$

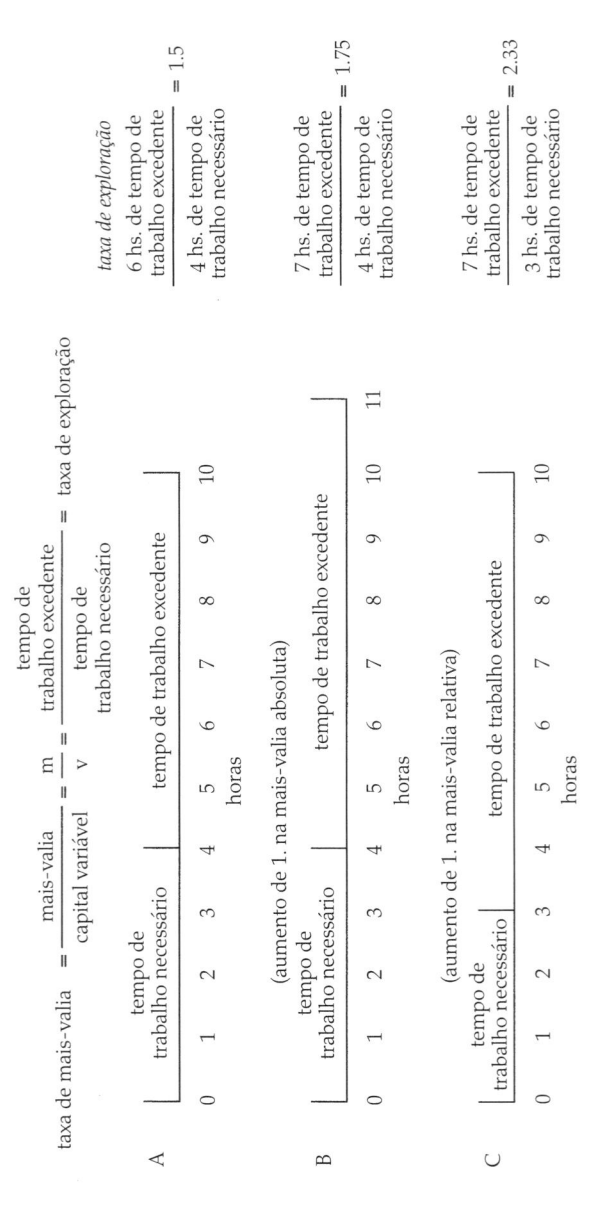

Figura 4.1. Mais-valia relativa e absoluta e taxa de exploração

Segundo os economistas clássicos, a tendência declinante da taxa de lucro no longo prazo era um fenômeno visível que precisava ser explicado. Em sua teoria, Marx prevê esse resultado por pressupor que somente a força de trabalho de seres humanos vivos cria mais-valia nova, e que o capital variável, que paga pela força de trabalho, declinará proporcionalmente em relação aos gastos totais de capital. Por quê? A resposta tem a ver com a dinâmica da competição. Supõe-se que todo capitalista minimize custos a fim de destruir a concorrência. Se, por suposição, os salários já se encontram no nível de subsistência, o único jeito de fazer isso, então, é conseguindo mais dos trabalhadores, seja fazendo-os trabalhar mais horas (aumentos na mais-valia absoluta), seja fazendo-os trabalhar de maneira mais produtiva (aumentos na mais-valia relativa). Existem limites fisiológicos evidentes no que se refere a forçá-los a trabalhar mais – para não falar dos limites políticos, uma vez que os sindicatos começam a se formar e, por outro lado, os trabalhadores se organizam politicamente. Dessa perspectiva, não é nem um pouco surpreendente, na verdade, que a agitação em defesa de medidas como o Projeto de Lei das Dez Horas – que, como o nome indica, limitava a jornada diária de trabalho – seja característica do início do capitalismo[43].

Em razão dos limites existentes na era descrita por Marx como de acumulação primitiva, o verdadeiro motor da concorrência capitalista será, no longo prazo, a inovação tecnológica para aumentar a produtividade do trabalho – aumentos na mais-valia relativa. Você aumenta a produtividade dos seus trabalhadores pondo-os para trabalhar em máquinas de fiar, o que lhe dá uma vantagem competitiva no mercado de tecido de algodão: você consegue praticar preços inferiores aos meus, ao mesmo tempo que aumenta seus lucros; no curto prazo, sua motivação para agir assim

---

43. Ver Marx, *Capital*, vol. 1, pp. 389-410. O Projeto de Lei das Dez Horas fazia parte da Lei das Fábricas de 1847 na Inglaterra. Ver R. W. Cooke-Taylor, *The Factory System and the Factory Acts* (Londres, Methuen & Co., 1894).

é total. Mas então, para não abandonar o mercado, também sou obrigado a pôr meus trabalhadores para trabalhar em máquinas de fiar e a reagir a seu corte de preços – e é aí que está o problema. Uma vez instaladas as máquinas de fiar em toda indústria têxtil de algodão, a taxa de lucro nela será menor que antes da introdução da primeira máquina, porque agora todos os capitalistas estarão gastando relativamente mais em capital constante – as máquinas de fiar –, e só o capital variável é fonte de mais-valia nova e, conseqüentemente, de lucro. Para Marx, o maquinário contém trabalho "cristalizado", o qual é transferido para o produto no momento em que a máquina é instalada, não como uma fonte de valor novo. À medida que a razão capital constante/capital variável aumenta e a produção se torna, setor após setor, mais intensiva em capital (em sua terminologia, aumenta a "composição orgânica do capital"), a taxa de lucro cai.

Da perspectiva do século XXI, pode-se questionar empiricamente a existência, no longo prazo, de uma tendência declinante da taxa de lucro. Os marxistas, que pensavam nessa suposta tendência como uma fonte importante da fragilidade definitiva do capitalismo, costumaram olhar – como Marx, Smith, Lênin e outros fizeram – para contratendências compensatórias como o imperialismo, que poderiam postergar por certo tempo a tendência declinante da taxa de lucro[44]. Contudo, vale a pena observar que, mesmo no raciocínio de Marx, não é nada óbvio que os lucros devam cair com o tempo. Mesmo considerando-se uma fábrica, se a taxa de crescimento da produtividade decorrente da inovação tecnológica exceder a taxa na qual o capital constante desloca o capital variável no processo produtivo, a taxa de lucro pode, em tal caso, permanecer constante ou aumen-

---

44. Ver Lênin, *Imperialism: The Highest Stage of Capitalism* (Nova York, International Publishers, 1939 [1916]); e Samir Amin, *Accumulation on a World Scale: A Critique of the Theory of Underdevelopment* (Nova York, Monthly Review, 1974).

tar. Além disso, poderíamos admitir a tese de Marx no caso de uma única fábrica e mesmo assim não nos convencermos de que a taxa de lucro tem de cair em toda a economia. Sempre há a possibilidade de surgirem novas linhas de produção para as quais o capital pode se dirigir na busca de novos lucros, na medida em que há uma queda de lucratividade em determinado ramo de atividade em relação ao capital investido. Ferrovias, automóveis, aviões, espaçonaves, computadores, bancos de genes, água engarrafada e cafés de grife para *yuppies*, e assim por diante; por que a lista se esgotaria um dia? Marx parece ter pensado em termos de um número limitado de linhas de produção, que fica muito aquém das possibilidades do capitalismo.

As outras razões apresentadas por Marx para o agravamento inevitável das crises do capitalismo são igualmente frágeis. Para ele, a dependência em relação ao dinheiro criava a possibilidade de crises de liquidez como conseqüência do "entesouramento" do capital[45]. Isso acontece, mas pode ser evitado por ações, da parte do governo, que facilitem a liquidez em períodos críticos – como se viu em 1995, de modo dramático, quando o governo Clinton injetou vinte bilhões de dólares na sustentação do peso mexicano. Marx achava que as economias capitalistas tinham um problema endêmico de fraca demanda efetiva (ele gostava de considerar isso como "superprodução") decorrente do fato de que, tomados em conjunto, os trabalhadores não têm condições de comprar aquilo que produzem, de forma que as "condições da sociedade burguesa" tornam-se "demasiado estreitas para conter a riqueza criada por eles"[46]. Pode ser que a baixa demanda seja um mal crônico do capitalismo, mas já vimos que Marx admitia a possibilidade de uma elevação da definição de subsistência e concordava com Smith em que

---

45. Marx, *Capital*, vol. 1, pp. 227-31.
46. Marx e Engels, *The Communist Manifesto*, pp. 11-3. Ver também a discussão de Marx acerca da superprodução capitalista dentro de sua crítica a Ricardo, em Karl Marx, *Theories of Surplus Value*, vol. 2 (Londres, Lawrence & Wishart, 1969 [1861-63]), pp. 499-535.

a busca de novos mercados é um dos motores do ímpeto imperialista. Seja como for, Marx não vislumbrou, como o fez John Maynard Keynes (1883-1946) mais tarde, uma série de atitudes que os governos podem tomar para enfrentar a demanda fraca, como aumentar os gastos por meio de déficit durante a recessão, ou fazer uma redistribuição direta por meio de impostos, tirando dos que não consomem para os que consomem.

Marx acreditava também que o capitalismo se tornaria cada vez menos competitivo. A tendência da competição seria eliminar os competidores, simplesmente porque os custos de entrada para os novos competidores teriam de subir em razão de a natureza da produção ter se tornado cada vez mais intensiva em capital[47]. Marx ignorou, mais uma vez, aquilo que os governos podiam fazer, neste caso por meio de uma legislação antitruste. Escapou-lhe também o fato de que, em alguns ramos de atividade, podem-se fazer grandes economias com pequenas coisas, como ficou demonstrado, de maneira tão surpreendente, pela transformação ocasionada pela Apple na indústria de informática na década de 1980 e pela transformação por que passou o varejo na década de 1990 com o surgimento da venda pela internet.

As teses econômicas de Marx acerca das origens da crise capitalista são informadas por uma visão dos processos econômicos surpreendentemente datada e mecânica, mas também são permeadas por uma ingenuidade institucional. Ao examinar por que os direitos políticos característicos dos sistemas democráticos pouco fariam em prol do avanço dos interesses dos trabalhadores, Marx rejeitou de imediato o governo democrático dentro do capitalismo como algo que "não passava de um comitê de gestão dos interesses de toda a burguesia"[48]. Assim, ele subestimou o quão eficazes

---

47. Marx, *Capital*, vol. 2, p. 250.
48. Marx e Engels, *The Communist Manifesto*, p. 5. Para a discussão mais geral que ele faz das limitações dos direitos burgueses, vide Marx, *On the Jewish Question* (1844), republicada em Karl Marx e Frederick Engels, *Collected Works*, vol. 3 (Londres, Lawrence and Wisehart, 1975), pp. 146-74.

poderiam ser os governos para criar e manter o que os teóricos contemporâneos descrevem como "estruturas sociais de acumulação", para evitar e administrar crises e para ajudar o capitalismo a assumir novas formas que superem suas tensões internas[49]. Em resumo, a metáfora da base e da superestrutura de Marx fez com que ele se enganasse, ignorando a importância de elementos da superestrutura, como as instituições, na prevenção das crises econômicas[50].

Isso não quer dizer que, ao discutir as crises capitalistas, Marx ignorasse inteiramente a política. Para ele, a crescente consciência revolucionária da classe trabalhadora era essencial para que se alcançasse a transformação socialista. Embora nunca tenha apresentado um relato preciso da seqüência e da importância relativa das diferentes fontes de crise, parece que o quadro por ele traçado indicava que os problemas econômicos agravados exacerbariam uns aos outros, conduzindo a um sistema monopolista disfuncional destituído de sua dinâmica inovadora e maduro para ser derrubado pela classe trabalhadora revolucionária. Uma análise mais aproximada, contudo, revela que sua tese acerca da consciência revolucionária da classe trabalhadora é tão vulnerável quanto suas alegações sobre as fontes da crise. Em sua descrição, a competição capitalista conduz a uma situação cada vez mais miserável o operariado, cujos membros percebem finalmente que "nada mais têm a perder a não ser suas correntes"[51]. A dificuldade é que nada na teoria da exploração explica por que isso realmente acontecerá.

---

49. Ver David Gordon, Richard Edwards e Michael Reich, "Long swings and stages of capitalism", em David Kotz, Terrence McDonough e Michael Reich (orgs.), *Social Structures of Accumulation: The Political Economy of Growth and Crisis* (Cambridge, Cambridge University Press, 1994), pp. 11-28; David Kotz, "Interpreting the social structure of accumulation theory", ibid., pp. 50-69; e Terrence McDonough, "Social structures of accumulation, contingent history, and stages of capitalism", ibid., pp. 72-84.

50. Ver Ralph Miliband, *The State in Capitalist Society* (Nova York, Basic Books, 1974).

51. Marx e Engels, *The Communist Manifesto*, p. 62.

Marx confunde o aumento absoluto da miséria – o qual de fato pode convencer as pessoas de que elas nada mais têm a perder a não ser suas correntes – com o aumento relativo da miséria, decorrente de sua teoria. Voltando à Figura 4.1, se supusermos que A é o *status quo* e dermos ao trabalhador a oportunidade de se mover tanto para B (jornada diária de trabalho de onze horas com uma taxa de exploração de 1,75) como para C (jornada diária de trabalho de dez horas com uma taxa de exploração de 2,33), nada garante que ele escolheria B. Este exemplo deixa claro o fato de que a teoria da avaliação humana de Marx toma o outro como referência. Ele parte do princípio de que as pessoas avaliam seu bem-estar tendo como referência aquilo que obtêm em relação ao que os outros obtêm, e que, para o trabalhador, o "outro" pertinente é o patrão capitalista. Mas as pessoas muitas vezes podem fazer suas avaliações sendo auto-referentes, como o princípio de Pareto pressupõe, indiferentes ao que os outros obtêm, a menos que isso afete sua própria cesta de bens. Este era o pressuposto por trás do lema da campanha de reeleição de Ronald Reagan em 1984: "Você está melhor agora que há quatro anos?" Se seu nível de vida estiver um pouco melhor, os trabalhadores podem responder afirmativamente (como, de maneira convincente, o fizeram ao reelegê-lo), mesmo que o nível de vida dos ricos tenha melhorado muito mais (em razão, por exemplo, de uma redução geral de impostos). Nos termos em que Marx discute a exploração, é bem possível que os salários permaneçam constantes ou até sofram uma pequena elevação, ao mesmo tempo que a taxa de exploração sobe. Na verdade, considerando-se a discussão anterior acerca da pressão para elevar o componente "histórico e moral" de definição da subsistência, pode-se considerar isso provável. Na medida em que as pessoas sejam auto-referentes, não sofrerão a influência daquilo que Marx descreve como sua crescente exploração; ficarão agarradas a suas proverbiais correntes.

Na verdade, há indícios que levam a crer que, embora as comparações que tomam o outro como referência motivem as pessoas durante grande parte do tempo, estas não são feitas em relação àqueles que Marx tinha em mente. Quando avaliam sua situação, as pessoas fazem comparações relativamente locais, medidas em termos de classe, *status* e proximidade física. As pesquisas sociológicas e sociopsicológicas mostram que, ao considerar sua situação, os trabalhadores não se comparam com seus patrões. Nem mesmo se comparam com as classes ricas, mas antes com trabalhadores que ocupam uma posição similar. Isto é verdadeiro nos dois sentidos da escala ocupacional. Incomoda muito mais, para um professor, saber que ganha U$ 10.000 a menos que o colega da sala ao lado do que saber que ganha U$ 200.000 a menos que o cardiologista da esquina[52].

Discute-se muito o porquê disso. Não há dúvida de que, geralmente, existe mais de uma dinâmica em jogo. Limitações cognitivas, a necessidade de ser reconhecido pelos pares, aquilo que Tversky e Kahneman chamaram de "heurística da disponibilidade" (quadros de referência nos quais se interpreta a informação acerca de desigualdade e distribuição) e a proximidade física, todos esses fatores estão implicados em percepções de bem-estar relativo[53]. De diferentes maneiras, todos eles dão crédito à posição de W. G. Runciman, segundo a qual uma privação relativa, considerada em relação a um grupo proeminente de indivíduos relativamente locais, é um fator mais importante que a posição econômica global para influenciar as reivindicações que as pessoas provavelmente farão. A tese da privação relativa de Runciman tem tido, na prática, um histórico confuso no que se refere à pre-

---

52. Ver Robert Frank, *Choosing the Right Pond: Human Behavior and the Quest for Status* (Nova York, Oxford University Press, 1985), pp. 39-107.

53. Para uma visão geral, vide Jonathan Kelley e M. D. R. Evans, "Class and class conflict in six Western nations", em: *American Sociological Review*, vol. 60 (abril de 1995), pp. 157-8. Acerca da heurística da disponibilidade, ver Amos Tversky e Daniel Kahneman, "The framing of decisions and the rationality of choice", em: *Science* n.º 211 (1981), pp. 543-58; Daniel Kahneman, Paul Stovic e Amos Tversky, *Judgement Under Uncertainty* (Cambridge, Cambridge University Press, 1982).

visão de mobilização coletiva em prol de mudanças políticas, mas se sai melhor que a posição objetiva de classe; e, em todo caso, seus insucessos podem ter mais a ver com a falta de recursos organizacionais ou com as exigências de proximidade espacial do que com a própria tese[54]. Como avaliação de como as pessoas enxergam seus direitos em relação aos outros, esta teoria parece alcançar, na maior parte do tempo, um desempenho razoável[55]. Pode também ser útil para avaliar o fenômeno de que nos países ocidentais, hoje, a esmagadora maioria se imagina como integrante da classe média. As pessoas têm a tendência de enxergar o mundo como uma versão ampliada de seus grupos de referência locais (relativamente homogêneos), deixando em segundo plano aqueles que diferem muito de si[56].

4.2.3 Analítica normativa da exploração

Quer as pessoas tomem como referência a si próprias, quer tomem os outros como referência, a teoria da exploração de Marx é um instrumento ineficaz para prever a atua-

---

54. Para a clássica afirmação, ver V. G. Runciman, *Relative Deprivation and Social Justice* (Londres, Routledge & Kegan Paul, 1996), pp. 3-52. Para uma discussão recente da prova, com a defesa da idéia de que a proximidade física é uma variável importante da mobilização, ver Damarys Canache, "Looking out of my back door: The neighborhood context and the perceptions of relative deprivation", em: *Political Research Quarterly*, vol. 49, n.º 3 (setembro de 1996), pp. 547-71.
55. Kelley e Evans, "Class and class conflict in six Western nations", pp. 174-5.
56. M. D. R. Evans, Jonathan Kelley e Tamas Kolosi, "Images of class: Public perceptions in Hungary and Australia", em: *American Sociological Review*, vol. 57 (1992), pp. 461-82; Robert Hodge e Donald Trieman, "Class identification in the United States", em: *American Journal of Sociology*, vol. 73 (1968), pp. 535-47. Ver também a tese de Canache de que as pessoas pobres são mais propensas à violência quando se encontram em áreas ricas comparativamente homogêneas, onde "a evidência contextual de privação é mais explícita" do que em áreas mais diversificadas, mesmo que no geral sejam igualmente ricas. "Looking out of my back door: The neighborhood context and the perceptions of relative deprivation", pp. 556-7.

ção da classe trabalhadora no mundo real. Mas isso não tem a ver com sua irrefutabilidade enquanto tese normativa, isto é, como uma teoria acerca daquilo a que as pessoas têm direito por justiça, mas que o modo de produção capitalista e os que o precederam lhe negam. Isto é importante para nossos propósitos, porque um sistema político que avaliza a injusta apropriação dos legítimos direitos das pessoas dificilmente pode ser considerado legítimo. Mesmo sendo improvável que as classes trabalhadoras derrubem o capitalismo, uma ordem política que o sustente merece sua fidelidade?

Marx evitou o raciocínio normativo explícito, preferindo dar a entender que as prescrições normativas originavam-se de sua teoria "científica". Na verdade, o núcleo da teoria da exploração é normativo, embora isso esteja obscurecido pela afirmação de Marx de que a seleção da força de trabalho do ser humano vivo como a unidade básica de valor deve-se ao fato de ela ser o único elemento da produção que, direta ou indiretamente, está envolvido na produção de todas as outras mercadorias. Essa afirmação apresenta duas dificuldades: a primeira refere-se ao consumo produtivo da força de trabalho enquanto algo distinto dos consumos improdutivos de outros bens analisados em 4.2.1; a segunda decorre do fato de que, embora a força de trabalho possa ser *um* denominador comum de todas as mercadorias, ela não é o *único* denominador comum.

Em relação à primeira dificuldade, até que ponto é convincente meu exemplo anterior de que o consumo de livros e de comida não é produtivo da maneira que o consumo da força de trabalho é? É verdade que, se a força de trabalho por mim adquirida for consumida em minha máquina de fiar, no final do processo eu tenho tecido de algodão de valor. Mas, se eu me alimento, as calorias que consumo repõem minha energia e dão-me condições de fazer um novo trabalho, o qual, de outro modo, eu não poderia ter executado. Trata-se, certamente, de um consumo tão produtivo como o consumo da força de trabalho. Pode-se dizer que a leitura não é um caso tão evidente, embora o tempo que se gasta com ela possa ser uma forma de relaxamento que aumenta a capacidade de trabalho. O exemplo da comida, contudo, é suficiente para abalar a alegação de Marx de que o consumo da força de trabalho é produtivo de maneira única.

Isso nos leva à segunda dificuldade, percebida, entre outros, por Pierro Sraffa: a força de trabalho não é o único denominador comum na produção das mercadorias[57]. Como ilustração, imagine uma economia na qual a produção se reduza a três mercadorias – milho, livros e força de trabalho –, e que possamos determinar que o milho é necessário para produzir a força de trabalho e os livros, que a força de trabalho é necessária para produzir o milho e os livros, mas os livros não são necessários para produzir o milho nem a força de trabalho. Como foi observado por vários comentaristas, com tais pressupostos não há diferença analítica entre o milho e a força de trabalho no sistema, de forma que seria bem possível elaborar uma teoria do valor do milho e calcular a taxa de exploração do milho pelo capital exatamente como Marx fez com a força de trabalho[58].

A conclusão é que, se dissermos que a exploração do trabalhador é moralmente reprovável, devemos apresentar uma argumentação adicional no sentido de que as pessoas têm direito aos frutos de seu trabalho, diferentemente do milho, o qual não tem direito ao excedente gerado por ele no processo produtivo. Isso nos leva a reivindicações de direito do tipo que Marx procurava rejeitar. Parece inegável que, seja qual for a atração normativa da teoria da exploração, ela vem de um comprometimento implícito com uma variável secular do ideal artesanal de Locke analisado na seção 1.2: as pessoas têm direito àquilo que fazem e são exploradas na medida em que isso lhes é negado. Para es-

---

57. Pierro Sraffa, *The Production of Commodities by Means of Commodities* (Cambridge, Cambridge University Press, 1960), pp. 3-4, 7-8, 10, 74, 78.
58. Ver John Roemer, "Should Marxists be interested in exploitation?", em: *Philosophy and Public Affairs*, vol. 14, n.º 1 (inverno de 1985), pp. 36-7.

clarecer bem a questão, vamos considerar um caso intermediário entre os trabalhadores e o milho. Um cavalo trabalha dez horas por dia, transportando carvão do fundo de uma mina até o poço do elevador, cobrindo o custo de sua alimentação e manutenção com uma hora de trabalho. O cavalo é explorado? É provável que, intuitivamente, haja uma divisão a respeito dessa questão, entre os que levam a sério e os que não levam a sério a noção de direitos dos animais. Existe uma probabilidade maior de que aqueles que levam essa noção a sério – e não os demais – apóiem a alegação de exploração. A reflexão sobre o exemplo dá a entender que a idéia de um mínimo denominador comum pode nem mesmo ser necessária – quanto mais suficiente – para uma noção de exploração normativamente obrigatória.

Marx parece ter resistido à idéia de discutir os direitos dos trabalhadores, em parte devido à sua aversão a adentrar o terreno do discurso burguês, mas em parte também porque, para ele, qualquer domínio dos direitos é, inevitavelmente, um domínio da desigualdade legitimada. Lembremo-nos de sua discussão acerca dos direitos no socialismo, na *Crítica do programa de Gotha*. A existência de direitos em relação àquilo que se produz é caracterizada como uma marca transitória da velha ordem, sendo considerada insatisfatória porque tais direitos alimentam a desigualdade, por causa das diferentes necessidades dos diferentes trabalhadores decorrentes do número de filhos que têm, e assim por diante. Segundo ele, o comunismo é superior ao capitalismo precisamente porque a superabundância de riqueza gerada pelo desenvolvimento das forças produtivas no capitalismo torna possível um sistema redistributivo baseado na necessidade e não no direito. Daí a convicção marxiana de que, no comunismo, o governo das pessoas é substituído pela administração das coisas, dissolvendo-se finalmente a tensão iluminista entre direito e ciência[59].

---

59. Ver Engels, *Anti-Dühring*, p. 387.

Mas até que ponto isso é plausível? Marx não define a noção de superabundância. Se ela significar que não há mais necessidade de direitos, deve significar que se transcendeu a escassez. Para que se tenha transcendido a escassez, há que se considerar os desejos humanos como finitos; de outro modo, seja qual for o nível de abundância, por definição, sempre haverá escassez. Às vezes se pensa que a relutância em impor limites aos desejos considerados legítimos resulta da recusa neoclássica em emitir juízos de utilidade interpessoais. Pode-se dizer que os economistas neoclássicos estão errados em misturar desejos com necessidades na categoria geral das preferências ou aspirações. Com base nisso, os desejos podem ser infinitos, mas as necessidades não são; e, se não houvesse nenhum imperativo macroeconômico que estimulasse a demanda por bens supérfluos, então, superado certo patamar de abundância, todos poderiam ter, em princípio, uma lista de necessidades humanas básicas atendidas.

Se não se abordarem as dificuldades de avaliação interpessoal que tal projeto deve enfrentar, ele está fadado ao fracasso. Mesmo na definição mais conservadora das necessidades humanas como aquelas coisas necessárias para garantir a vida humana, essas necessidades sempre superarão os recursos disponíveis. Os exemplos dos aparelhos de diálise e dos corações artificiais, a pesquisa sobre a Aids e o câncer, ou a própria possibilidade de que aconteçam, indicam que sempre haverá uma escassez de recursos que poderiam ser empregados para manter vivas as pessoas, e, por esta razão, haverá sempre custos de oportunidade para empregá-los de uma maneira em vez de outra. Seja qual for o nível de abundância, portanto, a escassez é endêmica à sociedade humana. Isso significa que é inevitável que se tenha de decidir diante de reivindicações concorrentes entre si, o que torna também inevitável a existência de algum tipo de regime de direitos. Em suma, Marx parece ter pressuposto que o avanço tecnológico é capaz de se sobrepor às demandas geradas pelas necessidades humanas, mas não há razão alguma para acreditar que isso um dia venha a acontecer.

Rejeitar como insustentável a crença de Marx na superação da escassez – e, portanto, do âmbito dos direitos – significa rejeitar como incoerente sua concepção de comunismo. A questão, então, torna-se a seguinte: o que sobra (se é que sobra algo) de sua crítica do capitalismo e de sua tese da superioridade do socialismo? Dada a experiência das economias de planejamento centralizado no século XX, podemos facilmente nos convencer da existência de graves obstáculos práticos para que um Estado que centralize o planejamento dirija todos os investimentos e a distribuição na economia, como Marx imaginava que aconteceria no socialismo. Devido ao fato de que os problemas de informação sozinhos provavelmente produziriam uma ineficiência generalizada, neomarxistas contemporâneos como John Roemer chegaram à conclusão de que a economia de mercado é essencial[60].

Mas e a alegação de que a economia de mercado é exploradora? Ao levantar esse problema, passamos dos aspectos técnicos da teoria do valor do trabalho para o ideal artesanal que dá à teoria da exploração sua vantagem normativa. Locke achava que as capacidades produtivas do homem eram dadas por Deus, como vimos na seção 1.2; por isso, ele nunca precisou responder à pergunta de por que se poderia dizer que as pessoas possuem aquilo que resulta do uso de suas capacidades produtivas. Locke negava explicitamente que as pessoas pudessem, algum dia, possuir umas às outras, baseando-se na alegação de que Deus é quem faz as crianças, usando os pais para atingir tal propósito. Dar vida "é formar e construir uma Criatura viva, forjar suas partes, moldando-as e adequando-as a suas funções, e, após havê-las proporcionado e agregado, introduzir nelas uma alma vivente". Os pais "não são mais que a ocasião da exis-

---

60. Ver John Roemer, *A Future for Socialism* (Cambridge, Mass., Harvard University Press, 1994).

tência" de seus filhos. Quando "projetam ou almejam gerá-los, pouco mais contribuem para sua criação do que *Deucalião* e sua esposa, na Fábula, cuja contribuição para que se criasse a humanidade consistiu em atirar pedregulhos para o alto"[61]. Os seres humanos são obra de Deus, não um do outro. Essa era a essência dos ataques de Locke tanto à escravidão quanto à autoridade patriarcal de Filmer. Segundo essa perspectiva, as pessoas são obrigadas a respeitar os direitos umas das outras porque Deus exige isso delas.

Não é preciso muito para chegar à proposição de que os seres humanos são autônomos. Na verdade, o próprio Locke praticamente aceitou isso, ao insistir que nenhuma autoridade secular está autorizada a instaurar a discórdia entre os indivíduos por conta do significado da lei natural. Nunca podemos almejar possuir outra pessoa, pensava Locke, pois ela é propriedade de Deus. Do ponto de vista prático, contudo, o motivo também pode ser que ela é propriedade de si mesma, uma vez que todo indivíduo tem a obrigação de reconhecer a liberdade, que cabe a cada um dos outros indivíduos, de vetar interpretações desagradáveis daquilo que a lei natural – que, afinal, nada mais é que a vontade de Deus – exige. E isso é válido mesmo antes de incluirmos a essência da lei natural, que certamente reforça o compromisso com a autonomia. É bom lembrar que a lei natural ordena que cada um defenda primeiramente a si próprio, para depois defender a humanidade[62].

A autonomia do ser humano perante os outros seres humanos faz de cada indivíduo um Deus em miniatura, que detém o controle do produto de sua criação; este é o núcleo da sólida noção de direitos individuais de Locke. Esta noção, para ser coerente, dependia de sua teologia e, uma vez removida esta, está desimpedido o caminho para a pergunta radical: antes de mais nada, por que abraçar a autonomia?

---

61. Locke, *Two Treatises*, I, seção 53, p. 179, e I, seção 54, pp. 179-80. [Op. cit., pp. 256-7. (N. do R.)]
62. Ibid., II, seção 6, p. 271.

As implicações desta pergunta serão abordadas na seção 5.5. O aspecto a ser observado aqui é que a idéia marxiana de exploração aceita o ideal artesanal, e com ele a idéia de autonomia, sem restrições. É uma noção lockeana de direitos individuais – originada no trabalho e violada no capitalismo – que dá vigor moral à crítica marxiana. A relação salário-trabalho é apresentada como algo que facilita a apropriação ilegítima, pelo capitalista, do produto da força de trabalho dos trabalhadores, pondo em risco o direito do trabalhador ao produto de seu próprio trabalho. Ao empregar termos como "mercantilização" do trabalhador e "alienação" do resultado de seu trabalho, Marx deixa evidente sua dependência do ideal artesanal[63]. Mas a atração vai além da semântica e alcança a própria estrutura da teoria. As pessoas são exploradas na medida em que sua condição de proprietárias do resultado de seu trabalho se vê ameaçada.

Infelizmente, a teoria do valor do trabalho não é muito promissora como "exploradômetro" – mesmo que aceitemos sem restrição o ideal artesanal. Deixando um pouco de lado a costumeira objeção de que Marx não leva em conta o trabalho feito pelo capitalista, há outro motivo que a faz problemática. Primeiro, Marx ignora a exploração dos trabalhadores passados por parte dos empregadores passados, que está embutida na força de trabalho "cristalizada" no maquinário utilizado pelos atuais trabalhadores. Isto leva de fato a um exagero da taxa de exploração dos atuais trabalhadores à custa daqueles que os precederam, além de subestimar o problema de cálculo que a mensuração da exploração envolve – que seria muito mais complexo que o descrito na Figura 4.1, se procurássemos levar em conta a exploração passada embutida no maquinário[64].

---

63. Marx, *Capital*, vol. 1, pp. 716, 990, 1003.
64. Para uma discussão acerca desta e de outras dificuldades analíticas afins na formulação da teoria do valor do trabalho de Marx, ver Roemer, "Should Marxists be interested in exploitation?", pp. 30-65, e G. A. Cohen, "The labor theory of value and the concept of exploitation", em: *Philosophy and Public Affairs*, vol. 8, nº 4 (verão de 1979), pp. 338-60; e "Freedom, Justice and Capitalism", em: *New Left Review*, nº 125 (1981), pp. 3-16.

Segundo, a maior ou menor produtividade das pessoas é, em parte, resultado do trabalho que os outros lhes prestam. Nas últimas décadas, os tribunais americanos começaram a reconhecer, nas decisões de casos de divórcio, a complexidade que isso pode alcançar. A execução do trabalho doméstico em apoio a um cônjuge que consegue se qualificar profissionalmente pode ser vista como parte do trabalho criador da capacidade de gerar a renda que a qualificação traz. Por essa razão, pode-se considerar que um cônjuge que se divorcia e executou tal trabalho tem interesse de posse no fluxo de renda futuro que o outro cônjuge (agora qualificado) é capaz de continuar a gerar[65]. Teóricas feministas generalizaram o que estava implícito por trás de tais exemplos e mostraram que, ao medir a taxa de exploração referindo-se exclusivamente à relação entre o excedente produzido e o salário pago ao trabalhador, Marx agia arbitrariamente. Todo cálculo desse tipo ignora as contribuições dadas pela esposa do trabalhador ao que ele produz, aquilo que Marx, arbitrariamente, considera "próprio" do trabalhador. Desse ponto de vista, a tese de Marx pode se voltar para a relação do trabalhador com sua esposa, revelando que *esta relação* é, em determinadas circunstâncias, exploradora[66].

Mas essa é apenas a ponta do *iceberg*, pois a crítica feminista a Marx pode ser generalizada. Não há dúvida de que as

---

65. Ver *O'Brien v. O'Brien* 66 NY 2d 576 (1985), no qual a Divisão de Apelação da Suprema Corte da Segundo Departamento Judicial de Nova York manteve uma decisão de que a licença para a prática da medicina, por parte do marido, era propriedade do casal, com base em que "[as] contribuições de um cônjuge para a profissão ou carreira do outro (...) representam investimentos na parceria econômica do casamento e no resultado dos esforços conjuntos das partes..." Assim, embora Nova York não seja um estado em que vigore a comunhão de bens, a esposa divorciada foi recompensada com 40 por cento do valor estimado da licença, a ser pago ao longo de onze anos, e foi ordenado ao marido divorciado que fizesse um seguro de vida que cobrisse o saldo não pago da recompensa, tendo como beneficiária a esposa divorciada.

66. Ver Nancy Folbre, "Exploitation comes home: A critique of the Marxian theory of family labor", em: *Cambridge Journal of Economics*, vol. 6, n.º 4, pp. 317-29.

capacidades produtivas que uma esposa "do lar" gasta para que o marido consiga se qualificar profissionalmente incorporam, em parte, o trabalho de outras pessoas: os pais, talvez os filhos, os professores da Escola Dominical que lhe inculcaram uma mistura própria de ética do trabalho e valores da família, e assim por diante. Se a noção de trabalho produtivo como fornecedor da base normativa dos direitos de posse é levada ao extremo, ela parece conduzir inexoravelmente a uma rede confusa e indecifrável de direitos de posse sobredeterminados. No que diz respeito à medição da exploração, é uma atitude arbitrária da parte de Marx concentrar tudo no trabalhador assalariado.

4.3 Conceitos duradouros

Ainda que a teoria do valor do trabalho seja insatisfatória para uma teorização acerca dos direitos, Marx estava certo ao dizer que não há motivo para pensar que a economia de mercado, o qual recompensa as pessoas tendo como referência os acordos negociados por elas, se saia melhor – embora ela gire, de fato, em torno das trocas Pareto-superiores. É verdade que os capitalistas freqüentemente trazem habilidade criativa ao processo produtivo, mas por que imaginar que a economia de mercado lhes dá, na hipótese de isso poder ser calculado, o que lhes é proporcionalmente devido? Executar esse cálculo seria uma tarefa descomunal, uma vez que as questões aqui levantadas em relação ao trabalhador poderiam, evidentemente, ser feitas em relação à contribuição do capitalista ao valor do produto – sem mencionar as contribuições feitas, em ambos os sentidos, por pais, filhos e cônjuges. Em resumo, as dificuldades para calcular se o trabalhador recebe ou não aquilo que merece em termos do trabalho contaminariam qualquer tentativa semelhante que se fizesse com relação ao capitalista.

Numa transação de mercado, aquilo que é ganho por cada um dos atores reflete, entre outras coisas, o poder relativo destes. Neomarxistas como G. A. Cohen procuraram apreender essa realidade por meio da reformulação da teoria da exploração de Marx como uma teoria sobre o monopólio de classe dos meios de produção. Descartando a teoria do valor do trabalho, Cohen defende a tese de que é a "falta de liberdade estrutural do proletariado" que deixa os trabalhadores na condição de ter de trabalhar para algum capitalista a fim de sobreviver. Não se trata de reivindicar o direito a uma parte do valor daquilo que é produzido. Em vez disso, trata-se de uma tese a respeito da liberdade que nos faz lembrar a tirada irônica freqüentemente atribuída à economista de Cambridge Joan Robinson, no sentido de que, se existe algo pior que ser explorado, este algo é não ser explorado[67]. Aqueles cuja carência relativa de recursos obriga, em uma economia de mercado, a trabalhar para os outros, usufruem o que pode ser descrito como *liberdade transacional* para participar de trocas Pareto-proveitosas de força de trabalho por salário, mas carecem de um tipo de *liberdade estrutural* usufruída por aqueles que não se encontram nessa situação de carência.

Rever dessa forma o conceito da crítica marxiana do capitalismo é transformar uma discussão sobre força de trabalho e valor em uma discussão sobre poder e liberdade. Isso nos faz pensar que, a despeito de todas as falhas conceituais e prospectivas, a percepção de Marx de que, no capitalismo, a liberdade básica que falta a alguns é usufruída, à custa destes, por outros, merece ser objeto de atenção permanente. Ela ressalta, na verdade, as limitações das concepções transacionais de liberdade, do tipo da corporificada no sistema de Pareto. Essa compreensão induziu alguns teóricos da liberdade que vieram depois a pensar a liberdade como a capacidade de determinar as condições nas quais as

---

67. Quanto ao relato de Cohen, ver "The structure of proletarian unfreedom", em: G. A. Cohen, *History, Labour, and Freedom* (Oxford, Clarendon Press, 1988), pp. 255-85. Ver também Cohen, "The labor theory of value and the concept of exploitation", em: *Philosophy and Public Affairs*, vol. 8, n. 4 (1979), pp. 338-60.

pessoas agem e escolhem, em vez de como algo centrado exclusivamente nas próprias ações e escolhas[68]. O próprio Marx faz alusão a tal interpretação da liberdade ao declarar, em *O Dezoito Brumário de Luís Bonaparte* e em outros lugares, que os seres humanos fazem sua própria história, mas não nas condições escolhidas por eles[69]. Isso implica que as pessoas só serão verdadeiramente livres quando influenciarem as circunstâncias que limitam suas ações. Na verdade, é por ser transformadora justamente nesse sentido que, na concepção de Marx, a revolução proletária difere de todas as outras anteriores.

Do ponto de vista de nossas atuais preocupações, essa discussão indica que, se a legitimidade dos Estados está ligada ao grau de preservação ou enfraquecimento da liberdade por eles promovido, tanto a liberdade estrutural quanto a transacional devem figurar em nossas análises. Isso não revela o modo como a liberdade estrutural deve ser levada em conta, ou que as economias de mercado serão necessariamente consideradas desejáveis quando comparadas com as alternativas factíveis, em um mundo liberto dos pressupostos irrealistas de Marx acerca da possibilidade de se superar a escassez e o conflito distributivo. Significa dizer, entretanto, que ainda nos faltam respostas convincentes às questões mencionadas no início deste capítulo. A análise feita por nós das dificuldades apresentadas pelo conceito de exploração de Marx indica que ainda carece de confirmação qualquer alegação no sentido de que a propriedade privada é um roubo; mas isso não indica, de maneira nenhuma, que se possa justificar a propriedade privada dos meios de produção. E, se os comerciantes de milho *matam* os po-

---

68. Ver Douglas Rae, "Knowing power", em: Ian Shapiro e Grant Reeher (orgs.), *Power, Inequality, and Democratic Politics* (Boulder, Westview Press, 1988), pp. 17-49; e "Democratic liberty and tyrannies of place", em: Ian Shapiro e Casiano Hacker-Cordón (org.), *Democracy's Edges* (Cambridge, Cambridge University Press, 1999), pp. 165-92; e Clarissa Hayward, *Defacing Power* (Cambridge, Cambridge University Press, 2000), pp. 161-78.

69. Ver 4.1.2.

bres de fome, isso, segundo Cohen, contribui para a falta estrutural de liberdade dos pobres, o que, por sua vez, põe em questão a legitimidade dos regimes que mantêm esse estado de coisas. O legado mais importante de Marx é lembrar-nos da importância permanente dessas questões, e mostrar por que são insatisfatórias as respostas convencionais a elas.

Capítulo 5
O contrato social

Podemos reformular a crítica estrutural das visões transacionais da liberdade dizendo que elas são míopes: concepções operacionais que não levam em conta os contextos nos quais as transações, tais como a troca de força de trabalho por salário, acontecem. Uma das razões pelas quais tem aumentado, nas últimas décadas, o interesse pela tradição do contrato social é que, nessa área, ela parece mais satisfatória. Como diz um influente teórico dessa tradição, Robert Nozick, toda teoria da justiça plenamente adequada tem de conter uma teoria da aquisição da justiça, uma teoria da transferência da justiça e uma teoria da retificação das injustiças passadas[1]. Ao desenvolver sua teoria da justiça, John Rawls insiste em que o contrato social deve se concentrar nas principais instituições que compõem a "estrutura básica" da sociedade. Definindo-as de maneira ampla, ele inclui aí a proteção constitucional fundamental das liberdades política, religiosa e pessoal, os sistemas de organização econômica e de controle da propriedade, inclusive a propriedade dos meios de produção, e importantes instituições sociais como a família. Na concepção de Rawls, a estrutura básica é o principal objeto da justiça, "porque seus efeitos são pro-

---

1. Robert Nozick, *Anarchy, State, and Utopia* (Nova York, Basic Books, 1974), pp. 150-3.

fundos e estão presentes desde o começo"[2]. Quaisquer que sejam suas outras deficiências, noções amplas como essas não podem ser acusadas de miopia.

A tradição do contrato social é anterior a todas as analisadas até agora. Podemos encontrar elementos das teses do contrato social bem antes do pensamento político inglês de meados do século XVII, que se convencionou identificar como sua fundação[3]. Concentramo-nos aqui na tradição lockeana de contrato social e em sua retomada, a partir da década de 1960, por Rawls, seus seguidores e muitos de seus críticos. Essa retomada foi uma resposta, em certos aspectos, às insuficiências do utilitarismo, o qual, por volta da década de 1960, parecia para muitos estar imobilizado em uma batalha entre utilitarismo objetivo e utilitarismo subjetivo, que não podia ser ganha. Este último – que, como vimos na seção 3.1, evoluíra da tradição neoclássica – negava a possibilidade dos juízos interpessoais, silenciando-se, conseqüentemente, diante das grandes questões morais de sua época: o enfrentamento dos horrores extremos do nazismo e do fascismo e das questões controvertidas em torno da Guerra do Vietnã. O utilitarismo clássico que aceita os julgamentos interpessoais parecia errar no sentido oposto, permitindo a exploração – ou pior – de alguns para o benefício utilitarista do resto, o que levou Rawls a insistir na rejeição do utilitarismo, por seu fracasso em levar a sério as diferenças entre as pessoas[4]. As tentativas de encontrar uma posição intermediária entre ambos não tinham sido bem-sucedidas. A mais poderosa e duradoura foi o princípio do dano de Mill, mas, como vimos nas seções 3.3 e 3.4, a compreensão e a avaliação do dano enfrentam dificuldades análogas àquelas enfrentadas pela compreensão e avaliação da utilidade. O renovado interesse na noção de política como con-

---

2. John Rawls, *A Theory of Justice*, 2.ª ed. (Cambridge, Mass., Harvard University Press, 1999), pp. 6-7. [Op. cit., p. 8. (N. do R.)]

3. Ver Richard Tuck, *Natural Rights Theories: Their Origin and Development* (Cambridge, Cambridge University Press, 1982).

4. Ver Rawls, *A Theory of Justice*, pp. 19-24, 284-5.

trato social foi uma resposta tanto à urgência moral da época quanto ao fracasso dessas disputas vazias em chegar a uma conclusão a respeito de si próprias.

5.1 Contratos sociais clássicos e contemporâneos

Para haver um contrato, é preciso haver contratantes; assim, para qualquer teoria da política enquanto contrato social, a primeira pergunta é: quem são as partes do contrato? Os teóricos dos séculos XVII e XX deram respostas diferentes. Tanto Hobbes quanto Locke o concebiam como um acordo real. Hobbes acreditava que a Inglaterra mergulhara em um estado de natureza durante a guerra civil e pensava que a tese por ele defendida no *Leviatã* era uma receita para evitar que isso viesse a acontecer novamente no futuro[5]. Locke acreditava que grande parte do mundo de sua época existia em estado de natureza, e que era preferível, às vezes, retornar a ele a viver sob uma tirania política[6]. À época em que os teóricos do final do século XX escreveram, pelo contrário, os antropólogos já vinham fustigando há gerações a noção de homem pré-político. O pressuposto era que, o tempo todo, Aristóteles tivera razão em insistir que o homem é um animal político por natureza[7]. Nunca houve um contrato social, e aqueles que recorrem a uma idéia de homem natural ou pré-político como criador das instituições políticas expressam, invariavelmente, uma versão da falácia que Rousseau atribuía a Hobbes: a de reificar aspectos do comportamento e das instituições aceitos de sua época, atribuindo-os ao homem "natural"[8].

---

5. Hobbes, *Leviathan*, p. 187. Para maiores detalhes, ver Shapiro, *Evolution of Rights*, pp. 26-7.
6. Locke, *Two Treatises*, II, seção 225, p. 415.
7. Aristóteles, *The Politics*, livros I e II, trad. de Trevor Saunders (Oxford, Clarendon Press, 1995 [c. 350 a.C.]), 1253a1-39, pp. 3-4.
8. Rousseau, *The First and Second Discourses*, R. D. Masters (org.), trad. de J. R. Masters (Nova York, St. Martin's Press, 1964), p. 129.

Como questão normativa, a política como algo fundado no contrato social também pareceu, a muitos, uma noção desprovida de bases sólidas. Talvez aquilo que historicamente se aproxime mais de tal acordo seja a fundação dos Estados Unidos, à qual Nozick se refere indiretamente ao construir sua tese[9]. Mas as partes desse acordo excluíram dele, como é amplamente sabido, as mulheres, os negros e os americanos nativos, e o resultado preservou a escravidão. Esta não é, definitivamente, uma base contratual confiável para a legitimidade política, mesmo se ignorarmos o fato de que a ratificação da Constituição americana violou as normas da Confederação, ou a realidade de que milhões de americanos, por terem sido derrotados na Guerra Civil, foram posteriormente forçados a aceitá-la. Isso levanta outra questão: mesmo se considerarmos que um acordo é válido e, no momento de sua celebração, compromete todas as partes, por que as gerações seguintes, as quais não tiveram nenhuma participação no acordo original, encontrar-se-ão obrigadas a ele da mesma forma? Na legislação fiduciária e na que rege as heranças, estão previstas limitações significativas acerca do grau em que aqueles que já se foram podem nos controlar do além-túmulo. Por que a política deveria ser diferente? Respostas como a de Locke – de que, ao continuarem seguindo as regras, as pessoas demonstram seu consentimento tácito com aquilo que foi estabelecido – são decepcionantes[10]. Excetuando-se uma ínfima minoria, na prática os custos de uma ruptura serão insuperavelmente altos para todos, e, qualquer que seja a situação, provavelmente não haverá nenhum lugar disponível para onde possam ir a fim de criar o tipo de regime que lhes agrade.

Cientes dessas dificuldades, os teóricos do contrato social do século XX recorrem à noção de contrato hipotético. Não estão preocupados com o que foi acordado ou não em alguma conjuntura histórica, e sim com o que seria acorda-

---

9. Nozick, *Anarchy, State, and Utopia*, p. 54
10. Ver Locke, *Two Treatises*, II, seções 95-9, pp. 330-3, seção 121, p. 349.

do se as pessoas pudessem escolher. É a alegada racionalidade daquilo que seria acordado, não o fato do acordo, que dá a essas teorias sua vantagem normativa. Em *Calculus of Consent*, de James Buchanan e Gordon Tullock, é o cálculo, não o consentimento, que indica as normas de decisão cuja adoção eles propõem[11]. O objetivo de Nozick é persuadir o leitor de que, se as pessoas agissem racionalmente em uma "situação de não-Estado", o Estado mínimo por ele defendido surgiria. Como não há a exigência de nenhum acordo explícito, esta abordagem, na verdade, lembra mais a noção de Locke de consentimento tácito que sua teoria do contrato social[12]. E a noção de equilíbrio reflexivo de Rawls pretende persuadir o leitor da desejabilidade de seus princípios de justiça, convencendo-o de que as pessoas racionais optariam por eles na situação de escolha especificada[13].

Embora todos esses escritores utilizem bastante a linguagem do contrato social, suas teses, ao mesmo tempo, acabam por se basear nos relatos daquilo que faz sentido que as pessoas aceitem, não naquilo que alguém aceita de fato. Na realidade, a teoria contemporânea do contrato social é, portanto, um projeto científico racionalista exatamente como o de Bentham. Há uma concepção de que as pessoas agem coletivamente na situação inicial ou enquanto a Constituição está sendo escrita, mas sua função como repositório último da legitimidade política não decorre de nenhuma decisão tomada por elas ou de interações entre elas. É por essa razão que descrevi o projeto de Rawls como solipsista, diferentemente de outros teóricos que enfatizam a deliberação na tradição democrática. O contratante de Rawls raciocina sozinho[14].

---

11. James Buchanan e Gordon Tullock, *The Calculus of Consent: Logical Foundations of Constitutional Democracy* (Ann Arbor, University of Michigan Press, 1962).

12. Ver Nozick, *Anarchy, State, and Utopia*, pp. 10-35.

13. Ver Rawls, *A Theory of Justice*, pp. 18-9, 42-5, 507-8.

14. Ver Ian Shapiro, "Optimal deliberation?", em: *The Journal of Political Philosophy* (vol. 10, n.º 2, junho de 2002), p. 197.

Jürgen Habermas e Bruce Ackerman são, em parte, exceções à observação precedente. Habermas dá grande ênfase àquilo que seria selecionado em uma "situação ideal de discurso"; Ackerman, aos princípios elaborados como legítimos em trocas "dialógicas" estruturadas entre habitantes de um planeta imaginário[15]. Examinadas mais de perto, contudo, mesmo essas teorias aparentemente mais deliberativas têm um sabor fortemente racionalista. Habermas acredita que são necessárias determinadas instituições políticas para que sua situação ideal de discurso seja apropriada e Ackerman chega a conclusões definitivas acerca das instituições políticas que, no seu entender, seriam escolhidas em suas trocas recíprocas dialógicas. Conseqüentemente, se qualquer dos arranjos políticos preferidos por esses autores fosse estabelecido amanhã, o discurso ideal ou a deliberação não teriam mais nada a realizar. Isso dá a entender que, assim como no caso dos outros teóricos recém-mencionados, as alegações acerca da legitimidade política das instituições escolhidas dependem da desejabilidade racional das instituições, não da deliberação, que é o instrumento que leva as pessoas a estar de acordo com elas. Deve-se ter isto em mente para não confundir meros instrumentos expositivos – como as formas dialógicas de Ackerman, a "posição original" de Rawls ou a história evolucionista de Nozick acerca da evolução do Estado mínimo – com as teses propostas por esses autores em apoio a seus arranjos políticos preferidos.

Assim, a resposta a "quem concorda?" é: a pessoa racional que pensa com clareza. Com isto não se quer negar que as teorias do século XVII também apresentem um esforço racionalista. Era evidente para Hobbes que, se não estivessem atormentadas pelo medo esmagador da morte, ou

---

15. Ver Jürgen Habermas, *Communication and the Evolution of Society*, trad. de Thomas McCarthy (Boston, Beacon Press, 1979); Jürgen Habermas, *Theory of Communicative Action*, 2 vols., trad. de Thomas McCarthy (Boston, Beacon Press, 1984, 1987); e Bruce Ackerman, *Social Justice in the Liberal State* (New Haven, Conn., Yale University Press, 1980).

não fossem ludibriadas pelos arautos de diversas ideologias que as faziam agir contra seus interesses, as pessoas fariam o acordo que está na base do *Leviatã*[16]. Vimos na Seção 1.3 que Locke também considerava que o acordo para deixar o estado de natureza era racional e guiado pelas leis da natureza. Existe, é verdade, um elemento populista radical na tese de Locke que está ausente na de Hobbes e nas dos teóricos contemporâneos do contrato social, porque Locke dá aos indivíduos vivos a autoridade de decidir o que o direito natural exige na prática. Assim, o direito defendido por Locke de resistir ao soberano seria válido mesmo se outros o julgassem claramente irracional; mas, apesar disso, trata-se antes de um direito restrito, porque, para resultar em algo prático, deve coincidir com um juízo semelhante feito por muitos outros. O dissidente solitário tem, sim, o direito inalienável de resistir, mas deve procurar sua recompensa na outra vida[17]. Seja como for, Locke é, aqui, a nota destoante. Na tradição do contrato social que vai de Hobbes a Rawls, a alegada racionalidade da escolha geralmente ultrapassa sua realidade. Na verdade, para Nozick, os "independentes" que se recusam a escolher são forçados a se juntar ao Estado mínimo por ele defendido. A expectativa é que aceitem essa conseqüência como algo racional, em razão da compensação que a sociedade poderia lhes dar por seu sofrimento, e, não obstante, ficar em melhor situação – ainda que, de fato, ela não os compense[18].

Um dos aspectos freqüentemente mal interpretados da temática do contrato social diz respeito à relação entre os agentes contratantes e o Estado. Esta varia de formulação para formulação, mas o acordo subjacente quase nunca é feito entre o governante e o povo. Trata-se, antes, de um

---

16. Ver a discussão que Hobbes faz das causas da guerra civil inglesa em *Behemoth* [1679], republicado em *The English Works of Thomas Hobbes* (Londres, John Bohn, 1966), vol. VI, p. 166.
17. Locke, *Two Treatises*, II, seção 168, p. 379.
18. Nozick, *Anarchy, State, and Utopia*, pp. 54-87.

acordo mútuo entre as pessoas para repudiar a ação unilateral em defesa do direito individual, desde que haja a garantia de que todos os outros também repudiem tal ação. A formulação de Hobbes deixa muito claro que o acordo fundamental não se dá entre o governante e o povo. Para ele, os indivíduos racionais concordariam mutuamente em se submeter a um soberano absoluto porque a alternativa é a guerra civil permanente, a qual acarreta "um medo contínuo e perigo de morte violenta" e na qual a vida é "solitária, miserável, sórdida, brutal e curta"[19]. Em outras formulações, ocorre uma relação de mediação entre as pessoas, quer elas atuem individual ou coletivamente, e o Estado, mas que é subordinada ao acordo mútuo fundamental de repudiar a auto-ajuda do estado de natureza. É por isso que, para Locke, uma revolução não significa necessariamente o retorno ao estado de natureza[20]. É por isso também que encontramos, entre os autores da tradição do contrato social, a defesa de diferentes sistemas institucionais. Na verdade, todos eles – Hobbes, Locke e Rousseau – pensavam que os sistemas de governo ideais podiam variar de acordo com o tamanho da população e outros acidentes históricos[21]. Mas consideravam que as questões de formato institucional estavam subordinadas ao contrato social subjacente entre as pessoas. É deste que afirmavam retirar a legitimidade fundamental.

O que é que se espera das experiências hipotéticas da teoria contemporânea do contrato social? A resposta é exatamente aquilo que buscamos neste livro: um padrão de medida para determinar a legitimidade dos regimes políticos existentes. Se existisse uma resposta definitiva à pergunta "podendo escolher, a que instituições políticas as pessoas dariam seu consentimento?", teríamos um padrão para determinar a legitimidade dos regimes existentes, bem como

---

19. Hobbes, *Leviathan*, p. 186. [Op. cit., p. 109 (N. do R.)]
20. Ver Locke, *Two Treatises*, II, seção 89, p. 325.
21. Ver Hobbes, *Leviathan*, pp. 239-51; Locke, *Two Treatises*, II, seções 132-3, pp. 354-5; e Rousseau, *The Social Contract*, pp. 110-23.

as possíveis reformas pelas quais estes poderiam passar. Apesar do fato de que nenhum regime jamais foi criado como conseqüência de um acordo desse tipo, isso seria verossímil. Qualquer regime que se pareça mais com aquilo que teria sido acordado poderia ser considerado superior àquele que se distancie do modelo ideal, e as reformas que conduzam o regime na direção daquele modelo poderiam ser consideradas preferíveis àquelas que o afastem do ideal de consenso. Apesar de as teses hipotéticas do contrato social também serem exercícios teóricos ideais, seus proponentes prevêem que, no mundo real, elas produzirão vantagens palpáveis em vez de meras teses políticas.

5.2 Os argumentos subjacentes de Rawls

Rawls tem sido o mais conseqüente teórico do contrato social desta geração. Ele desenvolveu uma estrutura de princípios para avaliar a eqüidade de sistemas políticos e um conjunto de sistemas institucionais e distributivos cuja superioridade diante das alternativas existentes, alegava ele, seria demonstrada por seus princípios. Na maioria das vezes em que sua tese é exposta, inclusive na exposição que ele próprio faz, inicia-se com o experimento mental do véu da ignorância. Pede-se que imaginemos que princípios de governo as pessoas escolheriam se ignorassem dados específicos a respeito delas próprias, como raça, sexo, inteligência, deficiências (ou ausência delas), planejamento e tendências de sua vida pessoal, além de todos os outros dados específicos acerca de suas aspirações e circunstâncias. Nessa posição original, as pessoas só teriam a permissão de se inteirar de "fatos gerais" acerca de suas sociedades – como a existência de uma condição de escassez moderada – e de leis da psicologia e da economia amplamente aceitas. Diferentemente do que disseram alguns comentaristas, a proposta não é que devamos supor que as pessoas poderiam existir independentemente de seus atributos e interesses pessoais. Em vez disso, é como se nos pedissem para concordar com as regras de um jogo do qual iremos participar antes de saber se elas nos serão vantajosas; ou como se um parlamentar se comprometesse antecipadamente com as decisões de uma comissão encarregada do fechamento de uma base militar, antes de saber se a comissão irá recomendar o fechamento da base em seu distrito. A idéia é eliminar "descrições definidas disfarçadas" que autorizem as pessoas a influenciar as decisões em proveito próprio, forçando a que concentrem as decisões naquilo que é desejável para a sociedade como um todo[22].

Pode-se questionar esse artifício, bem como se os princípios defendidos por Rawls derivam de fato dele. Mas, se nos concentrarmos neles com excessiva rapidez, nossa atenção pode ser desviada dos argumentos mais inovadores de Rawls, cuja sustentabilidade independe tanto de seu artifício explicativo quanto de seus princípios de justiça. Esses argumentos tratam das conseqüências políticas da discordância moral inerradicável e da insistência de Rawls em que as diferenças entre os seres humanos são moralmente arbitrárias e, por causa disso, não deveriam ter nenhuma relação com a distribuição de benefícios e ônus na sociedade.

5.2.1 Pluralismo permanente

O reconhecimento de que a discordância moral é natural aos acordos sociais humanos é, em si próprio, muito pouco inovador. Vimos na seção 2.2 que a crítica a Hume feita por Stevenson girava exatamente em torno dessa possibilidade. Na verdade, Hobbes fez a mesma crítica a Aristóteles, por este não ser capaz de ver que o que é bom para uma pessoa pode não ser bom para outra[23]. Às vezes se diz que a discordância moral permanente é fruto do secularis-

---

22. Rawls, *A Theory of Justice*, p. 113. [Op. cit., pp. 141-2. (N. do R.)]
23. Hobbes, *Leviathan*, pp. 129-30, 160-1.

mo da modernidade. Por esse diagnóstico, ao abandonar os compromissos teológicos presentes na tradição do direito natural, fomos lançados no escorregadio plano inclinado que leva ao relativismo moral. Este geralmente se encontra sintetizado na máxima de Ivan Karamazov, a qual diz que, se Deus está morto, então tudo é permitido[24]. Teses como essa demonstram uma notável ignorância das profundas discordâncias que sempre permearam a tradição do direito natural. As diferenças teológicas entre Locke e seus contemporâneos discutidas em 1.1.1, por exemplo, faziam parte de um enorme conjunto de discordâncias que compreendia quase toda questão imaginável acerca da política e do bem viver, o qual foi retratado com competência por James Tully[25]. É difícil ler essa obra, ou os outros trabalhos acadêmicos recentes acerca da teoria medieval do direito natural escritos por Richard Tuck, Quentin Skinner e J. G. A. Pocock – além da obra de antigos acadêmicos como Otto von Gierke –, sem ficar chocado com a profundidade das discordâncias morais que a permeavam ou com as supostas implicações políticas dessas discordâncias[26]. O direito natural tem sido posto a serviço de ideologias políticas que vão do anarquismo ao absolutismo, passando por tudo o que se encontra entre eles. Em toda geração há aqueles que invocam os bons tempos de outrora, quando existia uma concordância acerca dos valores básicos, a qual, desde então, foi corroída por algum.evento supostamente abominável. Lamentar o

---

24. Ver Fiodor Dostoiévski, *The Brothers Karamazov* (Hammondsworth, Penguin, 1958), pp. 35-95.
25. James Tully, *A Discourse Concerning Property: John Locke and His Adversaries* (Cambridge, Cambridge University Press, 1980).
26. Richard Tuck, *Natural Law Theories: Their Origin and Development* (Cambridge, Cambridge University Press, 1979); Quentin Skinner, *The Foundations of Modern Political Thought*, vol. I: *The Renaissance* (Cambridge, Cambridge University Press, 1978); J. G. A. Pocock, *The Ancient Constitution and The Feudal Law* (Cambridge, Cambridge University Press, 1957) e *The Machiavellian Moment* (Princeton, Princeton University Press, 1975); e Otto von Gierke, *Natural Law and the Theory of Society*, 2 vols. (Cambridge, Cambridge University Press, 1934).

declínio do direito natural não é mais que um exemplo desse fenômeno, e tal lamentação não resiste à análise histórica.

O que há, então, de novidade em Rawls não é a identificação da discordância moral permanente, e sim o cálculo de como pensar suas implicações políticas. Ele chegou, em especial, à conclusão de que devemos ser ainda menos exigentes que os primeiros teóricos quanto àquilo em que se pode razoavelmente esperar que as pessoas se ponham de acordo. Hobbes, por exemplo, percebia diferenças nas concepções individuais do bem viver, mas, não obstante, pensava que toda pessoa racional devia aceitar sua descrição de que o que movia os seres humanos era o medo da morte[27]. Ele apresentava a suposta existência desse medo esmagador como meio de justificar a obediência a um poder absoluto cuja tarefa é impor um *modus vivendi* entre os súditos – impedindo aquilo que, de outro modo, seria o impulso irresistível de atacar um ao outro. Não dá para engolir tanta psicologia política controvertida. Locke opôs-se a essa visão, postulando, em vez disso, que as pessoas eram criaturas naturalmente benignas, de quem geralmente se pode esperar o cumprimento das promessas feitas. Por causa disso, para ele o governo só é necessário para reduzir as dificuldades e promover a eficiência[28]. Para Locke, conseqüentemente, o retorno ao estado de natureza pode ser preferível à tirania política permanente (Nozick adapta esta tese, para insinuar que um Estado mínimo, que consiga as vantagens da eficiência de governar, ao mesmo tempo que, na medida do possível, se assemelhe a uma "situação de não-Estado", é melhor)[29]. Assim como o cálculo hobbesiano, o lockeano só parecerá plausível para aqueles que acharem convincente sua psicologia política subjacente.

Rawls reconhecia que esperar que as pessoas concordem com um tipo tão exigente de psicologia política como

---

27. Hobbes, *Leviathan*, p. 186.
28. Ver Locke, *Two Treatises*, II, seções 123-31, pp. 350-3.
29. Nozick, *Anarchy, State, and Utopia*, pp. 9-12, 26-8.

precondição para concordarem com os acordos políticos é esperar demais. Portanto, em seus primeiros escritos, especialmente em *Uma teoria da justiça*, ele elegeu como seu objetivo desenvolver princípios neutros – não somente entre concepções individuais do bem viver concorrentes, mas também entre visões de mundo abrangentes e sistemas metafísicos. Esse esforço enfrentou considerável crítica, e parece provável que não exista nenhum princípio de organização social que não privilegie algumas concepções de bem e desprivilegie outras[30]. Em parte como resposta a essa crítica, nos escritos posteriores Rawls mudou de posição, passando a perseguir uma concepção de justiça que fosse "política, não metafísica". Ele apela para um "consenso coincidente" (*overlapping consensus*) em torno de princípios que provavelmente "continuarão existindo por gerações, e reunirão um conjunto relativamente grande de adeptos em um regime constitucional mais ou menos justo, um regime no qual o critério de justiça é essa própria concepção política"[31].

A intuição "política, não metafísica" de Rawls é a de que as pessoas podem concordar com um conjunto de princípios sem concordar com as razões de sua concordância. Em vez de pensar que é mais fácil fazer as pessoas concordarem com princípios gerais e que é nos detalhes que mora o diabo, Rawls parte da idéia de que em geral é impossível e, mais importante, politicamente desnecessário, fazer as pessoas concordarem com princípios gerais, doutrinas abrangentes ou comprometimentos metafísicos. Do mesmo modo que comissões universitárias, legisladores e juízes costumam concordar com os resultados, quando jamais poderiam concordar com as razões de sua concordância, assim também não devemos esperar que os cidadãos concordem com princípios básicos como condição de aceitação de acordos po-

---

30. Ver Shapiro, *Evolution of Rights*, pp. 240, 249-51.
31. Rawls, *Political Liberalism* (Nova York, Columbia University Press, 1993), p. 15.

líticos específicos. É, mais propriamente, a ocorrência do consenso coincidente que fornece a base para a legitimidade política[32]. Esta concepção enxuta do projeto de legitimação política é o que diferencia a abordagem "política, não metafísica". Esta implica uma concepção consideravelmente rígida da aspiração iluminista de fundamentar a política na ciência, uma vez que as concepções incluídas no consenso coincidente podem estar baseadas na superstição, enquanto algumas concepções cientificamente justificadas podem ser excluídas. Rawls tenta diminuir essa dificuldade, defendendo que só façam parte do consenso coincidente as concepções "razoáveis"[33]. Mas é evidente que, se o verdadeiro trabalho ficar a cargo da noção de consenso coincidente, Rawls é obrigado a tolerar a inquietante possibilidade insinuada há pouco. Caso contrário, o consenso coincidente terá sido definido tendo por referência as doutrinas que Rawls decidira previamente fazer passar pelo teste de razoabilidade.

Apesar disso, Rawls não desiste inteiramente da aspiração iluminista de apresentar respostas certas a perguntas relacionadas à política, respostas que dependem mais de uma avaliação desapaixonada da condição humana do que dessa ou daquela ideologia ou metafísica controvertida. Em relação a isso, deve-se mencionar que, embora às vezes Rawls seja censurado pelo caráter abstrato de sua argumentação a respeito da justiça (e veremos mais adiante que uma versão dessa crítica é convincente), seu método básico é comparativo, não dedutivo. É verdade que ele descreve seus princípios como expressões procedimentais do imperativo categórico[34]. Essa formulação dá a entender que eles desfrutam da condição de leis morais no sentido kantiano, o que significa que são aplicáveis universalmente e não decor-

---

32. Ibid., pp. 9-11, 133-72. Ver também Cass Sunstein, "On legal theory and legal practice", em: *NOMOS XXXVII: Theory and Practice,* Ian Shapiro e Judith Wagner DeCew (org.) (Nova York, New York University Press, 1995), pp. 267-87.
33. Rawls, *Political Liberalism*, pp. 150-8.
34. Rawls, *A Theory of Justice*, pp. 222-3.

rem da experiência. Na verdade, Rawls limita as condições sob as quais pensa que eles são aplicáveis (por exemplo, em comunidades políticas em que prevaleça a escassez moderada) e prossegue comparando os princípios por ele propostos com as alternativas existentes – como o utilitarismo e o perfeccionismo. Ele afirma que – quando avaliados pelos padrões que, acredita, as pessoas envoltas no véu da ignorância tomariam racionalmente como parâmetro – seus princípios se saem melhor que essas alternativas; mas, se alguém lhe demonstrasse que estava errado, ou apresentasse um princípio diferente cujo desempenho fosse ainda melhor, então ele seria obrigado a mudar de opinião. Por causa disso, e apesar dos ocasionais floreios kantianos, o verdadeiro *modus operandi* de Rawls está bem na linha falibilista do Iluminismo maduro.

Portanto, podemos não nos convencer das aplicações específicas que Rawls faz de sua abordagem "política, não metafísica", e ainda assim considerar a abordagem, em si, atraente. Exploramos adiante as implicações que esse caminho traz. Observemos, por ora, que a abordagem "política, não metafísica" é democrática em dois sentidos. Primeiro, Rawls alega que os princípios são legítimos quando se originam do consenso coincidente entre os pontos de vista que têm a probabilidade de se desenvolver e perdurar em um regime constitucional justo. Isso dá a entender que a compatibilidade com os pontos de vista existentes em uma sociedade é um elemento significativo para se julgar a razoabilidade política, ali, de um projeto de vida ou de um conjunto de valores. Segundo, e implícito no que já foi dito, não se espera que quem propõe um projeto de vida ou conjunto de valores queira ou consiga justificá-lo diante de outros em termos que eles considerem convincentes. Do mesmo modo que o voto secreto na democracia garante às pessoas não ter de justificar seu voto para os outros, assim também o artifício "político, não metafísico" de Rawls deixa do lado de fora as razões pelas quais alguém se compromete com seus próprios pontos de vista, pelo menos naquilo que diz respeito tanto aos cidadãos quanto ao governo. A democracia exige que deputados e funcionários públicos prestem conta de seus atos, mas não exige o mesmo daqueles que os elegem. Ao não exigir que os cidadãos expliquem as razões de suas escolhas políticas, que os outros aceitarão, Rawls adota, em seu método "político, não metafísico", uma postura análoga.

5.2.2 Arbitrariedades morais

Saindo do aspecto adjetivo e indo para a essência substantiva da tese de Rawls, sua principal inovação diz respeito ao modo através do qual ele lida com as diferenças entre as pessoas. O esquema de autonomia, tal como o estudamos de Locke a Marx, é fortemente igualitário em um sentido: cada indivíduo é, igualmente, um lócus de autonomia moral e de ação criativa, seja porque, na formulação de Locke, Deus nos fez dessa maneira, seja, nas versões seculares como a de Marx ou Mill, como um pressuposto. A dimensão igualitária desse postulado fica evidente quando refletimos acerca daquilo a que Locke o contrapôs no *Primeiro tratado*, notadamente a concepção de Filmer de que Deus deu o mundo a Adão e à sua descendência. Tal concepção serve de apoio a uma estrutura de desigualdade baseada na primogenitura patriarcal. Em comparação, a insistência de Locke de que Deus deu o mundo à humanidade como algo comum – e deu a todos o direito de usá-lo de maneira igual como deuses em miniatura (desde que não o destruíssem nem excluíssem os outros dele) – deixa isso claramente de lado.

Em outro sentido, contudo, o postulado da autonomia individual contém desigualdade. O próprio Locke não era contra as desigualdades decorrentes do trabalho humano, desde que não se violassem os dispositivos que evitavam o dano à propriedade e a exclusão dos outros do bem comum; e a discussão, levada a cabo por nós em 4.2.3, das inevitáveis desigualdades presentes em um princípio distributivo baseado no trabalho, na *Crítica do programa de Gotha*, deixa claro que Marx reconhecia que um regime baseado na autonomia também alimentaria as desigualdades. Mas, ao discutir a distribuição no socialismo, a atenção de Marx concentrou-se na desigualdade circunstancial (como no caso em que um trabalhador tem filhos e outro não). Ele não enfrentou as desigualdades que podem resultar de diferenças de capacidade entre diferentes trabalhadores, ou entre trabalhadores e gerentes. Desigualdades desse tipo não representariam dificuldade para Locke. Na visão de Locke, uma vez que Deus nos criou, caso se verifique uma distribuição desigual de capacidades e deficiências, devemos atribuir isso ao planejamento divino. Nas formulações seculares, contudo, é preciso enfrentar a pergunta: e se alguns forem mais capazes que outros?

Durante grande parte do século XX, as discussões sobre essa pergunta ficaram presas na polêmica entre a influência da hereditariedade e a influência do meio. A tendência dos igualitaristas tem sido apontar para os fatores ambientais ao fazer o cálculo das variações de renda e de realização; a dos adeptos da desigualdade, para as diferenças que dizem serem inatas. Para recordar até que ponto esses debates podem ser politicamente carregados, basta lembrar a acalorada polêmica surgida no final da década de 1990 a respeito dos argumentos apresentados por Richard Herrnstein e Charles Murray no livro *The Bell Curve*, os quais afirmam que a inteligência tem uma base genética que responde em parte pela diferença entre os diversos grupos raciais e étnicos dos Estados Unidos no que se refere à capacidade de realização[35].

---

35. Richard J. Herrnstein e Charles Murray, *The Bell Curve: Intelligence and Class Structure in American Life* (Nova York, Free Press, 1994). Para uma amostra da controvérsia que se seguiu, ver Joe Kincheloe, Shirley Steinberg e Aaron Gresson (orgs.), *Measured Lies: The Bell Curve Examined* (Nova York, St. Martin's Press, 1997); Bernie Devlin, Stephen Fienburg, Daniel Resnick e Kathryn Roeder (orgs.), *Intelligence, Genes, and Success: Scientists Respond to the Bell Curve* (Nova York, Copernicus Books, 1997); e Steven Fraser (org.), *The Bell Curve Wars: Race, Intelligence, and the Future of America* (Nova York, Basic Books, 1995).

Entretanto, Rawls argumenta com vigor que, do ponto de vista da justiça, essas discussões não vêm ao caso. Quer resultem da hereditariedade ou do meio, as diferenças de capacidade são moralmente arbitrárias: elas decorrem da sorte de um banco genético ou do contexto social no qual, por acaso, nascemos.

> (...) a distribuição inicial de ativos para cada período de tempo é fortemente influenciada pelas contingências naturais e sociais. A distribuição existente de renda e riqueza, por exemplo, é o efeito cumulativo de distribuições de ativos naturais – ou seja, talentos e habilidades naturais – conforme eles foram desenvolvidos ou não, e a sua utilização foi favorecida ou desfavorecida ao longo do tempo por circunstâncias sociais e contingências fortuitas como a eventualidade de acidentes ou da boa sorte. Intuitivamente, a mais óbvia injustiça do sistema de liberdade natural é que ele permite que a distribuição das porções seja influenciada por esses fatores tão arbitrários do ponto de vista ético[36].

Quer se originem dos genes ou da criação, ou – como é provável – de algum tipo de combinação entre eles, Rawls considera que as diferenças entre as pessoas não fornecem um fundamento defensável para os resultados da distribuição. Talvez se possa fornecer uma justificativa para que os ganhos e perdas resultantes de diferenças de capacidade "fiquem como estão", para usar a célebre frase que o juiz Learned Hand pronunciou em outro contexto[37]. Mas Rawls argumenta que não podemos pressupor, de início, que as pessoas tenham direito àquilo que conseguiram em conseqüência do acaso moral na base genética ou no ambiente

---

36. Rawls, *A Theory of Justice*, p. 63. [Op. cit., pp. 76-7. (N. do R.)]
37. De acordo com a célebre regra de responsabilidade civil baseada na eficiência, de autoria de Learned Hand, uma pessoa deve ser responsabilizada pelo dano causado a outra somente se o custo de prevenção do dano for inferior ao custo do dano multiplicado pela probabilidade de ocorrência do fato. A menos que esse critério seja atendido, as perdas devem ficar como estão. Ver *U.S. v. Carroll Towing Co.* (1947).

cultural, e então nos preocuparmos somente com a justificação da redistribuição. Devemo-nos preocupar, primeiro, com a eqüidade na distribuição inicial dos dons. A autonomia e suas implicações de desigualdade podem ser defensáveis, mas Rawls argumenta que toda explicação satisfatória deve ser acompanhada de uma justificativa. Alegar, como faz John Harsanyi, que nossa autonomia e nossas aptidões são uma "verdade natural absoluta" é uma afirmação, não um argumento[38].

5.3 Justiça com incerteza quanto ao futuro

Estamos agora em condições de compreender por que Rawls estrutura desse modo a escolha na posição original. Seus pressupostos acerca de um pluralismo permanente indicam que os princípios de justiça têm de ser aceitáveis para pessoas dotadas de concepções de bem essencialmente diferentes. Na verdade, é bem possível que elas não sejam capazes de concordar com as justificativas para aderir a uma concepção em vez de outra – como quando aqueles cujas convicções básicas estão enraizadas em uma fé religiosa se vêem diante de um abismo intransponível entre eles próprios e os adeptos de outras religiões ou os descrentes. A pressuposição do pluralismo permanente leva Rawls a afirmar o que ele descreve como uma abordagem deontológica da justiça, em detrimento de uma abordagem teleológica. Uma concepção teleológica, explica, é aquela na qual o bem é especificado independentemente do direito, distribuindo-se então os direitos de forma a maximizar o bem[39]. Na concepção deontológica, ao contrário, os direitos são distribuídos independentemente de qualquer concepção especí-

---

38. John Harsanyi, "Democracy, equality, and popular consent", em: *Power, Inequality, and Democratic Politics*, Ian Shapiro e Grant Reeher (orgs.) (Boulder, Westview, 1988), p. 297.
39. Rawls, *A Theory of Justice*, pp. 21-2, 26-7, 35-6.

fica de bem. A saída para ele é pedir que reflitamos sobre o que escolheríamos, se fôssemos forçados a fazê-lo em uma condição em que ignorássemos nossa concepção particular de bem. Sem saber se seríamos adeptos de alguma religião, agnósticos ou ateus; se seríamos trabalhadores compulsivos convictos ou se passaríamos o dia inteiro vendo televisão; se daríamos valor às artes, aos esportes ou à preservação da vida selvagem; e assim por diante. Se existe uma concepção de justiça que vale a pena aceitar quando supomos ignorar esse tipo de informação, então, pensa Rawls, essa concepção possui certo atrativo moral.

5.3.1 Minimização dos pressupostos polêmicos e maximização da inclusão

Ora, uma concepção deontológica tem de levantar *algumas* hipóteses sobre o bem, como observei ao ressaltar que a tese do consenso coincidente faz pender a balança em favor das concepções que tenham maior probabilidade de surgir e de "reunir um conjunto relativamente grande de adeptos em um regime mais ou menos constitucional". Não obstante as já mencionadas alegações pretensiosas de neutralidade que ele atribui à sua posição, não há dúvida de que algumas definições de justiça fazem pender a balança em favor de determinada concepção mais do que de outras, e, sob esse aspecto, há duas circunstâncias nas quais Rawls nos convence de que se pode razoavelmente aspirar a ser mais e não menos inclusivo. Uma diz respeito à sua noção de uma teoria "restrita" do bem[40]. A idéia é que é preferível uma concepção que levante menos hipóteses sobre o bem a outra que levante mais hipóteses. Como o objetivo é atrair pessoas dotadas de concepções extremamente diferentes do bem, faz sentido utilizar a concepção mais restrita possível.

---

40. Ibid., pp. 350-8. [Op. cit., p. 438. (N. do R.)]

A outra dimensão da inclusão tem a ver com a expansibilidade. Considerem o que seria mais conveniente: a existência de uma única instituição religiosa ou o tipo de regime de tolerância incorporado na Primeira Emenda da Constituição americana, que proíbe tanto a instituição de uma religião pelo governo quanto a interferência deste na livre prática da religião? Os fundamentalistas geralmente afirmam, corretamente, que o modelo americano desprivilegia sua posição em relação à dos descrentes e adeptos de religiões que acreditam ser correto que a prática religiosa seja baseada somente na vida privada. Com base nisso, mesmo que não houvesse nenhum outro motivo, decididamente, este modelo não é neutro. Mas um adepto de Rawls pediria que a escolha fosse avaliada levando-se em conta se seria preferível ser um fundamentalista em um regime comandado pelas cláusulas de separação entre Igreja e Estado e Livre Prática da Primeira Emenda da Constituição americana ou um dissidente da religião oficial em um Estado teocrático. Para a abordagem americana, portanto, a razão para rejeitar a teocracia apóia-se na idéia de que essa abordagem dá, em cada caso, à pessoa ou ao grupo religiosamente desprotegido uma liberdade religiosa relativamente maior. Se algum outro princípio conseguisse mostrar-se mais favorável aos religiosamente desprotegidos, então ele seria, na visão ralwlsiana, superior ao regime americano.

Esse modo de pensar exemplifica a abordagem comparativa de Rawls. Ao formular inicialmente sua "concepção geral" de justiça distributiva, ele diz que a distribuição dos bens sociais deve sempre visar ao proveito de todos; mas, à medida que a desenvolve e apura na primeira metade de *Uma teoria da justiça*, ele chega à formulação de que essa distribuição deve visar ao máximo proveito dos membros menos favorecidos da sociedade[41]. A mudança de Rawls, ao identificar o ponto de vista da justiça como o ponto de vista

---

41. Para a formulação inicial de sua concepção geral, ver ibid., pp. 53-4. Para a formulação final, ver p. 266.

dos menos favorecidos, reflete o impulso kantiano para se aproximar de princípios universalizáveis. A intuição nos diz que, se você concorda com um princípio, mesmo sendo a pessoa mais desfavoravelmente afetada por ele, então é razoável supor que também estará de acordo com ele em qualquer outra circunstância.

Pode-se contestar a idéia de que o ponto de vista dos menos favorecidos incorpora, por uma espécie de procuração implícita, todos os outros pontos de vista imagináveis, especialmente se levarmos em conta os bens divisíveis como a renda, e os diversos estratos sociais. Como já foi mencionado por vários comentaristas, essa idéia sugere que seria racional da parte das classes médias concordar em abrir mão de um volume enorme de renda em troca de um aumento desprezível na renda dos que se situam na base da pirâmide[42]. Mas, para Rawls, uma das "verdades genéricas" que devemos levar em conta na condição original é que não existe nenhuma relação necessária entre o nível de desenvolvimento econômico e a distribuição de renda e riqueza, de forma que é bem possível que, mesmo quando uma sociedade tenha alcançado um nível de escassez moderada, seu segmento mais pobre possa se encontrar em uma situação terrível. Por essa razão, faz sentido supor que é "muito arriscado" ficar entre os menos favorecidos, mesmo sendo baixa a probabilidade de terminar nessa condição. Vem daí a aversão ao risco, incorporada na identificação por ele realizada entre o ponto de vista da justiça e o dos menos favorecidos[43].

---

42. Ver Douglas Rae, "Maximin justice and an alternative principle of general advantage", em: *American Political Science Review*, vol. 69, nº 2 (1975), pp. 630-47; e John Harsanyi, "Can the maximin principle serve as a basis for morality? A critique of John Rawls's Theory", em: *American Political Science Review*, vol. 69, nº 2 (1975), pp. 594-606; bem como os argumentos apresentados por mim em *Evolution of Rights*, pp. 226-34.

43. Rawls, *A Theory of Justice*, pp. 132-5. Rawls apresenta razões suplementares – e, penso, menos plausíveis – para considerar o ponto de vista dos menos favorecidos como uma procuração implícita do ponto de vista de to-

5.3.2 Concepções históricas × concepções padronizadas de justiça

A tese de Rawls sobre a arbitrariedade moral dá a entender que, na medida em que se considere apenas a distribuição inicial de bens sociais, todas as apostas são válidas, porque não existe nenhuma boa razão para privilegiar, *ex ante*, qualquer distribuição em particular. Para ver qual o alcance preciso de sua tese neste ponto, é útil compará-la ao tratamento dado por Nozick ao mesmo tema. Nozick também começa reconhecendo que as distribuições iniciais precisam de justificativa, mas não está convencido de que isso tenha as implicações que os habituais críticos esquerdistas da distribuição baseada no mercado supõem. Essa crítica é uma variante do ataque às noções transacionais de liberdade discutidas na seção 4.3. Seus proponentes defendem o ponto de vista de que qualquer princípio distributivo puramente procedimental é obrigado a tomar como certo algum conjunto de pontos de partida, o qual, conseqüentemente, encarnará e reproduzirá todas as injustiças incorporadas no *status quo*.

Mediante um exemplo engenhoso, Nozick paga para ver o blefe do crítico de esquerda. Imaginemos que um célebre jogador de basquete como Wilt Chamberlain concorde, como parte do contrato com determinada equipe, que cada espectador presente aos jogos em que ele atuar seja taxado em 25 centavos de dólar a mais, dinheiro que irá diretamente para ele[44]. Ao longo do tempo, essa sobretaxa acarreta uma transferência de centenas de milhares, até mesmo de milhões de dólares dos torcedores de basquete para Chamberlain. O objetivo de Nozick com este exemplo é mostrar que a "liberdade subverte os padrões". Seja qual for a distribuição inicial de renda e riqueza, a permissão para que as

---

dos, como ao discutir a "propagação em cadeia", uma espécie de pressuposto keynesiano segundo o qual a melhora de situação dos que estão embaixo se irradiaria positivamente para todos como uma onda. Ver meus argumentos em Shapiro, *Evolution of Rights*, pp. 225-34.

44. Nozick, *Anarchy, State, and Utopia*, pp. 160-4.

pessoas negociem livremente no mercado irá modificá-la. Sua resposta ao crítico de esquerda que reclama que a distribuição inicial injusta contamina todas as transações de mercado subseqüentes é: tome sua própria distribuição inicial – qualquer uma que considere justa. Se você for um igualitário rigoroso, tudo bem, inicie com uma rigorosa igualdade. Se, então, admitir transações voluntárias, terá que aceitar as desigualdades decorrentes delas. Vimos esse tipo de processo ocorrer, depois de 1989, em alguns dos países pós-comunistas como Polônia e República Tcheca, onde a privatização das empresas estatais normalmente acontecia por meio de uma distribuição igualitária de títulos de propriedade. Banqueiros e empresários, então, arrematavam essas participações, geralmente por um preço bem baixo. Como conseqüência disso, alguns deles ficaram extremamente ricos[45].

Assim, o silogismo da justiça de Nozick consiste em que, se as condições iniciais são justas e as transações subseqüentes são voluntárias, o resultado tem de ser aceito como justo. Ele expõe o blefe do crítico de esquerda, ao deixar claro que o peso da objeção daquele na verdade não está direcionado, de modo algum, às condições iniciais injustas, e sim às desigualdades ditadas pelo mercado. Ele o deixa na defensiva, nas palavras de Nozick, porque o deixa em uma posição contrária à liberdade, pois a única maneira pela qual uma concepção específica de justiça padronizada – seja ela rigidamente igualitária ou outra qualquer – pode se sustentar é pela permanente redistribuição que o governo faz por meio da legislação fiscal. Mas, uma vez que se comprove que as condições iniciais são justas, a taxação, para Nozick, equivale a um "trabalho forçado". De acordo com sua concepção "histórica" de justiça, a redistribuição feita com o obje-

---

45. Ver Bruce Kogut, Gerald McDermott e Andrew Spicer, "Entrepreneurship and privatization in Central Europe: The tenuous balance between destruction and creation", em: *Academy of Management Review*, vol. 25, n? 3 (julho de 2000), pp. 630-49; Gerald McDermott, *Embedded Politics: Industrial Networks and Institution Building in Post-Communism* (Ann Arbor, Michigan University Press, 2001).

tivo de alcançar algum modelo específico de distribuição ou "Estado final" jamais pode ser justificada. A única circunstância na qual o Estado tem o direito de tirar de Pedro para dar a Paulo é quando se trata de compensação decorrente da correção de injustiças passadas[46].

Com seus argumentos, Nozick pressupõe que, como critério de envolvimento do governo na realocação de bens, a compensação exige menos que a redistribuição. A noção de compensação é uma noção eqüitativa que vem da responsabilidade civil delitual: se danifico sua propriedade, devo compensá-lo, a fim de que sua integridade seja restaurada, deixando-o em uma curva de indiferença tão alta como a que você estaria se eu não o tivesse prejudicado com meu gesto. É isto que faz dele um critério voltado para trás, ou, como diz Nozick, um critério "histórico". Podem surgir problemas relacionados à maneira de determinar e medir uma infração de direitos pertinente, mas, assim como no princípio do dano de Mill, um modelo compensatório de justiça tem a vantagem de exigir apenas um padrão que diga respeito ao indivíduo. Para pô-lo em prática, não se precisa da justificativa de nenhuma distribuição específica de renda ou riqueza na sociedade. É por isso que Nozick descreve seus direitos como meras "restrições indiretas" às ações dos outros[47].

As aparências, contudo, enganam. Como temos visto desde as revoluções de 1989, os modelos de justiça baseados em medidas compensatórias por conta de eventos passados podem revelar-se excessivamente exigentes, para não

---

46. Nozick, *Anarchy, State, and Utopia*, pp. 169-72, 152-5. Nozick defende, mais adiante, que se pode justificar o Estado mínimo, o "Estado guarda-noturno" do liberalismo clássico, baseado em que, embora seja verdade que alguns "independentes" se oporiam a ele, é inevitável que fossem forçados a participar, porque o poder de coerção é um monopólio natural. Os que são forçados a participar poderiam, em princípio, ser compensados pelo inevitável dano que lhes foi causado, legitimando-se, conseqüentemente, sua incorporação forçada. Ibid., pp. 23-4, 108-18. Para uma discussão acerca do fracasso dessa tese, ver, de minha autoria, *Evolution of Rights*, pp. 174-8.

47. Nozick, *Anarchy, State, and Utopia*, p. 29.

dizer politicamente explosivos. Para comprovar isso, basta lembrar as reivindicações dos descendentes dos czares russos de que lhes devolvam as terras tomadas em 1917, ou as do rei zulu Zwelintini sobre a terra de seus ancestrais, expropriada primeiramente pelos ingleses no século XIX; sem falar nas reivindicações mais recentes dos milhões de desalojados pelas transferências forçadas durante o *apartheid*, nas exigências de restituição que os aborígenes australianos estão trazendo à baila e nas atuais reivindicações dos americanos nativos. Para não dizer nada das reivindicações sobre expropriações injustificadas que, ao longo das últimas décadas, têm levado à guerra civil ou quase a um estado de guerra civil na antiga Iugoslávia, na Irlanda do Norte, em Israel/Palestina e no Zimbábue.

Estes exemplos, e as dezenas de outros que poderiam ser citados, ressaltam o fato de que, se voltarmos bastante no tempo, quase sempre conseguiremos encontrar um grupo deslocado ou expropriado com uma queixa legítima a fazer. Trata-se de um subproduto do fato de a atual divisão do mundo em Estados nacionais ser, em grande medida, o resultado de guerras, guerras civis e revoluções, as quais tiveram um impacto poderoso na divisão e na redivisão dos bens ao longo de inúmeras gerações. Esta é uma das razões pelas quais se deve repelir o convite silogístico de Nozick – "você decide acerca das condições iniciais justas" – como uma armadilha polêmica. Se a idéia de compensação por conta de acontecimentos passados for levada a sério, nada indica que se conseguiria aplicá-la voltando-se completamente no tempo até chegar a um começo justo. Mas, se ela não será aplicada voltando-se completamente no tempo até o começo, por que, então, aplicá-la? Onde quer que se pare, haverá um grupo que reclamará, com razão, que não se voltou o bastante.

O fundamental é que a discussão da fragilidade da noção histórica de direitos de Marx, feita na seção 4.3, deixa-nos bem situados para enxergar os defeitos existentes na posição defendida por Nozick. Suponhamos que se faça uma alteração no exemplo de Wilt Chamberlain; digamos que na cidade na qual a equipe de Wilt joga só exista uma empresa, e que ele use a remuneração acumulada da sobretaxa dos ingressos para comprar a fábrica na qual trabalham todos os seus torcedores. Ele ameaça então fechar a fábrica e transferir a produção para a Tailândia, onde os salários correspondem a uma fração do que se paga nos Estados Unidos, a menos que os trabalhadores concordem com uma profunda redução salarial e aceitem abrir mão do plano de saúde e dos benefícios de aposentadoria pagos pela companhia. Em conseqüência das transações Pareto-superiores plenamente voluntárias de que participaram, e partindo-se de condições iniciais que ninguém acusava de injustas, os torcedores de Wilt passam a ter, portanto, uma situação extremamente pior. O que mudou dramaticamente no exemplo modificado é o contexto de poder no qual Chamberlain e os torcedores atuam. Enquanto anteriormente ele não exercia poder algum sobre a vida deles, agora ele tem o poder de destruir seu ganha-pão. Ele usa esse poder para cercear a liberdade estrutural deles, tirando vantagem da liberdade de transação que Nozick preza.

Nozick e Marx vêm de extremos opostos do espectro ideológico, mas as dificuldades com suas noções "históricas" de direito são similares. Ambos adotam variantes seculares do ideal artesanal de Locke, as quais os levam a tratar a autonomia como sacrossanta. Isso cria, para Marx, dificuldades decorrentes do fracasso de uma teoria da exploração que incorpora a autonomia, tentando harmonizá-la de maneira plausível com aquilo que ele quer dizer acerca da exploração. Nozick envolve-se em uma polêmica acerca da adoção marxista da autonomia, mas, como a discussão do exemplo modificado de Wilt Chamberlain revela, a dificuldade com a adoção de concepções transacionais de liberdade vai além de sua imunidade contra pontos de partida injustos[48]. Ao identificar o ponto de vista da justiça com o

---

48. Nozick nunca defende de verdade sua adoção da autonomia, exceto na insistência inicial de que "os indivíduos possuem direitos, e há coisas que nenhum indivíduo ou grupo pode fazer a eles (sem que seus direitos sejam

dos menos favorecidos, Rawls chama a atenção para as conseqüências que a liberdade de transação tem sobre a situação daqueles que se encontram por baixo, e sua tese da arbitrariedade moral nos leva a questionar, antes de mais nada, se a vantagem que Chamberlain tira de seu extraordinário talento é merecida. Isto é, Rawls é o primeiro autor que encontramos dotado de uma vontade de questionar seriamente a legitimidade do ideal artesanal.

5.3.3 Recursismo e bens de primeira necessidade

Rawls situa a questão das diferenças nas habilidades e talentos numa discussão mais ampla sobre a distribuição dos bens sociais. Uma maneira de determinar sua contribuição neste caso é perceber que ele propõe uma saída para o impasse a que chegou o debate entre utilitaristas objetivos e subjetivos, ambos preocupados com a mensuração do bem-estar[49]. Em vez de discutir a respeito de qual "utilitômetro" irá registrar melhor o grau de bem-estar, Rawls argumenta que faz mais sentido nos concentrarmos em alguns recursos básicos que provavelmente serão importantes para as pessoas, independentemente da concepção particular de bem que cada uma delas tenha. Além das enormes dificuldades técnicas e normativas que ocorrem quando se atribui ao governo a tarefa de medir e ajustar a distribuição do bem-estar, é bom lembrar que os instrumentos usados pelo governo são reconhecidamente imprecisos. Um dos motivos para nos concentrarmos em alguns recursos básicos que tenham valor para as pessoas independentemente de sua concepção particular de bem, portanto, é que é realista ima-

---

violados)". Ibid., p. IX. A discussão que ele faz da presumível ilegitimidade da cobrança de impostos deixa claro que ele inclui, entre esses direitos, a posse daquilo que se produz.

49. Para uma proveitosa recapitulação desse debate, ver Ronald Dworkin, "What is equality? Part I: Equality of welfare", em: *Philosophy and Public Affairs*, vol. 10, nº 3 (verão de 1981), pp. 185-246.

ginar que a distribuição desses recursos seja influenciada pelo governo. Rawls tem em mente bens fundamentais como as liberdades políticas e civis, a estrutura legal de oportunidades para progredir na sociedade, em renda e riqueza, e outros bens que contribuem para a "base social da auto-estima"[50]. Com a possível exceção desta última (que não chega a ser plenamente explorada no texto de Rawls), pode-se imaginar que todas essas coisas sejam regularmente influenciadas pelo governo. Isso – juntamente com o fato de que Rawls evita o insolúvel debate filosófico sobre a mensuração do bem-estar – explica por que inúmeros teóricos que não se convenceram com seu cálculo particular dos bens primários desenvolveram suas próprias teorias recursistas[51].

Mas a principal razão pela qual Rawls se concentra nos bens primários é normativa, e não prática. O desejo de não influenciar – mais que o necessário – a distribuição dos bens em favor de concepções particulares de bem viver faz com que ele se concentre nos bens instrumentais de múltiplas funções que acabamos de citar. Seja qual for a concepção particular de bem viver que se tenha, prossegue o raciocínio, é provável que, em matéria de liberdades políticas e civis, oportunidades, renda e riqueza, e de bases sociais de auto-estima, se deseje mais e não menos. Feita essa declaração, imediatamente se pode ouvir a objeção de que ela faz pender a balança em favor de algumas concepções de bem. Os ascetas insistirão, por exemplo, que ter mais renda e riqueza em vez de menos é um mal, não um bem. Supõe-se

---

50. Rawls, *A Theory of Justice*, pp. 54-5, 78-81.
51. Ver, por exemplo, Dworkin, "What is equality? Part II: Equality of resources", em: *Philosophy and Public Affairs*, vol. 10, n.º 4 (outono de 1981), pp. 283-345. Para a defesa da métrica do "meio-termo", intermediária entre o recursismo e as políticas que visam ao estabelecimento de um Estado de bem-estar social (*welfarism*), ver Amartya Sen, "Well-being, agency and freedom", em: *The Journal of Philosophy*, vol. 82, n.º 4 (abril de 1985), pp. 169-221; Richard Arneson, "Equality and equal opportunity for welfare", em: *Philosophical Studies*, vol. 56 (1989), pp. 77-93; e G. A. Cohen, "On the currency of egalitarian justice", em: *Ethics*, vol. 99, n.º 4 (julho de 1989), pp. 906-44.

que um rawlsiano lidaria com esse tipo de objeção seguindo os parâmetros relativos à liberdade religiosa discutidos em 5.3.1.

Sem contestar a afirmação do asceta, o rawlsiano perguntaria: você preferiria ser um não-asceta em um mundo cujo preceito máximo fosse a desaprovação da renda e da riqueza supérfluas, ou um asceta em um mundo que aceitasse que as pessoas geralmente desejam mais – e não menos – renda e riqueza? Este último sistema seria preferível porque, em um sistema que vê de maneira favorável a renda e a riqueza, o asceta teria a liberdade de doar seus bens, mas, no sistema ascético, o não-asceta não conta com uma liberdade correspondente. O exemplo deixa claro, uma vez mais, que Rawls não tinha razão quando inicialmente afirmou que, em meio às concepções racionais de bem viver, seu ponto de vista é neutro. Do ponto de vista de quem se encontra em pior situação sob as necessárias condições de ignorância, a noção operativa é a concepção mais atraente. Um corolário do fato de que a concepção deontológica de justiça de Rawls apóia-se em uma concepção, embora frágil, de bem, é que seu recursismo assenta-se em alguns pressupostos, ainda que mínimos, de bem-estar[52]. A admissão disso não deve ocultar a clara aspiração rawlsiana a que, em qualquer regime imaginável, esses pressupostos favorecessem ao máximo os desfavorecidos.

Em *Uma teoria da justiça*, Rawls dedica o melhor de sua atenção ao desenvolvimento e à exploração das implicações que os princípios adequados têm na distribuição dos diversos bens primários. As liberdades são distribuídas, portanto, de acordo com o seguinte princípio: "Cada pessoa deve ter um direito igual ao mais abrangente sistema total de liberdades básicas iguais que seja compatível com um

---

52. Roemer mostrou que, quanto às teses recursistas, geralmente isso é verdade. Ver Roemer, "Equality of resources implies equality of welfare", em: *Quarterly Journal of Economics*, vol. 101, n.º 4 (1986), pp. 751-84. Ver também Thomas Scanlon, "Equality of resources and equality of welfare: A forced marriage?", em: *Ethics*, vol. 97, n.º 1 (1986), pp. 111-8.

sistema semelhante de liberdade para todos"[53]. Esta é uma aplicação direta do pensamento que está por trás da liberdade religiosa – já discutida por nós – à maior parte das outras liberdades protegidas pela Declaração dos Direitos que integra a Constituição dos Estados Unidos. Em geral, elas deveriam ser distribuídas o mais amplamente possível, de modo compatível com uma liberdade igual para todos.

O método rawlsiano imagina de modo diferente as oportunidades. Desconhecendo, por trás do véu de ignorância, sua religião, raça, etnia, sexo ou condição social, as pessoas resistiriam a todos os regimes baseados em casta, *apartheid* ou sexo, bem como às formas de governo que empregassem critérios religiosos na admissão dos funcionários. Supondo que estariam sempre no grupo desfavorecido pela falta de liberdade de acesso ao progresso, elas prefeririam adotar um princípio de igualdade de oportunidade. Como diz Rawls: "as desigualdades econômicas e sociais devem ser ordenadas de tal modo que, ao mesmo tempo: a) tragam o maior benefício possível para os menos favorecidos (...) e b) sejam vinculadas a cargos e posições abertos a todos em condições de igualdade eqüitativa de oportunidade"[54]. Presume-se que esse princípio seria suficientemente forte para defender a igualdade de remuneração no trabalho e eliminar os tipos de desigualdades sexuais sistemáticas existentes atualmente nessa área nos Estados Unidos[55].

O princípio mais debatido de Rawls, para a distribuição de renda e riqueza, é conhecido como princípio da diferença, embora ele tenha apenas rebatizado um princípio mais antigo da economia do bem-estar chamado *maximin* –

---

53. Rawls, *A Theory of Justice*, p. 266. [Op. cit., p. 333. (N. do R.)]
54. Ibid. [Id. (N. do R.)]
55. A respeito das diferenças entre os dois sexos na participação no trabalho e nos salários, ver Claudia Goldin, "The gender gap in historical perspective", em: Peter Kilby (org.), *Quantity and Quiddity* (Middletown, Conn., Wesleyan University Press, 1987), pp. 135-68; e Claudia Goldin, *Understanding the Gender Gap* (Nova York, Oxford University Press, 1990), pp. 58-118. Ver também Susan Okin, *Justice, Gender, and the Family*, pp. 144-5.

forma abreviada da expressão "maximizar a cota mínima". Alinhado com a noção geral de justiça distributiva, este princípio exige que as desigualdades funcionem em benefício dos menos favorecidos. Isso pode ser mostrado graficamente com as curvas de indiferença em forma de "L" da Figura 5.1. Podemos imaginar, de um *status quo x*, uma linha estendida na direção norte até *l* na fronteira de possibilidade, e na direção sul até *m*, e então na direção leste até *n* na fronteira de possibilidade. A variável *m* recai sobre a linha de igualdade perfeita *vw*, que cruza a origem em 45 graus. A e B têm, em qualquer ponto de *vw*, cotas idênticas de bens primários. Segundo o princípio da diferença, tudo o que está na zona sombreada acima de *lmn* é superior ao *status quo x*. Portanto, uma movimentação para *y* representaria uma melhora em relação a *x*, gerando uma nova curva de indiferença rawlsiana *hjk*, e uma movimentação para *z* representaria uma melhora em relação a *y*, gerando uma nova curva de indiferença rawlsiana *bcd*. Uma movimentação para *r* seria uma melhora em relação a *z*, que não poderia, ele próprio, ser melhorado. O canto da curva de indiferença em forma de L encontra-se sempre sobre a linha de igualdade perfeita *vw*, refletindo o fato de que o objetivo do princípio da diferença é aumentar a cota da pessoa que está embaixo, sem se importar com quem ela é. Portanto, Rawls preferiria a movimentação de *x* para *f*, independentemente do fato de que, quando *x* era o *status quo*, A estava em melhor situação que B, enquanto, em *f*, B possui mais bens primários que A. Com isso, percebe-se claramente que quem está por trás do véu de ignorância não sabe se se tornará A ou B; portanto, dadas essas opções, é lógico que a escolha recaia em *f* no lugar de *x*, assegurando o maior lote de bens primários a todos os que acabem ficando menos favorecidos.

O princípio da diferença pode admitir uma redistribuição profunda, mas que não precisa ser igualitária. As movimentações na direção de uma maior desigualdade, como as de *x* para *f*, serão justificáveis, contanto que ajam em benefício dos menos prósperos. Além disso, em um mundo de perfeita igualdade como o representado em *m*, *j* ou *c*, o

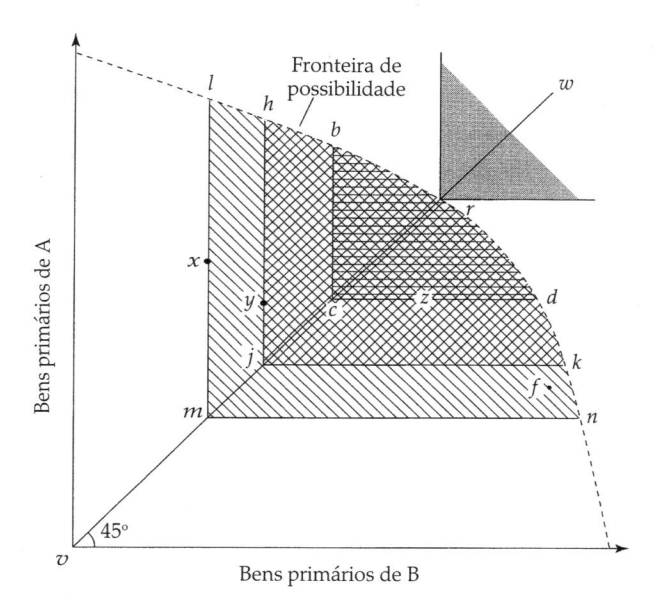

Figura 5.1. Ilustração do princípio da diferença (*maximin*) em um universo fixo de mercadorias

princípio da diferença torna-se idêntico ao princípio de Pareto, aceitando transações de mercado (do tipo da de Wilt Chamberlain, talvez) que conduzem a uma crescente desigualdade. Outros tipos de redistribuição regressiva também são coerentes com o princípio da diferença, como por exemplo uma redução de impostos que dê milhões de dólares aos que estão no topo da pirâmide de rendimento, à custa de um sacrifício relativo das classes médias e com um aumento nominal para os que estão por baixo. Contanto que as classes médias não fiquem, na verdade, em pior situação que as baixas, o princípio da diferença terá sido atendido. A rigor, não é justo que o princípio seja avaliado assim, porque Rawls insiste que ele foi concebido para pensar a estrutura básica e não para avaliar políticas específicas como a redução de impostos. Mas os exemplos demonstram que se trata de um princípio subdeterminado, compatível com um amplo conjunto de possibilidades distributivas.

Isso pode ser visto de modo mais geral quando se faz uma comparação parcial do princípio da diferença tanto com o princípio de Pareto como com o princípio da máxima felicidade de Bentham, como mostra a Figura 5.2. A comparação é parcial porque sobrepomos reciprocamente princípios que pressupõem diferentes critérios de mensuração: os bens primários e as utilidades cardinais de Bentham – que permitem, ambos, comparações interpessoais – e as utilidades ordinárias de Pareto, que não permitem. Embora a comparação revele algo sobre as estruturas dos diferentes princípios, a figura não nos deve levar a pensar que as comparações são exatas.

Dito isso, não há dúvida de que o princípio da diferença permite uma ampla gama de possibilidades distributivas. Supondo que, na Figura 5.2, x seja o *status quo*, percebe-se que todas as mudanças Pareto-superiores (que caem na área *lxh*) são também as preferidas de Rawls. Mas o mesmo acontece com muitas das redistribuições Pareto-indetermináveis que Bentham aprovaria (como as que estão na área *xgnh*), bem como com algumas que ele não aprovaria (na área *xmg*). Há, por outro lado, algumas redistribuições que contribuiriam para a máxima felicidade (nas áreas *caxl* e *gbdn*) segundo o padrão de medida de Bentham, mas não melhorariam a situação dos menos favorecidos, e seriam repudiadas pelo princípio da diferença.

Rawls tem sido às vezes criticado por defender um princípio tão subdeterminado como este, que é compatível, por exemplo, com um Estado fortemente intervencionista, com uma economia pura de mercado ou com algum tipo de versão de economia mista. Eu próprio o critiquei, há algum tempo, pelo agnosticismo declarado entre capitalismo e socialismo em *Uma teoria de justiça*[56]. Mas a res-

---

56. Ver Shapiro, *Evolution of Rights*, pp. 231-2, 266-70.

O CONTRATO SOCIAL   173

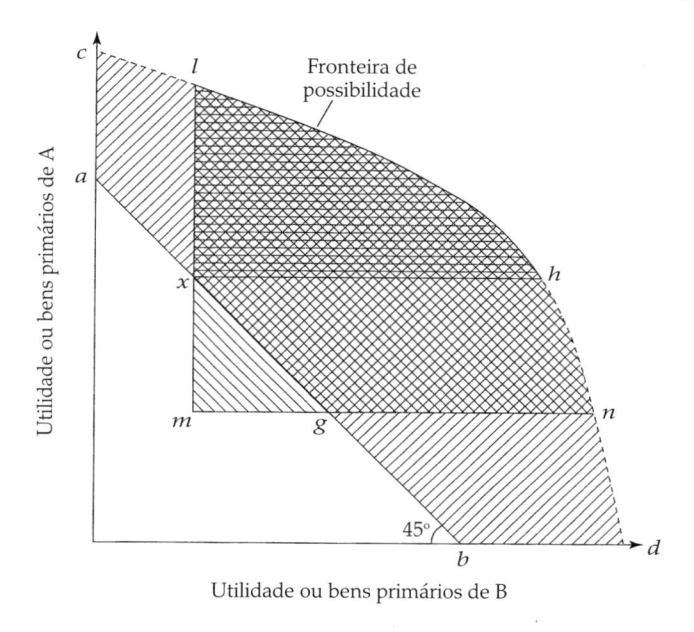

Figura 5.2. Comparação parcial entre o princípio da diferença (*maximin*), o princípio de Pareto e o princípio da máxima felicidade de Bentham, com dois indivíduos em um universo fixo de mercadorias

posta de Rawls tem dois níveis. Primeiramente, ele está preocupado com os princípios fundamentais – podemos considerá-los como limites constitucionais arraigados – que controlam a política econômica da sociedade. Ao insistir na exigência básica de que os acordos distributivos atuem em favor dos de baixo, estes princípios estabelecem os limites do que pode ser feito. Reconhece-se que podem existir muitas outras opções de distribuição, mas não é evidente que, atrás do véu de ignorância, lhes seria concedido esse tipo de *status* constitucional.

Em segundo lugar, Rawls pode muito bem responder que as escolhas entre as diferentes misturas de instituições de mercado com instituições avessas ao mercado são problemas da economia política, não da filosofia política. Se era verdade, como afirmam seus arautos, que o livre-mercado faria chegar aos pobres mais benefícios que qualquer outro sistema viável, então Rawls diria que deveríamos endossá-lo. Por outro lado, se uma economia planejada ou mista obtivesse um melhor desempenho, então deveríamos apoiá-la. Vimos nos capítulos anteriores que se trata, invariavelmente, de questões controvertidas. Rawls pode dizer, com razão, que não é possível esperar que a filosofia as resolva; e que, em vez disso, elas deveriam ser discutidas publicamente. Talvez devêssemos experimentar diferentes possibilidades e analisar seu desempenho. Após 1989, os sistemas de planejamento parecem menos promissores do que podiam parecer na década de 1930, mas formas mais eficazes de controle estatal da economia talvez se tornem possíveis como resultado da revolução da informação, ou se tornem necessárias para administrar problemas como o aquecimento global. Rawls diria que o princípio da diferença expressa o padrão normativo básico a ser empregado nas discussões e nos experimentos acerca das diversas possibilidades, mas que não é correto esperar que tal princípio as resolva. Isso é plausível até certo ponto. Algumas pessoas, contudo, continuarão insatisfeitas com uma explicação que abdique de todas as questões distributivas, exceto as mais básicas.

5.3.4 Pluralidade de compromissos e prioridades

Todo projeto político que mantém uma pluralidade de compromissos corre o risco de enfrentar tensões internas se as regras de procedimento relacionadas aos diversos compromissos se mostrarem incompatíveis entre si. Para lidar com isso, é preciso tomar decisões para, em caso de conflito, saber qual compromisso prevalece. Por exemplo, a segunda cláusula da regra de Locke de que todos têm o direito de usar a terra comunal diz que se deve disponibilizar terra "bastante e de igual qualidade" para ser usada comunitariamente pelos outros[57]. Meu direito de uso não pode ser exercido de maneira tal que retire de você a possibilidade de exercer o seu. Ainda assim, Locke também foi a favor do cercamento da terra por causa da eficiência, acreditando que os ganhos gerais de produtividade seriam tão grandes que tornariam a segunda cláusula obsoleta. A produção aumentaria tanto que todos ficariam em melhor situação do que quando retiravam seu sustento da terra comunitária[58]. Entretanto, se a hipótese da produtividade não se comprovasse, ou se algum indivíduo não recebesse os benefícios, a proposta de Locke deixa claro que a cláusula segunda passaria a vigorar, fazendo com que a pessoa pelo menos tivesse o direito àquilo que teria obtido trabalhando na terra não cercada. A segunda cláusula tem prioridade lexicográfica (ou, no apelido abreviado que lhe deu Rawls, léxica) sobre a garantia de eficiência. Locke é favorável a ambas, mas, em caso de conflito, vale a cláusula.

A exigência feita por Rawls de que a organização da distribuição funcione em prol dos menos favorecidos beneficia-se de uma prioridade léxica semelhante à cláusula de Locke. Não há dúvida de que deixar as coisas por conta do mercado traz ganhos de eficiência – e Rawls não se opõe a que a sociedade lucre com esses ganhos –, mas não ao preço de infringir a restrição de que o sistema funcione em prol dos de baixo. Ele também desenvolve prioridades léxicas explícitas entre os princípios que controlam os diferentes bens primários. O primeiro princípio – distribuição de liberdades – antecede lexicamente o segundo princípio e, no interior do segundo princípio, o princípio de ampla igualdade de oportunidades antecede lexicamente o princípio da diferença.

À guisa de ilustração, se se admitisse que a ação afirmativa seria necessária para alcançar uma ampla igualdade

---

57. Locke, *Two Treatises*, II, seção 27, p. 288. [Op. cit., p. 409. (N. do R.)]
58. Ibid., seção 37, p. 298. [Id., pp. 417-8. (N. do R.)]

de oportunidades em um país, como os Estados Unidos, que apresenta uma falta de igualdade de oportunidades arraigada, ela seria aceita se infringisse o princípio da diferença, mas não se fosse contrária a uma liberdade defendida pelo primeiro princípio. Portanto, em um mundo no qual tivessem sido adotados os princípios de Rawls como Constituição, pode ser que os apoiadores da ação afirmativa baseada no sexo e na raça admitissem que ela pode prejudicar alguns dos que se encontram nas piores condições – como os homens e os brancos pobres, mas argumentariam que ela só traz prejuízos econômicos. Os adversários, em comparação, alegariam que tal política fere uma liberdade, como a liberdade de associação, que é protegida pelo primeiro princípio. Os tribunais teriam que desenvolver regras similares aos "graus de rigor" (*tiers of review*) desenvolvidos pelo sistema americano, para decidir quem deveria arcar com o ônus da prova e qual o peso que ela deveria ter nesse tipo de litígio. À medida que subissem na escala léxica, os tribunais inclinariam mais a balança a favor da proteção dos direitos e das liberdades, exatamente como fazem os tribunais americanos quando consideram que estão em jogo as liberdades "fundamentais"[59].

---

59. Quando uma liberdade "fundamental" corre um risco potencial (em geral uma liberdade protegida pela Declaração dos Direitos), os tribunais americanos submetem a ação governamental proposta a uma "análise rigorosa". Esta exige que se demonstre que o propósito do governo tem uma importância fora do normal, que está em jogo um "poderoso interesse do Estado". Normalmente também se exige que o governo demonstre que esse propósito não pode ser alcançado de maneira menos invasiva. Isso é comparado com a análise "intermediária", a qual só exige a demonstração de um "substancial relacionamento" entre a diretriz proposta e um "objetivo importante do governo", e com a "análise mínima", a qual exige simplesmente que se demonstre uma "ligação racional" para legitimar os propósitos do governo. Essa graduação deve estar relacionada não apenas à importância do direito em questão, mas também à magnitude da injustiça, para a qual são endereçadas diretrizes mais satisfatórias. Entretanto, os tribunais americanos nem sempre são coerentes a esse respeito. Na questão da ação afirmativa, por exemplo, com poucas exceções que não foram seguidas, a Corte insistiu na análise rigorosa de todos os casos classificados como de raça, embora desde *Craig v. Boren* 429

5.4 Os limites dos contratos hipotéticos

A classificação e aplicação que Rawls faz de seus princípios dá a entender que ele não se sente à vontade com algumas das implicações mais radicais de seu raciocínio. Tem-se mostrado por exemplo que, se sua hipótese de "sérios riscos" é suficientemente poderosa para fazer com que as pessoas, na posição original, rejeitem o utilitarismo em favor do princípio da diferença, então ela certamente também é suficientemente forte para justificar a atribuição de uma classificação lexical mais alta às proteções econômicas dos que se encontram em pior situação que aquela que Rawls lhes atribui. De que vale o direito à liberdade de expressão para quem está morrendo de fome?[60]

Poder-se-ia enfrentar essa dificuldade reajustando-se suas classificações léxicas para conferir, em sua proposta global, uma proteção mais efetiva às garantias econômicas dos que se encontram em pior situação; mas, quando se toca nesse assunto, uma questão mais genérica vem à baila: quem a tese de Rawls pretende, verdadeiramente, convencer? Sua resposta é que o "equilíbrio reflexivo" pretende ser um processo no qual o leitor recua e avança, entre suas intuições morais e o problema da escolha tal como Rawls o descreve na posição original.

> Por meio desses avanços e recuos, alterando às vezes as condições contratuais, outras vezes distanciando-nos de nossas opiniões e correspondendo a elas em princípio, suponho que acabaremos encontrando uma descrição da condição original que tanto expresse situações aceitáveis como produza princípios que se harmonizem com nossas ponderadas opi-

---

U.S. 190 (1976) os casos classificados como "sexuais" (*gender*) só tenham sido submetidos à análise intermediária, produzindo a seguinte anomalia: a ação afirmativa destinada a favorecer as mulheres é menos suspeita que a destinada a favorecer os negros. Para uma visão geral, ver Laurence H. Tribe, *American Constitutional Law*, 2.ª ed. (Nova York, Foundation Press, 1988), pp. 251-5.

60. Para maiores detalhes, ver Shapiro, *Evolution of Rights*, pp. 218-23.

niões devidamente aparadas e ajustadas. Refiro-me a esse estado de coisas como equilíbrio reflexivo. Trata-se de um equilíbrio porque nossos princípios e nossas opiniões finalmente coincidem; é reflexivo, já que identificamos a que princípios correspondem nossos julgamentos e de que premissas estes derivam[61].

Não é inimaginável que, como resultado de um método desses, alguém possa rever pelo menos algumas de suas percepções morais iniciais; seria, portanto, exagerar demais na crítica se disséssemos que Rawls, quando emite suas opiniões importantes, está simplesmente pregando aos convertidos. Contudo, quando se pergunta se ele escapa ou não de uma variante da crítica de Rousseau a Hobbes – citada na seção 5.1 –, o apelo ao equilíbrio reflexivo não o tira completamente de uma situação difícil. O propósito do equilíbrio reflexivo é levar-nos a repensar nossas percepções morais e os conceitos nelas baseados. Ele não chega a caracterizar a condição original e os pressupostos sobre a psicologia humana e o funcionamento causal do mundo incorporado nela. Nem as "leis da psicologia e da economia" e os "fatos gerais" acerca da sociedade descritos por Rawls – escassez moderada, riscos sérios, e assim por diante –, os quais o método de equilíbrio reflexivo não pretende rever. Pelo contrário, Rawls apresenta hipóteses a respeito deles para fazer as pessoas repensarem suas percepções morais. Conseqüentemente, se John Harsanyi acredita mais do que Rawls na predisposição das pessoas para correr riscos, nada no método de equilíbrio reflexivo irá convencê-lo do contrário, independentemente do grau de sinceridade com que o pratique[62].

---

61. Rawls, *A Theory of Justice*, p. 18.
62. Harsanyi defende vigorosamente a tese de que as pessoas indiferentes ao risco escolheriam, na posição original, o utilitarismo em vez do *maximin*. Ver J. Harsanyi, "Can the maximin principle serve as a basis for morality? A critique of John Rawls's theory", em: *American Political Science Review*, vol. 69, nº 2 (junho de 1975), pp. 594-606.

Toda teoria política assenta-se em hipóteses sobre a psicologia humana e sobre a forma de funcionamento causal do mundo, e é evidente que tais hipóteses são responsáveis por grande parte da controvérsia presente nas teses hipotéticas do contrato social. Mesmo se limitarmos nossa atenção à tradição neokantiana – na qual se supõe que, na posição inicial, os escolhedores atribuem um peso enorme à preservação da autonomia individual –, introduz-se, nas posições iniciais, um vertiginoso conjunto de teorias que dependem das hipóteses sobre esses temas. Robert Paul Wolff chega à conclusão de que as pessoas optariam pela anarquia; Nozick, pelo Estado mínimo; Harsanyi, pelo utilitarismo; Buchanan e Tullock, por regras de tomada de decisão mais ou menos exigentes, dependendo da importância do assunto; Ronald Dworkin, por um sólido seguro de saúde e social; e Rawls, como foi visto, por um regime determinado pela condição das pessoas situadas na base da sociedade. O que impulsiona essas diferenças não é o método contratual ou o compromisso com a autonomia individual – com os quais todos concordam –, mas as hipóteses divergentes acerca da psicologia humana e do funcionamento causal da sociedade[63]. Nesse sentido, a crítica de Rousseau a Hobbes realmente alcança, de maneira bastante mordaz, a literatura contratualista contemporânea. Não se pode deduzir algo do nada. O papel dos projetos abstratos é muito menor, e o dos projetos empíricos controversos muito maior, do que os teóricos desse campo estão dispostos a admitir.

---

63. Wolff desenvolve sua tese em *In Defense of Anarchism* (Nova York, Harper and Row, 1970). Para uma apreciação crítica dela, ver de minha autoria, "Gross concepts in political argument", em: *Political Theory*, vol. 17, n.º 1 (fevereiro de 1989), pp. 51-76. Para a discussão sobre a hierarquia de princípios de Buchanan e Tullock, vide, de autoria deles, *Calculus of Consent*, pp. 3-97, e, para uma discussão crítica, de minha autoria, *Democracy's Place*, pp. 17-29. Ocupamo-nos da posição de Dworkin a seguir, na seção 5.5. Para uma avaliação suplementar das hipóteses empíricas incorporadas nas teses de Nozick e Rawls, ver *Evolution of Rights*, pp. 155-95 e 205-51.

5.5 A arbitrariedade moral revisitada

Na seção 5.2, observei que as contribuições mais duradouras de Rawls dizem respeito ao modo como ele lida com o pluralismo inerradicável e a maneira como discute a arbitrariedade moral das diferenças entre as pessoas. Observei, ainda, que esses dois fatores, independentemente de sua tese baseada na condição original e de sua teoria da justiça, permanecem de pé. Ocupar-nos-emos mais detalhadamente, no Capítulo 7, do pluralismo inerradicável e de sua herança, que é a reflexão sobre ele. Finalizo esta parte examinando mais de perto as implicações da discussão que Rawls faz da arbitrariedade moral. Trata-se de uma tese peculiar pelo fato de ser extremamente difícil, se não impossível, de contestar; e, no entanto, suas implicações são tão radicais que o próprio Rawls delas se esquiva e, de fato, poucos dentre nós desejariam conviver com elas.

Rawls reconhece que as aptidões humanas deveriam, em determinadas situações, ser consideradas bens sociais como os outros recursos. Pode-se descrever isso como uma estratégia de socialização das aptidões, e podemos imaginá-la como a imagem da estratégia clássica marxiana refletida no espelho. Para Marx, os recursos não-humanos não têm interesse moral independente, sendo redutíveis às aptidões necessariamente empregadas em sua criação ou em sua separação da natureza. Do ponto de vista da socialização das aptidões, em comparação, as aptidões humanas deixam de ter interesse moral independente, sendo tratadas como qualquer outro recurso social. Isso decorre naturalmente da tese da arbitrariedade moral de Rawls e, como tal, subverte todas as formas do ideal artesanal.

Rawls não é o único a perceber que, uma vez aceita a tese da arbitrariedade moral, o ônus da prova fica com aqueles que rejeitariam o fato de as aptidões humanas serem potenciais objetos da justiça distributiva. De modo semelhante, Ronald Dworkin trata as aptidões humanas e os recursos materiais externos a elas como moralmente equivalentes. Ele defende a tese de que pode haver bons motivos para se resistir à redistribuição de recursos físicos e mentais (na medida em que isso seja tecnologicamente factível), mas que, de todo modo, pode-se encontrar uma justificativa para compensar, por sua desqualificação relativa, quem tem poucos recursos físicos e mentais[64]. Se diferentes pessoas recebem diferentes dons sem que isso se deva a alguma ação ou falha delas, por que os prejuízos deveriam ficar com quem o acaso favoreceu menos?

No entanto, assim como aconteceria conosco, é evidente que ambos os teóricos ficam pouco à vontade com o conjunto de implicações dessa linha de pensamento. Penso que nossa relutância tem a ver com o lado psicológico do ideal artesanal, com o senso de satisfação subjetiva ligado à idéia de fazer algo que posteriormente se possa chamar de seu. Todos conhecemos essa sensação, e não é fácil nos convencer a desistir dela ou a adaptá-la à idéia genérica de que cada um de nós, juntamente com todas as outras pessoas, é de algum modo dono de tudo o que qualquer um venha a produzir em determinado momento e lugar. Além disso, para uma espécie como a nossa – que depende de maneira tão decisiva do trabalho para sobreviver –, parece inapropriado negar legitimidade a um impulso tão forte como o dado pelo estímulo psicológico resultante da produção de algo que se pode possuir. Isso talvez explique por que o aforismo do Chefe Seattle – "a Terra não nos pertence, nós pertencemos à Terra" – nunca tenha tido influência histórica, e por que ninguém jamais levou a sério a crítica que Nozick faz ao resultado do trabalho, ao perguntar "por que a mistura daquilo que possuo com o que não possuo não é uma maneira de perder o que possuo em vez de ser uma maneira de conseguir o que não possuo?"[65]

A força da ligação psicológica com o resultado do trabalho também pode explicar por que tanto Rawls como Dwor-

---

64. Dworkin, "What Is equality?, Part I", pp. 300-1.
65. Nozick, *Anarchy, State, and Utopia*, pp. 174-5.

kin evitam as implicações da tese da arbitrariedade moral. Rawls age assim ao sustentar que a efetividade com que as pessoas são capazes de usar os recursos, ou optar por usá-los, não é um motivo cabível para decidir como esses recursos devem ser distribuídos. Existem aqui duas questões distintas, ambas as quais provocam tensões internas à explicação de Rawls. Uma delas decorre da observação de Amartya Sen de que, se desejamos verdadeiramente fazer uma distribuição justa daquilo que pessoas que diferem enormemente entre si em matéria de aptidão são capazes de produzir, então não se podem usar os bens primários rawlsianos; precisamos de um parâmetro básico diferente, que leve em conta o modo pelo qual as diferentes pessoas aplicam suas qualidades e seus recursos. Ao refletir, por exemplo, sobre a distribuição justa do alimento, Sen acredita que não deveríamos nos importar com a quantidade de comida que alguém tem nem com o quanto lhe é útil o fato de ingeri-la, e sim com seu nível de nutrição[66]. Em segundo lugar, há a observação – feita por G. A. Cohen, Thomas Nagel, Richard Arneson e outros – de que pessoas diferentes têm preferências e objetivos diferentes, alguns mais custosos e difíceis de satisfazer que outros. A tentativa de Rawls de evitar a questão, argumentando que esses não são infortúnios e sim escolhas, mal responde à objeção, porque, como Thomas Scanlon e outros observaram, freqüentemente não é de escolhas que se trata[67].

Dworkin também empaca nas implicações da tese da arbitrariedade moral que, por outro lado, ele endossa. Ele

---

66. Ver Amartya Sen, "Equality or what?", em: *The Tanner Lectures on Human Values*, vol. 4, Sterling McMurrin (org.) (Salt Lake City, University of Utah Press, 1980), pp. 212-20; e Sen, "Well-being, agency and freedom", em: *Journal of Philosophy*, vol. 82, n.º 5 (abril de 1985), pp. 185-221.

67. A afirmação mais explícita, da parte de Rawls, do ponto de vista de que as pessoas devem ser consideradas responsáveis por suas preferências pode ser encontrada em "Social unity and primary goods", Amartya Sen e Bernard Williams (orgs.), em: *Utilitarianism and Beyond* (Cambridge, Cambridge University Press, 1982), pp. 168-9. Sobre a discussão das tensões entre esta

pede que consideremos a possibilidade de igualar, em princípio, os recursos, por meio de um leilão hipotético no qual todos os participantes começariam com o mesmo número limitado de fichas[68]. Como parte disso, pressupõe que se devem considerar as aptidões do ser humano como recursos, embora drible, de duas maneiras, as profundas implicações dessa atitude. Ele afirma, em primeiro lugar, que, embora as aptidões (ele usa o termo "faculdades físicas e mentais") sejam recursos e, portanto, objeto legítimo de uma teoria da justiça distributiva, elas devem ser tratadas, de todo modo, diferentemente dos "recursos materiais independentes". Quanto às faculdades físicas e mentais, nosso objetivo não deve ser fazer um esforço para distribuí-las de maneira justa (o que, para Dworkin, significa distribuí-las igualmente). Em vez disso, o problema é interpretado como uma questão de descobrir "até onde a posse de recursos externos independentes deve ser afetada pelas diferenças existentes nas faculdades físicas e mentais, e, ao responder, nossa teoria deve usar esse vocabulário"[69]. Por essa razão, ele

---

alegação e a tese de que as diferenças de capacidade são arbitrárias, que Rawls defende em toda a linha em *A Theory of Justice*, pp. 101-4, vide Thomas Scanlon, "Equality of resources and equality of welfare", pp. 116-7, "The significance of choice", em: *The Tanner Lectures on Human Values*, vol. 8 (Salt Lake City, University of Utah Press, 1988), pp. 192-201; Arneson, "Equality and equal opportunity for welfare"; e Cohen, "Equality of what?", pp. 7-10.

68. Ronald Dworkin, "What is equality?", parte I, pp. 185-246, parte II, pp. 283-385. O leilão hipotético de Dworkin, descrito em "What is equality?, Part II", pp. 283-90, não atende a suas próprias exigências como mecanismo de decisão acerca do que poderia ser considerado uma alocação inicial equitativa de recursos. No leilão hipotético descrito por Dworkin, por exemplo, seria bem possível que um jogador (ou vários deles) desse um lance para subir o preço de um bem que ele não quisesse, mas soubesse ser absolutamente essencial para outra pessoa (como o estoque de insulina disponível na ilha, no exemplo de Dworkin, supondo-se que houvesse um diabético). Dessa maneira, seria possível forçar o diabético a gastar em insulina todos os seus recursos iniciais (ou pelo menos uma quantidade desproporcional deles), fazendo com que, por isso, um conjunto de outros bens ficasse relativamente mais barato para os outros habitantes; ou então ele poderia ser forçado a adquiri-la a um preço artificialmente alto de qualquer um que a tivesse comprado no leilão inicial.

69. Ibid., pp. 300-1.

defende a tese de que a compensação dada às pessoas deve ter como referência um padrão alcançado por meio de nossas reflexões sobre em que medida essas pessoas teriam, em média, feito ou não um seguro contra a desvantagem ou inaptidão específicas, ou contra uma falta de talento *ex ante*, partindo-se do princípio de que o valor do seguro estivesse estabelecido em um mercado competitivo. Um seguro contra a possibilidade de não possuir uma habilidade extremamente rara custaria muito mais que um seguro contra a possibilidade de não possuir uma faculdade amplamente difundida, como a visão. Com isso, Dworkin pretende apresentar-nos uma teoria da igualdade de recursos que, em si mesma, não emita opiniões implícitas sobre o bem-estar, evitando-se assim o problema da "escravização dos talentosos", problema esse que toda teoria que admita a compensação por diferenças de aptidão deve enfrentar[70].

Observem que Dworkin não apresenta nenhuma tese fundada em princípios que tratem as faculdades físicas e mentais de modo diferente dos recursos materiais. A afirmação de que estas faculdades "não podem ser manipuladas ou transferidas, mesmo até onde a tecnologia permite", não é explicada nem justificada posteriormente, mas, uma vez que Dworkin concorda que elas são recursos, certamente se deve esperar uma explicação[71]. Um motivo bastante importante para isso é que qualquer montante de compensação será, muitas vezes, inadequado para compensar uma deficiência de poder ou de aptidão (como no caso da cegueira). Não se pode dizer, em tais circunstâncias, que a compensação baseada em um padrão estabelecido num hipotético leilão de seguros iguale os recursos de duas pessoas, uma cega, a outra não[72].

---

70. Ibid., pp. 292-304.
71. Ibid., p. 301.
72. Ver ibid., p. 300, onde ele observa, contrariamente à idéia de que pode existir uma teoria das faculdades humanas "normais", que nenhum montante de compensação inicial poderia fazer com que alguém que tivesse nascido cego ou deficiente mental se equiparasse em recursos físicos ou mentais a alguém considerado "normal" sob esses aspectos.

Além disso, nem sempre é verdade, apesar do que afirma Dworkin, que a capacidade de visão delas não pudesse ser equiparada[73]. O Estado pode transplantar à força um olho da pessoa que enxerga para a pessoa cega, a fim de equiparar os recursos de ambas, ou simplesmente, nesse caso, cegar a pessoa que enxerga. De um modo menos insensível e mais interessante, o mesmo Estado pode investir bilhões de dólares em pesquisa para desenvolver olhos artificiais, cujo financiamento viria de um imposto pago por quem pudesse enxergar. A fim de evitar conseqüências desagradáveis como essa, Dworkin teria de apresentar uma tese que explicasse por que podemos nos considerar merecedores de nossas faculdades e aptidões (e, em alguns casos, responsáveis por tê-las ou não) em um sentido diferente (e enganador) daquele em que podemos nos considerar merecedores dos recursos naturais, dada a equiparação que ele faz entre as duas coisas. Na ausência de uma tese desse tipo, é difícil compreender como ele consegue aceitar a essência da estratégia de socialização e, ainda assim, afirmar simplesmente que, de fato, as pessoas têm o direito a suas aptidões e deficiências, além de serem responsáveis por estas.

A segunda maneira encontrada por Dworkin para evitar as implicações decorrentes da adoção da tese da arbitrariedade moral diz respeito à sua argumentação de como a idéia que fazemos de uma pessoa deve ser distinguida da idéia que fazemos das circunstâncias em que esta pessoa se encontra. Dworkin defende a tese de que precisamos de uma visão de justiça distributiva "sensível à ambição". Ela requer uma visão de igualdade que sirva como referência para que as pessoas "decidam que tipo de vida adotar, ten-

---

[73]. "Reconhecemos que quem nasce com uma deficiência grave vê-se, exatamente por causa disso, com menos recursos que os outros diante da vida. Em um modelo dedicado a equiparar os recursos, isso justifica a compensação; e, embora o hipotético mercado de seguros não nivele a balança – *nada consegue fazê-lo* –, ele procura corrigir um aspecto da iniqüidade resultante." Ibid., p. 302, grifo meu.

do como referência um pano de fundo de informações sobre os custos reais que suas escolhas impõem aos outros e, conseqüentemente, ao suprimento total de recursos que pode ser usado de maneira razoável por elas". Ele procura realizar isso atribuindo "predileções e ambições" ao indivíduo e "faculdades físicas e mentais" às "circunstâncias" deste, argumentando que predileções e ambições são motivos irrelevantes quando se vai decidir como deve ser feita a distribuição de recursos[74]. Desse modo, ele espera reter, no interior da estrutura de socialização das aptidões, uma noção de direitos e responsabilidades individuais. Dworkin deseja resgatar o núcleo daquilo que é intuitivamente atraente no ideal artesanal, a saber, a noção de que, quando as pessoas concebem e põem em prática planos criativos, recebem de volta os benefícios dos efeitos originados por estes. No entanto, ele quer fazer isso sem ser tragado pelos obstáculos da sobredeterminação que brotam da alegação rawlsiana de que a distribuição das faculdades físicas e mentais é moralmente arbitrária[75].

A estratégia de Dworkin fracassa. As vontades que somos capazes de conceber e as ambições que acabamos por desenvolver são grandemente influenciadas, talvez mesmo determinadas, por nossas faculdades e aptidões. "Pensar grande", "decidir apostar tudo", fortalecer-se por meio do autocontrole para executar tarefas exigentes – tudo isso reflete ambição ou aptidão? Quando descrevemos alguém como ambicioso, não estamos descrevendo algo de mais básico, em sua psicologia e natureza, que suas predileções? É certo que, em determinadas circunstâncias, diríamos que a falta de confiança é uma deficiência que impede a concepção (não apenas a realização) de ambições específicas. Pessoas diferentes têm diferentes aptidões para conceber diferentes ambições, e do ponto de vista de Dworkin essas di-

---

74. Ibid., pp. 311, 288, 302.
75. Ibid., pp. 311 ss.

ferentes aptidões devem estar tão maculadas moralmente como quaisquer outras aptidões. Donald Trump é capaz de ter mais ambições abrangentes que Archie Bunker,* devido, ao menos em parte, ao acaso de sua base genética e às circunstâncias em que foi criado[76].

Como é do conhecimento de Dworkin, pode-se aplicar um raciocínio semelhante quanto às diversas habilidades de adquirir (ou deixar de adquirir) diferentes tipos de hábitos, sejam estes dispendiosos, compulsivos ou ambas as coisas. O caso analisado por ele é o de quando alguém tem uma obsessão incapacitante e gostaria de não tê-la. Dworkin defende a idéia de que esse tipo de ansiedade pode ser considerado uma incapacidade, podendo, portanto, ser resolvido por seu hipotético esquema de seguro[77]. Mas isso significa fugir do argumento, aqui levantado, de que a própria obsessão pode tornar a pessoa inapta a gerar o desejo de segunda ordem necessário ao funcionamento da hipotética solução de seguro de Dworkin. Diante de um alcoólatra tão angustiado que nem mesmo consegue gerar o desejo de não ser alcoólatra, podemos dizer que sua predileção pelo álcool resulta de um *gosto* e não de uma *inaptidão*? Acho que não[78].

---

* Archie Bunker é o nome do personagem principal da série de televisão americana *All in the family* (1971-1979). De origem operária, ele tem uma visão intolerante e conservadora do mundo. (N. do T.)

76. Não quero dizer com isso que as pessoas sejam sempre dotadas de capacidades para alcançar suas ambições, tampouco dizer que não somos capazes de desenvolver ambições que sabemos ser incapazes de realizar, embora suponha que uma análise acurada revelaria que parte da diferença entre uma ambição e uma fantasia reside no fato de que a ambição geralmente é um impulso para a ação, e, de certo modo, a fantasia não o é necessariamente. Só desejo demonstrar aqui que não se pode acreditar que nossas ambições se desenvolvem independentemente de nossas capacidades, o que a distinção categorial de Dworkin requer.

77. Dworkin, "What is equality?, Part II", pp. 302-3 ss.

78. Cohen tentou minimizar o alcance de tais dificuldades dando a entender que não devíamos confundir a afirmação verdadeira de que a aptidão para realizar um esforço é "influenciada" por fatores que escapam ao nosso controle com a afirmação falsa – que gente como Nozick equivocadamente atribui

Em todos os gostos adquiridos (não apenas os mais dispendiosos), a experiência do gosto depende, por definição, do emprego de habilidades adequadas. O gosto pela boa cerveja (ou mesmo simplesmente pela cerveja), o gosto por um tipo especial de música (talvez até por qualquer tipo de música) – tudo isso só pode ser desenvolvido por meio da prática de habilidades apropriadas. Não diríamos que um surdo poderia ter gosto por um tipo específico de música, nem mesmo por qualquer espécie de música (embora, é claro, pudéssemos dizer, de modo coerente, que ele talvez desejasse ser capaz de ter tal gosto). O mesmo aconteceria, no caso da cerveja, com alguém cujas papilas gustativas ou cujo olfato estivessem prejudicados. A crença de que adquirimos gostos e ambições independentemente de nossos recursos e aptidões é uma idéia excessivamente liberal, como ficaria claro a todo indivíduo que tentasse passar por uma experiência mental que exigisse que ele, ignorando seus recursos e aptidões, decidisse acerca de seus gostos e ambições futuros. Dworkin, nesse caso, parece se guiar intuitivamente pela noção de que só se devem responsabilizar as pessoas pelas escolhas que fazem em vida, não pelas coisas sobre as quais não têm nenhum controle. Contudo, a substituição que faz da distinção entre recursos *versus* aptidões pela distinção entre ambições e gostos *versus* faculdades físicas e mentais não consegue resgatar a idéia lockeana de um agente autônomo dotado da capacidade de escolher, a quem se possa legitimamente atribuir direitos e responsabilidades.

---

a igualitaristas como Rawls – de que essa aptidão é "determinada" por fatores que escapam ao nosso controle. Ao preservar essa distinção, ele pode dizer que, embora nem todo esforço mereça ser recompensado, não se trata de afirmar que nenhum esforço mereça ser recompensado, que o esforço "é em parte louvável, em parte não", embora admita que, na prática, "não conseguimos separar as partes". Cohen, "Equality of what?", pp. 8-10. Entretanto, como observo a seguir, uma vez que se admite que a simples decisão de optar pelo esforço é influenciada por fatores reconhecidos como moralmente arbitrários, a dificuldade passa a ser de princípio em vez de ser de natureza prática; Cohen certamente não nos dá nenhuma pista de como se pode pinçar, em princípio, o componente de esforço merecedor de recompensa.

Alguém pode se opor à linha de raciocínio que eu desenvolvi, dizendo que ela conduz muito rapidamente ao mero determinismo. É claro que devemos aceitar a possibilidade de que *alguns* aspectos da ação humana dependam de uma escolha independente e que, em situações desse tipo, é razoável que se possam responsabilizar as pessoas. Isto está implícito na tese de G. A. Cohen de que "a pessoa deve ser compensada pela desvantagem que esteja fora de seu controle"[79]. Admitindo-se que a categoria da escolha independente possa não estar vazia, pelo menos para muitas pessoas, é difícil perceber como ela pode fornecer a base de uma explicação funcional da justiça distributiva. Mas como deve o Estado determinar que porção das decisões que alguém toma é genuinamente volitiva – em contraposição à possibilidade de ser determinada –, e como deve medir as diferenças de capacidade das pessoas para assumirem um comportamento volitivo? As dificuldades encontradas nas tentativas de construir "utilitômetros", "delitômetros" e "exploratômetros" não são nada diante do que seria necessário para se construir um "voluntômetro" preciso. Além disso, a atenção dada ao livre-arbítrio dá a entender que as compulsões estranhas – como ficar viciado na melhor bebida de malte que há – deverão se sobrepor à considerável carência de comida e moradia às quais as pessoas conseguem ter acesso por meio de uma ação espontânea, mas somente a um custo significativo. Isso para não falar que, em um regime controlado pelo princípio de Cohen, dever-se-ia esperar o surgimento de uma grave crise de ética. Por exemplo, os pais seriam estimulados a evitar que seus filhos desenvolvessem as qualidades de responsabilidade individual e de independência de escolha, com receio de que lhes fosse retirada a compensação a que, em caso contrário, teriam direito[80].

Resumindo: assim como Rawls, Dworkin é incapaz de conviver com as implicações da estratégia de socialização

---

79. Cohen, "On the currency of egalitarian justice", p. 922.
80. Como observei na nota 78, Cohen não pretende ter encontrado uma solução para essas dificuldades. Eu continuo cético de que possam ter solução.

de capacidades, resultantes da tese da arbitrariedade moral. Em parte, isso se deve ao fato de que, levada à sua conclusão lógica, essa estratégia abala o que o ideal artesanal tem de atraente: a noção de agente soberano existente no âmago da concepção iluminista de direitos individuais. Embora tanto Rawls como Dworkin relutem em abandonar os comprometimentos intuitivos com a noção de ação moral que informa o ideal artesanal, nenhum deles explicou como isso pode se tornar coerente com a tese da arbitrariedade moral que ambos se sentem obrigados a endossar. Isso é reflexo das profundas tensões existentes no interior da variável secular do próprio ideal artesanal, o qual nos lança inexoravelmente em direção a uma espécie de determinismo moral que, de acordo precisamente com o que seus termos dão a entender, temos que ser capazes de negar.

Pode-se adotar a perspectiva de que a tese "política, não metafísica" de Rawls desvenda um possível caminho de saída dessa tensão. Se existe um consenso coincidente no sentido de que o ideal artesanal deva ser defendido até certo ponto, de forma a que os indivíduos sejam responsabilizados por determinados tipos de escolha, mas não por outros, então não temos que nos perguntar por que as pessoas mantêm essa crença ou se os motivos para mantê-la fazem algum sentido. Esse raciocínio, entretanto, nos faria penetrar mais profundamente na teoria democrática do que permitem os breves comentários de Rawls sobre o consenso coincidente. Isso ocorre pela seguinte razão: embora se possa chegar a um amplo consenso acerca do princípio de que deve haver *uma* zona de responsabilidade individual na qual ganhos e perdas fiquem como estão, parece inevitável que haveria um dissenso igualmente amplo a respeito do que isso acarreta na prática. Seria preciso, no mínimo, existir mecanismos que resolvessem as discordâncias sobre o que deve ser incluído e excluído dessa zona. Para que nos lembremos da existência de limites rígidos ao consenso coincidente sobre o alcance adequado dos direitos e liberdades individuais, basta pensar na controvérsia, que existe nos Estados Unidos, acerca da obrigatoriedade de garantir assistência médica a todos, do direito ao aborto ou da extensão da responsabilidade penal aos adolescentes, da violência doméstica contra as mulheres e da questão dos deficientes mentais.

Além do mais, se for adotada uma variante do ideal artesanal por razões "políticas, não metafísicas", certamente surgirão questões relativas ao seu inevitável conflito com outros valores de justiça. Se os direitos do trabalho humano não têm nenhum prestígio inato nem contam com os trunfos de uma ascendência moral própria, então certamente se instaurará uma polêmica para saber onde estes se encaixam nos esquemas distributivos governamentais que dispõem de parcos recursos para atender inúmeras demandas – da correção das conseqüências das desvantagens históricas ao cuidado dos enfermos e dos idosos e à defesa de causas justas em outros países. Parece ainda menos provável que se possa chegar a um "consenso coincidente" acerca dessas barganhas do que acerca daquilo que deva ser incluído na área dos direitos e responsabilidades individuais. Uma vez que se reconheça, em um mundo no qual a escassez é endêmica, que não existe nem um modelo teológico inquestionável nem um cálculo de contribuição do qual se possam "tirar", de maneira científica, prescrições distributivas precisas, certamente iremos conviver com o primado da política sobre as discussões acerca da justiça distributiva. Esse assunto será o tema central do Capítulo 7. Primeiramente vou me dedicar à análise de autores que propõem que, em vez de tentar harmonizar e resgatar os objetivos gêmeos do Iluminismo – a ciência e os direitos individuais –, deveríamos abandoná-los.

Capítulo 6
Posições políticas antiiluministas

    Toda corrente tem sua contracorrente, e seria surpreendente se as propostas políticas do Iluminismo não tivessem dado origem a uma vigorosa oposição. Dos diversos movimentos antediluvianos descritos por Christopher Hill em *O mundo de ponta-cabeça** aos luddistas destruidores de máquinas e os seguidores anarcossindicalistas de Pierre-Joseph Proudhon do século XIX, passando pelos críticos dos Progressistas americanos como Reinhold Niebuhr, cuja história foi contada na íntegra por Christopher Lasch, bem como os Verdes e outros grupos ambientalistas dos dias de hoje, as promessas políticas do Iluminismo sempre tiveram seus detratores. Por vezes motivados pela religião, por vezes laicos, esses detratores não acreditam que o progresso baseado na ciência conduza a um maior aperfeiçoamento do ser humano e à liberdade individual. Para eles, a fé iluminista no progresso científico é uma perigosa ilusão. Contra ela, afirmaram a necessidade de que se aceitem limites preexistentes e se adotem sistemas políticos e padrões de conduta herdados há gerações, até mesmo séculos[1].

---

    * O mundo de ponta-cabeça: idéias radicais durante a Revolução Inglesa – 1640. São Paulo, Companhia das Letras, 1987. (N. do R.)
    1. Ver Christopher Hill, *The World Turned Upside Down* (Londres, Temple Smith, 1972); Malcolm Thomis, *The Luddites: Machine-Breaking in Regency England* (Newton Abbot, Ingl., David & Charles, 1970); George Woodcock, *Pierre-Joseph Proudhon: A Biography* (Nova York, Black Rose Books, 1987);

6.1 A perspectiva burkeana

O gigante filosófico do anti-Iluminismo foi o irlandês Edmund Burke (1729-1797). Embora criado como protestante, sua mãe era católica e é possível que seu pai também tenha sido[2]. Em todo caso, o fato de acreditar que a autoridade da tradição encontra-se no centro da prática cristã fazia dele alguém com a sensibilidade de um católico. Isso contrasta profundamente com o ideal artesanal de Locke, que enfatiza a soberania da relação subjetiva que cada indivíduo tem com Deus e que concebe os seres humanos como deuses em miniatura desde que não transgridam as restrições da lei natural. Tal concepção diferia fundamentalmente do desprezo que Burke sentia por todas as formas de igualitarismo, o qual o afetava como uma doutrina em profundo desacordo com todas as evidências da natureza e da história. Além disso, a idéia de que os seres humanos eram capazes de conceber e criar um mundo social sem base na realidade parecia-lhe uma perigosa arrogância cuja apoteose foi alcançada no mais traumático evento de sua vida: a Revolução Francesa. O fato de ter previsto – bem antes que começasse a despontar o terror jacobino depois de 1790 – que a Revolução teria conseqüências terríveis tirou-o da obscuridade política, fazendo dele, até o fim da vida, uma espécie de celebridade enquanto comentarista político.

Para Burke, as iniciativas que buscam a perfectibilidade humana estão fadadas ao fracasso, provavelmente de maneira desastrosa. Adotar a doutrina da queda significava reconhecer e aceitar as imperfeições do mundo. Significava também perceber que, embora as instituições herdadas contenham muita coisa de ruim, não temos motivo para pensar

---

Christopher Lasch, *The True and Only Heaven: Progress and Its Critics* (Nova York, Norton, 1991); Thomas Poguntke, *Alternative Politics: the German Green Party* (Edimburgo, Edinburgh University Press, 1993).

2. Ver a "Biographical Note" na obra de sua autoria *Reflections on the Revolution in France* (Harmondsworth, Penguin, 1969), p. 77.

que, com sua abolição, teríamos instituições menos ruins. Inimigo de todas as formas de pensamento estruturado, Burke acreditava que o trabalho de uma liderança política era preservar um mundo imperfeito herdado das imperfeições ainda piores que os seres humanos são capazes de inventar; vem daí sua ênfase na manutenção da tradição. Antipopulista até a raiz, menosprezava a idéia de que "a fundação de um reino seja uma questão de aritmética"[3]. É famoso por ter apresentado a doutrina de que um membro do Parlamento – o que ele foi durante grande parte da vida – tem, perante seus eleitores, a obrigação de não sacrificar suas decisões para se adaptar às opiniões deles. Não se impressionava com a capacidade do ser humano de usar o raciocínio para alcançar um grande conhecimento, sem falar em seu uso para reformar o mundo de acordo com os desejos particulares de qualquer geração. Considerava a condição humana intrinsecamente obscura, e nunca duvidou de que o conhecimento claro e preciso buscado pelos pensadores racionalistas e neoclássicos de seu tempo era uma utopia.

A perspectiva burkeana é freqüentemente descrita como reacionária, mas isso é um equívoco. Burke opunha-se à Revolução Francesa porque seus líderes almejavam passar uma esponja no passado e começar de novo. Ele acreditava que tais projetos estavam destinados ao fracasso e rejeitava profundamente as doutrinas abstratas dos direitos humanos que eles procuravam legitimar. Mas estava comprometido com a importância de se protegerem da usurpação os direitos e liberdades herdados. Insistia que

> O senhor poderá notar que da Magna Carta à Declaração de Direitos a política de nossa Constituição foi sempre a de reclamar e reivindicar nossas liberdades como uma *herança*, um *legado* que recebemos de nossos antepassados e devemos transmitir à nossa posteridade; como um bem que especificamente pertença ao povo deste reino, sem nenhuma

---

3. Ibid., p. 141.

espécie de menção a qualquer outro direito mais geral ou mais antigo. (...) Nós temos uma coroa hereditária, um pariato hereditário, uma Câmara dos Comuns e um povo que detém, de uma longa linha de ancestrais, seus privilégios, suas franquias e suas liberdades.[4]

Burke era bastante propenso a apoiar uma ação política – mesmo que fosse revolucionária – para preservar esses direitos e liberdades herdados, quando julgava que eles estavam ameaçados, como admitia ter acontecido em 1688. Ele defendeu a Revolução Americana e apoiou a emancipação católica e outras reformas políticas na Irlanda, onde, acreditava, a elite política protestante oprimira a maioria católica e violara suas liberdades tradicionais. Tampouco se opunha à noção de que a origem da política é o contrato social, mas é o autor da célebre definição de contrato social como sendo uma "associação não só entre vivos, mas também entre os que estão mortos e os que irão nascer". Os contratos vigentes em qualquer Estado em qualquer época "são cláusulas do grande contrato primitivo da sociedade eterna"[5].

Burke acreditava que a origem da moral eram os universais eternos da fé cristã, mas considerava que os direitos políticos e as liberdades eram criações frágeis da sociedade, o trabalho de muitas gerações. Ele percebia que havia sobre eles uma constante ameaça vinda de diversas fontes de poder, entre as quais os hábeis intelectuais convencidos de ter a chave do progresso social não eram de menor importância. Burke teria adotado uma postura particularmente precavida diante da noção marxiana de uma vanguarda ideológica comprometida com o projeto de libertação do homem. Ele acreditava que o talento, sem os impedimentos da propriedade, era extremamente ameaçador, tornando-se necessária uma sólida sobre-representação das classes proprie-

---

4. Ibid., p. 119. [Trad. bras. *Reflexões sobre a revolução em França*, Ed. Universidade de Brasília, 1997, p. 69. (N. do R.)]

5. Ibid., pp. 194-5. [Id., p. 116. (N. do R.)]

tárias no Parlamento. "Como a aptidão é um princípio vigoroso e ativo", argumentava, "ao passo que a propriedade é apática, inerte e tímida, esta última nunca se verá livre das investidas da aptidão, a menos que seja desproporcionalmente dominante na representação"[6]. Ele teria considerado o totalitarismo stalinista não como um desvio da revolução marxista, como muitos neomarxistas desde Leon Trotsky (1879-1940) têm alegado, mas como sua consumação previsível. Porém, a inclinação deles pela revolução não teria incomodado tanto Burke quanto a crença que tinham na capacidade de destruir os sistemas sociais e políticos herdados e construir outros superiores em seu lugar. Uma vez que ele acreditava que o conhecimento necessário não existia, aqueles que afirmavam tê-lo deviam ser charlatães, loucos delirantes ou ambos.

6.2 Contra a ciência iluminista

A perspectiva burkeana nada mais é que isso: uma perspectiva, não uma teoria. Entretanto, o que seus defensores têm em comum não é o princípio político específico de Burke, nem nenhum outro. Como no caso dos filósofos do jusnaturalismo e do Iluminismo, os críticos do Iluminismo distribuem-se por todo o espectro político: anarquistas, feministas, pragmatistas, progressistas, social-democratas e conservadores tradicionalistas como o próprio Burke. Alguns têm uma aparência retrógrada, como Rousseau à época de Burke e Alasdair MacIntyre hoje, pelo fato de que, se pudessem, destruiriam o Iluminismo[7]. Alguns voltam-se para o fu-

---

6. Ibid., p. 140. [Id., p. 82. (N. do R.)]
7. Nada além de desprezo, era isso o que o próprio Burke sentia por Rousseau, a quem considerava fútil e sem princípios, e cuja recusa em aceitar qualquer dever que não tivesse sido escolhido o aterrorizava. Burke teria considerado Rousseau meramente patético se ele não tivesse caído no agrado dos revolucionários franceses. Ver o modo violento como, em 1791, denuncia Rousseau na "Letter to a member of the National Assembly", em: *The Works of*

turo, como Friedrich Wilhelm Nietzsche, Richard Rorty e Jean-François Lyotard. De diferentes maneiras, todos eles nos estimulam a ir além das preocupações e, como eles os consideram, dos limites do Iluminismo. Sejam antimodernos ou pós-modernos, de direita ou de esquerda, esses pensadores partilham com Burke uma profunda antipatia pelas pretensões científicas do Iluminismo.

Para os fins que nos propomos, vale a pena retomar a distinção entre Iluminismo primitivo e Iluminismo maduro examinada em 1.1.2, porque a maior parte das vertentes da acusação que o anti-Iluminismo endereça à ciência faz muito mais sentido como crítica do Iluminismo em seus primórdios que em sua fase madura. Por exemplo, a brilhante investida de Rorty contra esse projeto, em *Philosophy and the Mirror of Nature*, tem como alvo principal o projeto cartesiano-kantiano que girava em torno da conquista da certeza indubitável. Segundo Rorty, é fundamentalmente errado pensar o conhecimento como algo que apresenta um "problema", a respeito do qual temos que ter uma "teoria". Ele sustenta que a obsessão com as questões fundamentais começa com a "invenção" da mente por Descartes e a "aglutinação de crenças e sensações no interior dos conceitos lockeanos", que proporcionaram um campo de investigação aparentemente mais fundamental que aquele do qual os antigos haviam se ocupado, um campo "em cujo interior a certeza, enquanto oposição à simples opinião, era possível". Esse projeto, que acabou sendo batizado de "epistemologia", girava em torno do propósito de Kant, de situar a filosofia na trilha segura da ciência. Segundo o relato de Rorty, Kant foi mais longe, admitindo a idéia de que a filosofia devia ser a rainha das ciências. Ele converteu o estudo

---

the Right Honourable Edmund Burke (Londres, F. & C. Rivington, 1803), vol. 6, pp. 1-68. É no *First Discourse: On the Arts and Sciences*, em Jean-Jacques Rousseau, *The First and Second Discourses*, Roger Masters (org.) (Nova York, St. Martin's Press, 1964 [1750]), que os sentimentos antimodernistas de Rousseau estão articulados de modo mais completo.

dos fundamentos do conhecimento em um projeto não empírico, um assunto para a "especulação teórica, independente das descobertas fisiológicas e apta a produzir verdades necessárias". Esse foi o modo pelo qual ele procurou reconciliar a afirmação cartesiana de que a única coisa de que podemos ter certeza são nossas idéias com o fato de que havia muitas coisas fora desse domínio, das quais parecíamos não duvidar[8].

6.3 Rejeição do Iluminismo primitivo ou maduro?

Rorty e outros pós-modernistas passam rápido demais de uma crítica obrigatória da obsessão que o Iluminismo primitivo tem com a certeza fundadora para o total abandono da idéia de que a ciência pode e deve aspirar a chegar à verdade de modo mais confiável que as opiniões, as convenções, as superstições ou a tradição. Sob a poderosa influência dos últimos escritos de Ludwig Wittgenstein, Rorty aceita a idéia deste de que a verdade nada mais é que a adesão às regras de um jogo lingüístico – às normas e convenções que aconteceu de aceitarmos[9]. Rorty define a verdade, desse modo, em termos de consenso social, e a "solidariedade" e a racionalidade como "civilidade" – o resultado de um acordo baseado na conversação. Ele crê que devemos substituir a filosofia pela hermenêutica e nos satisfazermos com um discurso interpretativo que "mantenha em andamento a conversação"[10]. Sua perspectiva gerou acusações previsíveis de relativismo, das quais Rorty tem a tendência de se desviar de maneira jocosa, sem se comprometer seriamen-

---

8. Richard Rorty, *Philosophy and the Mirror of Nature* (Princeton, N.J., Princeton University Press, 1979), pp. 136-64.
9. Ver Ludwig Wittgenstein, *Philosophical Investigations* (Oxford, Blackwell, 1953).
10. Rorty, *Philosophy and the Mirror of Nature*, p. 136, e "Postmodernist bourgeois liberalism", em: *The Journal of Philosophy*, vol. 80, n.º 10 (1983), pp. 583-9.

te. Ele insinua que, ao exigir os critérios pelos quais se pode dizer que uma resposta é melhor que outra, o cético revela sua incapacidade de ir além das expectativas incorporadas no projeto iluminista. Rorty evita, no entanto, questões relativas às discordâncias profundas no interior das culturas, que desafiam os apelos ao estabelecimento da verdade por meio do consenso e da "solidariedade", e não dá nenhuma resposta convincente à pergunta de como fazer para, seguindo sua explicação, podermos lançar qualquer tipo de crítica às práticas odiosas que nos são estranhas – como o que faziam os chineses ao amarrar fortemente os pés das meninas para impedir que crescessem, ou mesmo o genocídio –, a não ser dizendo que elas são contrárias à nossa visão de mundo[11]. Em vez disso ele brinca, descompromissadamente o bastante para evitar o envolvimento com qualquer tipo de polêmica, dizendo que não devemos nos preocupar com "os fundamentos da normatividade, a impossibilidade da justiça ou a distância infinita que nos separa do outro". A fim de "conquistar o país", podemos "dar um salvo-conduto tanto à religião como à filosofia. Podemos simplesmente continuar tentando solucionar o que Dewey chamava de 'problemas dos homens'"[12].

No que diz respeito aos nossos atuais propósitos, é suficiente observar que Rorty confunde o abandono da busca pela certeza fundadora com o abandono da perspectiva científica *tout court*. Muitas concepções falibilistas de ciência dignas de crédito preenchem o espaço existente entre a afirmação da certeza indubitável da produção científica e o tratamento da ciência como um simples conjunto de conhecimentos convencionais cuja herança recebemos por acaso, nem melhor nem pior que qualquer outro. Na verdade, como foi visto nos capítulos anteriores, a adoção do falibilismo é o sinal característico da consciência científica do Ilu-

---

11. Ver, de minha autoria, *Political Criticism* (Berkeley, University of California Press, 1990), pp. 36-53; e Richard Rorty, *Achieving Our Country* (Cambridge, Mass., Harvard University Press, 1998), pp. 27-9, 34-5, 96-7.

12. Rorty, *Achieving Our Country*, p. 96-7.

minismo maduro. Ela se baseia em uma postura crítica inata em relação a todas as pretensões putativas de conhecimento. E implica o reconhecimento de que, embora as principais evidências possam dar a entender que aconteceu *x*, existe sempre a possibilidade de estarmos enganados; e de que, se uma futura investigação demonstrar nosso engano, isso se deverá ao fato de o mundo funcionar de maneira diferente daquela que, no presente, pensamos que ele funciona. Segundo esse ponto de vista, não é com a produção de conhecimento mais verdadeiro que a ciência progride, mas com a produção de mais conhecimento. O reconhecimento de que as alegações de conhecimento sempre podem ser passíveis de correção é um sinal de superioridade da ciência sobre a opinião, as convenções, a superstição e a tradição, não um sinal de que seja equivalente a elas. Na verdade, como observou Max Weber (1864-1920), parte daquilo que diferencia os cientistas dos praticantes de outras formas de atividade intelectual é que mesmo os melhores cientistas esperam que, no devido tempo, sua obra seja ultrapassada[13].

A tentativa de trazer para o campo pós-moderno pensadores pragmatistas como Dewey ilustra bem a incapacidade de Rorty de perceber esse espaço intermediário entre a concepção de ciência do Iluminismo primitivo e as do Iluminismo maduro. Na verdade, Dewey não se interessava pela busca da certeza fundamental e estava inteiramente de acordo com a visão de Rorty de que uma disciplina epistemológica baseada na reflexão teórica introspectiva não traria a compreensão dos fundamentos do conhecimento que, de Descartes a Kant, os defensores desta tinham buscado. Mas sua perspectiva diferia da de Rorty em dois aspectos pertinentes. Em primeiro lugar, ele não era contrário a que questões fundamentais fossem objeto de reflexão, mas pen-

---

13. Max Weber, "Science as a vocation", conferência apresentada na Universidade de Munique em 1918, em: H. H. Gerth e C. Wright Mills, *From Max Weber: Essays in Sociology* (Nova York, Oxford University Press, 1946), pp. 135-6.

sava que isso devia acontecer sempre no contexto de uma tentativa de compreensão de problemas concretos específicos. "Para a filosofia, é melhor errar participando ativamente dos problemas e das lutas estimulantes de seu tempo que se manter em uma isenta irrepreensibilidade monacal."[14] Não existe nada, nessa visão, que implique renúncia à preocupação com questões de segunda ordem. Por exemplo, uma discussão que se inicia em torno da questão de saber se, em determinada situação, alguém desconhece ou não seus interesses, pode muito bem se transformar numa discussão acerca do que significa estar ciente de um interesse e, depois, numa discussão sobre o que é o conhecimento. Dewey, como Rorty, era completamente favorável a que se resistisse à idéia de que, antes de abordar essas questões, era melhor desenvolver uma sólida teoria sobre a natureza do conhecimento. Diferentemente de Rorty, entretanto, Dewey acreditava que deveríamos estar prontos para repensar criticamente nossos compromissos mais profundos, quando isso fosse necessário para solucionar problemas específicos.

Em segundo lugar, Dewey acreditava que o progresso se torna possível na ciência e na política à medida que o conhecimento avança. Ele tinha uma visão evolucionista, segundo a qual as concepções menos adequadas à experiência humana são descartadas conforme as mais adequadas se desenvolvem. De fato, numa análise retrospectiva, somos obrigados a dizer que ele tinha uma crença ingênua nas possibilidades de aperfeiçoamento científico da política. Considere-se a queixa, feita em 1929, de que a postura então dominante em relação a um problema social como o crime ainda era "uma reminiscência do modo pelo qual se estudavam e se tratavam outrora as doenças", quando se acreditava que elas tinham causas morais. Do mesmo modo que a possibilidade de "tratamento efetivo" começou quando se passou a considerar que a "origem intrínseca das

---

14. John Dewey, *Characters and Events: Popular Essays in Social and Political Philosophy* (Nova York, Henry Holt, 1929), vol. 1, p. iii.

doenças estava nas interações entre o organismo e seu ambiente natural", deveríamos buscar agora soluções técnicas para as causas do crime:

> Só agora começamos a pensar a criminalidade como uma manifestação igualmente intrínseca [como no caso da doença] das interações entre o indivíduo e o meio social. A esse respeito, e a respeito de inúmeros outros males, continuamos pensando e agindo em termos "morais" pré-científicos. Essa noção pré-científica do "mal" é provavelmente a principal barreira que se contrapõe a uma verdadeira reforma[15].

As discussões atuais em torno da politização do crime e da pena indicam que as esperanças de Dewey eram infundadas. A recorrente hostilidade contra a idéia de que o objetivo do sistema penal é reabilitar, e o favorecimento de uma noção de castigo impregnada de princípios morais; a pressão de grupos de interesse que se beneficiam da expansão do sistema carcerário; o papel que a criminalização das drogas usadas de maneira desproporcional pelas minorias ocupa na demonização e no controle destas; e as outras vantagens políticas que os políticos obtêm sendo "duros com o crime" – toda essa combinação dá a entender que a esperança de Dewey de equiparar as causas do crime com a doença provavelmente não se concretizará num futuro próximo[16]. Na verdade, o exemplo da controvérsia sobre a Aids,

---

15. John Dewey, *Individualism Old and New* (Nova York, Capricorn Books, 1962 [1929]), p. 164.

16. Sobre o aumento da resistência às concepções reabilitacionistas da pena na última parte do século XX, ver Francis A. Allen, *The Borderland of Criminal Justice* (Chicago, University of Chicago Press, 1964). Sobre o papel dos grupos de interesse que pressionam em favor de sentenças mais duras, ver Edwin Bender, "Private prisons, politics, and profits", National Institute on Money in State Politics (julho de 2000, *mimeo*), disponível em *www.followthemoney.org/issues/private_prison/private_prison.html*; e Eric Blumenson e Eva Nilsen, "Policing for profit", em: *University of Chicago Law Review*, vol. 65 (1998), pp. 35-114. Sobre a relação entre a guerra contra as drogas e a discriminação racial, ver Michael Tonry, *Malign Neglect: Race, Crime, and Punishment in America* (Nova York, Oxford University Press, 1996); e Mark Mauer,

que ocorreu nos Estados Unidos nas décadas de 1980 e 1990, deixou muito claro que mal podemos afirmar que tenhamos conseguido superar até mesmo a noção de que a doença tem causas morais.

Por mais que Dewey tivesse uma visão exageradamente otimista do provável impacto da ciência nas políticas públicas, ele acreditava, evidentemente – não obstante o falibilista que certamente era –, que o conhecimento científico poderia levar, e levaria, ao aperfeiçoamento das relações humanas, uma vez que este rejeita o moralismo e a superstição cega como base da interação humana. Nesse sentido Dewey é, indiscutivelmente, um pensador iluminista, cujas aspirações identificam-se mais com os impulsos utilitaristas e marxistas de substituir a política pela "administração das coisas" do que com a rejeição pós-modernista do projeto iluminista em favor de uma iniciativa hermenêutica baseada na aceitação das normas eventualmente predominantes em uma cultura. Como no caso de Mill, Dewey esperava que o espírito científico se espalhasse por toda a sociedade e não revelava nada da ambivalência daquele autor acerca das prováveis conseqüências disso. Ele partilhava da visão burkeana de que a realização da transformação social é um desafio semelhante ao de se reconstruir um navio no mar; mas, diferentemente de Burke, não acreditava que o único objetivo digno de preocupação fosse o de impedir o afundamento do navio. Ele achava que nossa aspiração devia ser o aperfeiçoamento dos navios existentes e a construção de navios melhores, que pudessem nos conduzir a novos destinos de maneira mais rápida e cômoda, e pensava que a ciência era fundamental para tal aperfeiçoamento.

Em linhas gerais, então, o veredicto correto acerca da rejeição pós-moderna do fundacionalismo é que ela é uma rea-

---

Race to Incarcerate (Nova York, New Press, 1998). Sobre a politização do crime em geral, ver Stuart Scheingod, "The politics of street crime and criminal justice", em: *Crime, Community, and Public Policy*, Lawrence Joseph (org.) (Chicago, University of Illinois Press, 1995), pp. 265-94.

ção exagerada à arrogância excessiva do Iluminismo primitivo. Essa reação pode ter influências duradouras na atividade filosófica acadêmica, mas, há mais de um século, não tem tido muito a ver com o comportamento da ciência. Na verdade, quando se descobre que um de seus mais lúcidos defensores afirma – sem parecer perceber a ironia – que deseja "limpar o terreno" para uma visão antifundacionalista, devemos imediatamente desconfiar da pretensão de que os apelos ao contexto apresentem uma alternativa ao desenvolvimento de fundamentos adequados para nossas crenças e instituições[17]. Arquitetos e engenheiros não são capazes de projetar um tipo de fundação material que sustente qualquer tipo de edifício, independentemente do tamanho, da finalidade para a qual foi concebido, dos materiais empregados na construção ou do terreno em que será erguido. Mas isso está longe de significar que, doravante, os construtores devem construir edifícios desprovidos de fundações – se o fizessem, eles desabariam. As fundações variam, mas elas têm em comum a característica estrutural de oferecer o melhor suporte disponível em relação ao terreno e à finalidade para a qual foi construído o edifício.

6.4 Outras objeções à possibilidade da ciência social

Muitos daqueles que não são partidários do pós-modernismo, entretanto, encaram com ceticismo a idéia de esperar que a ciência nos traga um conhecimento significativo da política. Há objeções de vários tipos. Algumas defendem a tese de que a ciência social é impossível porque, diferentemente das ciências naturais, seu objeto de estudo é, pelo menos em grande parte, um produto da linguagem humana[18].

---

17. Don Herzog, *Without Foundations: Justification in Political Theory* (Ithaca, Cornell University Press, 1985), p. 27.
18. Ver Peter Winch, *The Idea of a Social Science* (Londres, Routledge and Kegan Paul, 1958).

Por exemplo, escrevendo em meados do século XX, J. L. Austin, da Universidade de Oxford, observou que a linguagem apresenta uma tal dimensão *performativa* – conforme ele definiu – que o ato de pronunciar as coisas cria, na verdade, a própria realidade social. Quando, por exemplo, um funcionário público devidamente habilitado diz, no momento apropriado: "E agora os declaro marido e mulher", ele cria com isso um novo fato social. Podem-se fazer observações similares a respeito de atos como a promessa e a outorga de títulos, e muitas outras atividades nas quais dizer é fazer[19]. Existem diversos pontos de vista em relação ao fato de saber se apenas parte da linguagem ou toda ela apresenta uma dimensão performática, mas, seja como for, a dimensão performática da linguagem não é, por si, um obstáculo ao estudo científico da ação humana. Não se trata de saber se o mundo social é, pelo menos em parte, um produto da convenção lingüística (é óbvio que é), mas, antes, se as práticas humanas que produzem e reproduzem as convenções são suficientemente duradouras para que possamos aspirar a fazer generalizações válidas a respeito delas – referentes, por exemplo, a se as pessoas que se casam preenchem determinado perfil, se a adoção de divórcios amigáveis aumenta a probabilidade de que eles ocorram, e assim por diante. A amplitude que tais generalizações podem alcançar não está relacionada com o fato de o casamento ser um produto de convenção lingüística. Nem é ele tema de reflexão teórica. Se essas questões puderem ser respondidas, será como resultado da pesquisa empírica[20].

---

19. Ver J. L. Austin, *Sense and Sensibilia* (Nova York, Oxford University Press, 1964); e *How to Do Things With Words* (Cambridge, Mass., Harvard University Press, 1962).

20. Ver Roy Bhaskar, *A Realist Theory of Science* (Sussex, Harvester and Humanities, 1978); e *The Possibility of Naturalism* (Sussex, Harvester and Humanities, 1979); Richard Miller, *Fact and Method: Explanation, Confirmation and Realism in the Natural and Social Sciences* (Princeton, N.J., Princeton University Press, 1987); Ian Shapiro e Alexander Wendt, "The difference that realism makes: Social science and the politics of consent", em: *Politics and Society*, vol. 20,

No que se refere à atitude de ceticismo quanto à possibilidade da ciência social, há outra variável, que pode ser chamada de "voluntarista". Ela se preocupa com o fato de que o objeto pertinente de estudo inclui ações e instituições que dependem de seres dotados de livre-arbítrio. Segundo MacIntyre, por exemplo, isso torna a previsão impossível – se possuímos verdadeiramente o livre-arbítrio, é de esperar que nossos atos desafiem os modelos que fazem uso de previsões[21] (isso é uma inversão da visão do século XVII, examinada na seção 1.1, a qual sustentava que a dependência em relação à vontade aumenta a credibilidade do conhecimento; visão esta que reflete a passagem, do Iluminismo maduro, de uma visão introspectiva das ciências humanas para uma visão experimental). Como a previsão é considerada hoje uma das formas mais importantes para se testar cientificamente as hipóteses, a possibilidade da ciência social parece estar permanentemente ameaçada pela realidade do livre-arbítrio. Entretanto, a explicação de MacIntyre não é mais convincente do que a alegação de que o mundo social não pode ser estudado cientificamente porque grande parte do objeto de estudo inclui instituições e práticas que são produto de convenção lingüística. Se os seres humanos têm ou não livre-arbítrio, esta é, no final das contas, uma questão empírica; mas vamos supor, por ora, que tenham: isso não quer dizer que não possamos expandir generalizações probabilísticas acerca das condições nas quais é mais provável que eles se comportem de uma maneira em vez de outra. Isso parte do pressuposto de que é provável que, em situações similares, as pessoas tenham o mesmo comportamento – o que pode ser verdade ou não, mas a possibilidade de que seja verdade não depende da

---

n.º 2 (junho de 1992), pp. 197-224; e Alexander Wendt e Ian Shapiro, "The false promise of realist social theory", em: Kristen Monroe (org.), *Empirical Political Theory* (Berkeley, University of California Press, 1997), pp. 166-87.

21. Alasdair MacIntyre, *After Virtue*, 2.ª ed. (Notre Dame, University of Notre Dame Press, 1984), pp. 88-108.

negação da existência do livre-arbítrio. Dizer que uma pessoa em uma situação q provavelmente escolherá x não significa dizer que ela não possa escolher não-x; ou, se escolher mesmo não-x, que não era, entretanto, mais provável que ela teria escolhido x *ex ante*. De qualquer modo, não faz parte dos procedimentos de uma ciência bem-sucedida fazer previsões pontuais. O que ela prevê são amostras de resultados. Situações equivocadas e fora do controle sempre existirão; a melhor teoria as minimiza diante das alternativas existentes.

Aonde nos leva isso? Por um lado, as diversas críticas pós-modernas, convencionalistas e voluntaristas têm sido desvalorizadas como ataques indiscriminados à possibilidade das ciências humanas. Podemos rejeitar o estranho amálgama de ambições transcendentais e raciocínio dedutivo que absorvia as principais figuras dos primórdios do Iluminismo, bem como os ataques interpretacionistas, e os baseados no livre-arbítrio, à viabilidade das ciências sociais. Isso nos deixa livres para afirmar uma visão empírica e falibilista das ciências sociais que não as diferencia, em gênero, das ciências naturais. Na verdade, existem muitas discordâncias entre os pensadores do Iluminismo maduro – como os empiristas, positivistas, pragmatistas e realistas – que não deviam ser evitadas ou, por outro lado, minimizadas[22]. Mas os seguidores dessas diferentes escolas têm em comum a visão de que a ciência é essencialmente um empreendimento empírico, que seu avanço se dá pela rejeição das teorias malsucedidas, que todas as pretensões de conhecimento são corrigíveis – e, por essa razão, provisórias – e que, em princípio, a ciência tem, ao conhecimento confiável do universo humano, o mesmo acesso que tem ao do universo não-humano.

Por outro lado, a lista de conquistas das ciências humanas em geral – e da ciência política em particular – ao

---

22. Para examinar essas diferenças, ver, de minha autoria, *Political Criticism*, pp. 232-42, bem como as obras citadas na nota 20 deste capítulo.

longo dos dois últimos séculos está longe de ser brilhante, seja ela considerada em seus próprios termos ou avaliada à luz dos impressionantes avanços das ciências naturais. Bentham, Marx e Dewey certamente foram, de suas diferentes perspectivas, exageradamente otimistas acerca da possibilidade de que os avanços da ciência tornassem obsoleta a disputa política. De seu ponto de vista, Mill também se preocupava, desnecessariamente, com que o avanço do conhecimento pudesse vir a produzir tanto entendimento que as pessoas deixariam de exercitar a inteligência por meio da discussão, transformando-se aos poucos em um bando de ovelhas – prontas para serem doutrinadas. As religiões e as ideologias têm demonstrado serem elementos muito mais marcantes e duradouros da política contemporânea do que qualquer um desses teóricos imaginou, para não falar dos comentaristas posteriores que previram que, à medida que a modernização avançasse, as ideologias do mundo iriam convergir para um conjunto único de valores democrático-liberais, ou que finalmente alcançáramos – logo antes dos movimentos estudantis radicais da década de 1960 e do despertar conservador das décadas de 1980 e 1990 – "o fim da ideologia"[23]. As ideologias e as religiões subsistem na política – às vezes em conflito com a ciência, às vezes associadas a ela – em parte devido às maneiras pelas quais elas facilitam a disputa pelo poder nas democracias. Estamos longe de compreender bem esse processo, mas poucos cientistas sociais hoje apostariam muito na esperança – ou, dependendo do ponto de vista, no temor – de que, em um futuro próximo, essas forças se tornem obsoletas na política.

---

23. Daniel Bell, *The End of Ideology: The Exhaustion of Political Ideas in the Fifties* (Glencoe, Ill., Free Press, 1960). Acerca das previsões de convergência da teoria da modernização, ver Seymour Martin Lipset, *Political Man: The Social Bases of Politics* (Baltimore, Johns Hopkins University Press, 1981 [1960]), pp. 82-3; e David Apter, *The Politics of Modernization* (Chicago, University of Chicago Press, 1965), pp. 313-56. Para uma recente versão da idéia de que as posturas políticas ideológicas chegaram ao fim com o colapso do comunismo, ver Francis Fukuyama, *The End of History and the Last Man* (Nova York, Avon Books, 1993).

Além disso, é comum observar que os cientistas políticos freqüentemente deixam sua disciplina em uma embaraçosa posição de descrédito. O mais espantoso exemplo recente de fracasso foi o colapso do comunismo, que pegou de surpresa a ciência política pelo menos tanto quanto pegou o resto do mundo, e não foi explicado de modo a justificar, depois do fato, qualquer teoria específica. De todo modo, independentemente da dramaticidade ou importância que possa ter, esse tipo de falha diz pouco sobre a qualidade de qualquer ciência, uma vez que existem acontecimentos que nenhuma ciência é capaz de prever, do mesmo modo que há fenômenos que nenhuma delas consegue explicar. Com as ciências, do mesmo modo que com as pessoas, se nos concentrarmos naquilo que elas não conseguem fazer em vez de nos concentrarmos naquilo que conseguem, certamente ficaremos desapontados. A atitude mais justa não é perguntar em que os cientistas políticos se enganaram, mas em que acertaram.

Aceito isto, é difícil encontrar um conjunto atraente de realizações que possam ser creditadas aos cientistas políticos. Por exemplo, após o colapso do comunismo e da onda de transições democráticas na África e na América Latina, muitos países se dedicaram a fazer novas constituições. Entretanto, logo ficou dolorosamente evidente que a disciplina não contava com um volume de conhecimentos consolidados acerca dos melhores sistemas constitucionais democráticos, ou mesmo acerca das prováveis conseqüências da adoção dos diferentes arranjos institucionais[24]. Mesmo nos setores mais tecnicamente sofisticados da ciência política, os investimentos intelectuais realizados não deram muito retorno. Por exemplo, o profundo comprometimento dessa disciplina com a adaptação dos exemplos do agente

---

24. A respeito de uma tentativa heróica de sintetizar o saber acumulado na literatura à época da transição sul-africana, ver a pesquisa em três volumes reunida pelo Comitê Jurídico Sul-africano, *Report on Constitutional Models* Project 77 (Pretória, South African Government Printer, 1991).

racional da economia ao estudo da política ainda não apresentou progressos significativos para uma verdadeira compreensão da política[25]. De modo semelhante ao que ocorreu com as décadas de investimento em previsões eleitorais usadas no estudo da política nacional americana, o índice de acerto do ajuste de curvas posterior e da justificativa do insucesso não é bom[26]. Fracassos similares recaem sobre as tentativas de estudar as relações internacionais com o objetivo de explicar a incidência dos conflitos internacionais tomando-se como referência os modelos de opção estratégica e os enormes bancos de dados acerca de situações análogas de guerra[27]. Ainda que não estejamos procurando apenas pelos fracassos, onde é que estão os sucessos?

Mas a crítica aqui subjacente é severa demais. A ciência política não produziu teorias proféticas impressionantes, mas contribuiu sistematicamente, de inúmeras formas, para o nosso conhecimento da política, em parte aperfeiçoando nosso conhecimento descritivo do mundo político e em parte revelando quais tipos de fenômenos políticos requerem explicações gerais. Freqüentemente se diz, por exemplo, que a ausência de uma tradição socialista nos Estados Unidos decorre da inexistência de um sistema hierárquico arraigado – como o que havia na Europa – contra o qual

---

25. Ver Donald Green e Ian Shapiro, *Pathologies of Rational Choice Theory: A Critique of Applications in Political Science* (New Haven, Conn., Yale University Press, 1994); e Jeffrey Friedman (org.), *The Rational Choice Controversy: Economic Models of Politics Reconsidered* (New Haven, Conn., Yale University Press, 1996).

26. Para uma série de exemplos póstumos acerca de previsões eleitorais malsucedidas à luz da eleição presidencial americana de 2000, ver *P.S.: Political Science and Politics*, vol. 34, n.º 1 (março de 2001), pp. 9-44.

27. Acerca da aplicação de modelos de escolha racional à análise das relações internacionais, ver Stephen Walt, "Rigor or rigor mortis?: Rational choice and security studies", em: *International Security*, vol. 23, n.º 4 (primavera de 1999), pp. 5-48; e Alexander Wendt, *Social Theory of International Politics* (Nova York, Cambridge University Press, 1999), pp. 113-38, 313-43. Acerca das dificuldades com as analogias das análises empíricas da guerra, ver Donald Green, Soo Yeon Kim e David Yoon, "Dirty pool", em: *International Organization*, vol. 55 (2001), pp. 441-68.

reagir, de tal forma que, nos Estados Unidos, o igualitarismo formal e social antecipou-se às reivindicações igualitárias mais radicais. Essa crença ortodoxa teve início com Tocqueville, mas tornou-se um lugar-comum quando, em 1955, Louis Hartz a ratificou[28]. Todavia, como Rogers Smith demonstrou de maneira definitiva em *Civic Ideals*, ela se baseia em um falso relato. Existiram, ao longo da história americana, hierarquias explícitas baseadas em raça, etnia e sexo, cujas conseqüências ainda se fazem sentir entre nós[29]. A correção desse tipo de mal-entendido constitui, em si, um avanço no estudo da política.

Uma compreensão mais bem fundamentada da realidade política tem afastado outras ortodoxias arraigadas no campo da política. Tomemos outro exemplo: freqüentemente se diz que a democracia tem um custo econômico resultante de estreatégias econômicas ineficientes articuladas por intermédio do sistema político. Atribuem-se diversas causas a isso, que variam da exigência, por parte dos eleitores, de programas governamentais que não favoreçam o crescimento à falta de eficiência originária da política de emendas parlamentares existente nas legislaturas democráticas, bem como a um comportamento de *rent-seeking* por parte de funcionários públicos estrategicamente situados, e até às alegações de que as pressões feitas sobre os governos democráticos para que gastem são intrinsecamente inflacionárias. Entretanto, como fica claro pela leitura da obra de Adam Przeworski e de outros autores, os países democráticos não crescem mais lentamente que os não-democráticos, não havendo, portanto, nenhum custo econômico da democracia a ser elucidado[30]. Descobertas semelhantes aguar-

---

28. Louis Hartz, *The Liberal Tradition in America* (Nova York, Harcourt Brace & World, 1955).

29. Rogers Smith, *Civic Ideals: Conflicting Visions of Citizenship in U.S. History* (New Haven, Conn., Yale University Press, 1995).

30. Adam Przeworski, Michael E. Alvarez, Jose Antonio Cheibub e Fernando Limongi, *Democracy and Development: Political Institutions and Wellbeing in the World 1950-1990* (Nova York, Cambridge University Press, 2000), pp. 142-75.

dam que as crenças sobre a importância das declarações de direitos e dos tribunais constitucionais, aceitas há muito tempo, venham explicá-las. Apesar da crença em contrário da parte de inúmeros constitucionalistas e conselheiros dos criadores das novas democracias, veremos em 7.2.2 que atualmente os principais indicadores dão a entender que esses dispositivos institucionais não têm nenhuma influência – além das influências da democracia em geral – na garantia de proteção institucional aos direitos humanos.

Pode ser que descobertas desse tipo nunca venham a se acumular a ponto de gerar uma teoria política surpreendente e grandiosa, mas certamente contribuem de maneira apreciável para nosso volume de conhecimento sobre a política. Na verdade, mesmo os insucessos da ciência política conseguem colaborar nessa direção. Gerações de acadêmicos, por exemplo, têm teorizado a respeito das condições que produzem a democracia. Tocqueville afirmava que ela é o resultado de tradições igualitárias[31]. Para Seymour Martin Lipset, é um subproduto da modernização[32]. Barrington Moore apontava como fator crítico o surgimento de uma burguesia, enquanto Evelyne Huber, Dietrich Rueschemeyer e John Stephens consideravam decisiva a presença de uma classe trabalhadora organizada[33]. Hoje parece claro que não existe um caminho único para a democracia, e que, portanto, não cabe generalizar a respeito das condições originárias das transições democráticas. A democracia pode resultar de décadas de evolução gradual (Grã-Bretanha e Estados Unidos), de imitação (Índia), de um efeito cascata

---

31. Alexis de Tocqueville, *Democracy in America*, J. P. Mayer (org.), trad. de George Lawrence (Nova York, Harper Perennial, 1966 [1832]), pp. 31-47.

32. Seymour Martin Lipset, "Some social requisites of democracy: Economic development and political legitimacy", em: *American Political Science Review*, vol. 53, 1959, pp. 69-105.

33. Barrington Moore, *The Social Origins of Dictatorship and Democracy: Lord and Peasant in the Making of the Modern World* (Boston, Beacon Press, 1965), pp. 413-32; Evelyne Huber, Dietrich Rueschemeyer e John D. Stephens, *Capitalist Development and Democracy* (Oxford, Polity, 1992).

(grande parte do Leste europeu em 1989), de colapsos (Rússia após 1991), da imposição de cima (Chile), de revoluções (Portugal), de acordos negociados (Polônia, Nicarágua e África do Sul) ou de imposição externa (Japão e Alemanha Ocidental)[34]. Olhando-se retrospectivamente, isto pode não ser surpreendente. Uma vez que alguém invente uma torradeira, não temos nenhum motivo especial para pensar que os outros têm que seguir o mesmo processo de invenção. Pode ser que alguns o façam, mas outros podem copiá-la, ou comprá-la, ou ganhá-la de presente, e assim por diante.

A descoberta dos limites da teoria geral explicativa ajuda a pôr novamente em destaque, de maneira mais adequada, o projeto explicativo. Desse modo, embora hoje saibamos que é improvável que exista uma teoria geral das origens da democracia, a tentativa de fazer uma generalização acerca das condições nas quais a democracia – uma vez implantada – sobreviverá continua parecendo razoável. Faz muito tempo, por exemplo, que os cientistas políticos discutem se alguns sistemas institucionais democráticos são mais estáveis que outros. Juan Linz defendeu, há uma geração, a posição de que os sistemas parlamentaristas são mais estáveis que os presidencialistas[35]. Segundo seu raciocínio, os sistemas presidencialistas tendem a uma polarização tanto do comportamento político quanto entre os presidentes e o legislativo, polarização essa que o presidencialismo não tem mecanismos institucionais para aliviar. Comparados a

---

34. Ver Adam Przeworski, *Democracy and the Market* (Cambridge University Press, 1991), capítulo 1; Samuel Huntington, *The Third Wave: Democratization in the Late Twentieth Century* (Norman, University of Oklahoma Press, 1991), Capítulo 1; e Ian Shapiro, *Democracy's Place* (Ithaca, Cornell University Press, 1996), Capítulo 4.

35. Ver Juan J. Linz, *The Breakdown of Democratic Regimes: Crises, Breakdown, and Reequilibration* (Baltimore, Johns Hopkins University Press, 1978); e "Presidential or Parliamentary democracy: Does it make a difference?", em: *The Failure of Presidential Democracy*, Linz e Arturo Valenzuela (orgs.) (Baltimore, Johns Hopkins University Press, 1994).

estes, ele dizia que os sistemas parlamentaristas são mais estáveis e mais capazes de lidar com crises de liderança. Matthew Shugart e outros se opuseram, desde então, ao ponto de vista de Linz; eles fazem a distinção entre presidencialismos mais e menos estáveis, mostrando que sistemas presidencialistas fracos ou "reativos", como o existente nos Estados Unidos, podem ser tão estáveis como os parlamentaristas[36]. Pesquisas acadêmicas posteriores dão a entender que outras características institucionais – como uma presença significativa, no Congresso, do partido do presidente, condições favoráveis para se montarem coalizões políticas e a existência de um poder executivo centralizado – podem ter uma importância maior do que o fato de o regime ser presidencialista ou parlamentarista. Na América Latina, por exemplo, esses fatores parecem explicar as diferenças entre países com instituições mais estáveis, como o Chile e o Uruguai, e aqueles cujas instituições são menos estáveis, como o Equador, o Peru e a Venezuela atual[37].

Tem-se avançado de maneira semelhante na compreensão da relação entre desenvolvimento econômico e estabilidade democrática. Przeworski e outros mostraram, por exemplo, que, embora o nível de desenvolvimento econômico não antecipe o estabelecimento da democracia, há uma estreita relação entre nível de renda *per capita* e sobrevivência dos regimes democráticos. Parece que, nos países ricos, a democracia nunca morre, enquanto nos países pobres ela é frágil, alcançando níveis extremos de fragilidade quando

---

36. Matthew Shugart e John M. Carey, *Presidents and Assemblies: Constitutional Design and Electoral Dynamics* (Nova York, Cambridge University Press, 1992), capítulo 3; e Matthew Shugart e Scott Mainwaring (orgs.), *Presidentialism and Democracy in Latin America* (Cambridge, Cambridge University Press, 1997), pp. 12-55.

37. Ver Joe Foweraker, "Institutional design, party systems, and governability – Differentiating the Presidential regimes of Latin America", em: *British Journal of Political Science*, vol. 28, 1998, pp. 665-70; e Cheibub e Limongi, "Parliamentarism, Presidentialism, is there a difference", *mimeo*, Yale University, 2000.

a renda anual *per capita* cai para menos de 2.000 dólares (dólares de 1975). Quando a renda *per capita* anual cai abaixo desse patamar, a democracia tem uma possibilidade em dez de entrar em colapso dentro de um ano. Com uma renda *per capita* anual entre 2.001 e 5.000 dólares, essa relação cai para um em dezesseis. Com uma renda *per capita* anual acima de 6055 dólares, parece que, uma vez estabelecida, a democracia continua indefinidamente. Além disso, nos países pobres, é maior a probabilidade de sobrevivência da democracia quando os governos conseguem promover o desenvolvimento e evitar as crises econômicas[38].

Esses exemplos devem bastar para demonstrar o fato de que as deficiências e limitações da ciência política não justificam a idéia da impossibilidade do avanço crescente do conhecimento a respeito da política. As descobertas dos cientistas políticos, como as de qualquer ciência empírica, são sempre provisórias e passíveis de correção e serão provavelmente modificadas pelas pesquisas futuras; e continuamos muitíssimo distantes das modalidades de estação final que Bentham, Marx e Dewey buscavam e Mill e Tocqueville temiam. Na verdade, não é certo que venhamos a alcançá-la um dia. Primeiramente, porque com a mudança das circunstâncias, surgem continuamente novas questões políticas. Globalização, crescimento da população mundial, proliferação nuclear e aquecimento global são exemplos evidentes de nossa própria época; mas a vida tem mais imaginação que a maioria de nós, e é provável que o século XXI apresente aos seres humanos problemas políticos que não podemos prever agora.

Em segundo lugar, porque na política sempre haverá aqueles que tiram vantagem da ocultação da verdade e do apoio às ideologias incompatíveis com o compromisso com a ciência – quando não abertamente contrárias a ela. Portanto, Weber tinha razão em insistir que a primeira tarefa dos estudiosos da política é ensinar os estudantes a "iden-

---

38. Przeworski et al., *Democracy and the Market*, pp. 106-17.

tificar os 'fatos inconvenientes' – quero dizer, os fatos que são inconvenientes para suas opiniões sectárias". E para toda opinião sectária, observou, "existem fatos que são extremamente inconvenientes"[39]. O compromisso com a ciência implica a resistência aos argumentos vindos do poder ou do interesse, bem como o desejo simultâneo de submeter todas as afirmações a uma avaliação crítica, à luz da mais forte evidência disponível. Com freqüência, implica o reconhecimento de que não sabemos a resposta certa, mesmo enquanto desmascaramos afirmações falsas feitas por aqueles que alegam conhecê-la. Desistir da postura científica é desistir disso.

Comentaristas como Rorty, Lyotard e William Connolly parecem pensar que a aceitação de um ponto de vista pós-iluminista levaria naturalmente a um compromisso com uma posição política socialdemocrata de inclinação esquerdista, a qual consideram apropriada. Mas jamais foi apresentada nenhuma razão que explicasse por que deveria ser assim. Portanto, embora Lyotard nos tranqüilize dizendo que o abandono da "narrativa" iluminista não tem que significar que "caímos na barbárie", ele jamais explica por que deveríamos estar seguros de que isso não ocorrerá[40]. Talvez a aceitação de um ponto de vista pós-iluminista leve as pes-

---

39. Weber, "Science as a vocation", Gerth e Mills, *From Max Weber*, p. 147. Weber não era muito otimista a respeito da ininterrupta capacidade dos cientistas de falar a verdade ao governo, porque ele esperava – de uma maneira exageradamente apocalíptica, como depois se comprovou – que o comportamento da ciência seria cada vez mais controlado por uma enorme burocracia governamental. Ele subestimava a resistência do pluralismo, especialmente nos Estados Unidos, que se devia ao fato de o financiamento da pesquisa vir de numerosas corporações, fundações independentes e universidades particulares ricas, além do governo federal, sem falar das economias resultantes do pequeno porte das empresas em certas áreas do conhecimento, como a tecnologia da informação, que lhes permitia resistir à burocratização.

40. Jean-François Lyotard, *The Postmodern Condition: A Report on Knowledge* (Mineápolis, University of Minnesota Press, 1988), p. 41. Ver também Rorty, "Postmodernist bourgeois liberalism", em: *The Journal of Philosophy*, vol. 80, n.º 10, pp. 583-9; e "Thugs and theorists", em: *Political Theory*, vol. 15, n.º 4, pp. 564-80; e William Connolly, *Identity/Difference: Democratic Negotiations of Political Paradox* (Ithaca, Cornell University Press, 1991), pp. 158-97; e *The Ethos of Pluralization*, pp. 75-104 (Mineápolis, University of Minnesota Press, 1995).

soas a uma saudável tolerância para com a diferença; mas, com a mesma facilidade, pode levá-las a abraçar o fascismo[41]. "Se nada é verdadeiro, então tudo é permitido" – foi a versão secular dada por Nietzsche à angústia de Ivan Karamazov[42]. Se abraçamos a idéia de que nada pode ser caracterizado como verdadeiro, fica difícil perceber como podemos desenvolver critérios que nos permitam decidir que um tipo de prática ou regime político é superior a outro. Dizer isso não é determinar quais sistemas políticos são mais compatíveis com a perspectiva do Iluminismo maduro. Nem dizer nada sobre de que maneira é mais provável que os avanços do conhecimento se colocarão a serviço do progresso humano. Esses temas serão analisados no Capítulo 7. Entretanto, pode-se dizer que, se não nos comprometermos com alguma variante da possibilidade de um verdadeiro conhecimento da política, não teremos nenhuma chance de desenvolver critérios satisfatórios para avaliar a legitimidade política.

\

6.5 Subordinação dos direitos às comunidades

A resistência ao compromisso do Iluminismo com a ciência anda geralmente de mãos dadas com a antipatia por sua concentração política básica nos direitos individuais. Essa postura também tem suas origens em uma perspectiva neoburkeana. A idéia de que os direitos pudessem ser considerados os pilares normativos da política aterrorizava Burke. Diz-se, por vezes, que ele considerava os deveres mais importantes que os direitos[43]. Ele de fato pensava assim e, com isso, abraçava uma versão da eterna visão universal do direito natural, que Locke rejeitara em favor de sua

---

41. Para uma discussão mais ampla deste ponto, ver, de minha autoria, *Political Criticism*, capítulo 2.
42. Friedrich Nietzsche, *On the Genealogy of Morals and Ecce Homo*, trad. de Walter Kaufmann (Nova York, Vintage Books, 1967), capítulo 3, § 24.
43. Ver a introdução de Connor Cruise O'Brien à obra de Edmund Burke *Reflections on the Revolution in France* (Londres, Penguin Books, 1968), pp. 9-76.

teologia voluntarista. Entretanto, o que é mais pertinente a nossos objetivos presentes é que ele considerava que tanto os direitos como os deveres originavam-se das tradições herdadas que dão vida às comunidades políticas. Essa concepção do primado das tradições coletivas sobre os direitos e deveres individuais é característica da visão de mundo geralmente conhecida como "comunitarista", embora alguns daqueles a quem esse rótulo regularmente se aplica se sintam incomodados com ele.

Incluem-se nesse grupo teóricos tão diferentes entre si como MacIntyre, Michael Sandel, Charles Taylor, Michael Walzer e Will Kymlicka. Todos eles reconhecem, de uma maneira ou de outra, que os sistemas de filiação herdados são fontes importantes, se não exclusivas, do que as pessoas sentem como moralmente legítimo[44]. Esses teóricos divergem acerca daquilo que consideram mais importante: vinculação a sistemas nacionais, identificação religiosa ou étnica, ou outras formas de filiação herdada. Também divergem em relação ao fato de saber se os imperativos incorporados nos sistemas de filiação de grupo sempre devem se sobrepor a outras considerações políticas ou se, às vezes, deve-se exigir que se submetam a outros imperativos; e, nesse caso, quem faria essa exigência e baseado em quais princípios. Apesar dessas diferenças, eles têm em comum o compromisso com a idéia de que a comunidade na qual os indivíduos nascem é a fonte das reivindicações políticas aceitas por eles e, em algumas formulações, até mesmo de sua identidade enquanto indivíduos. As normas e práticas coletivas

---

44. Ver MacIntyre, *After Virtue*; Michael Sandel, *Liberalism and the Limits of Justice* (Cambridge, Cambridge University Press, 1982); e *Democracy's Discontent* (Cambridge, Mass., Harvard University Press, 1996); Michael Walzer, *Spheres of Justice: A Defense of Pluralism and Equality* (Nova York, Basic Books, 1983) [trad. bras. *Esferas da justiça: uma defesa do pluralismo e da igualdade*, São Paulo, Martins Fontes, 2003]; e *Interpretation and Social Criticism* (Cambridge, Mass., Harvard University Press, 1987); e Will Kymlicka, *Multicultural Citizenship: A Liberal Theory of Minority Rights* (Nova York, Oxford University Press, 1995); e *Politics in the Vernacular: Nationalism, Multiculturalism, and Citizenship* (Nova York, Oxford University Press, 2001).

caracterizam os indivíduos como os seres que eles são; elas são, na frase de Taylor, "as fontes do eu". O que ele pretende com isso não é simplesmente transmitir que as normas e práticas coletivas precedem historicamente qualquer indivíduo; elas também dão sentido e importância à sua vida.

A perspectiva comunitarista diferencia-se, de duas maneiras, das diversas concepções iluministas até aqui analisadas. A primeira, implícita naquilo que acabou de ser dito, é que ela implica uma inclinação para o que podemos chamar de teleologia coletivista. Relembrando a seção 5.3, concepções teleológicas são aquelas em que o bem é definido independentemente da justiça, a qual então é definida de forma a maximizar o bem. Contudo, nem todas as concepções teleológicas são comunitaristas ou discordam necessariamente dos objetivos do Iluminismo. De Platão (c. 427 a.C.-c. 347 a.C.) a Bentham e Leo Strauss (1899-1973), sempre houve pensadores teleológicos que acreditaram que o bem, para os indivíduos, pode ser percebido no direito natural, na natureza humana ou na reflexão racional. A perspectiva comunitarista é diferente, opondo-se ao Iluminismo de modo diverso, pelo fato de seus defensores considerarem que o bem é dado pelo coletivo, estando incorporado nas tradições e práticas evolutivas das comunidades políticas. Locke considera que os grupos humanos legítimos são associações voluntárias, reflexo de sua visão da condição humana centrada na vontade. Em comparação, para os escritores de tendência comunitarista, a insinuação de que a noção de associação *voluntária* pressupõe escolha não corresponde à realidade. Para eles, assim como não se pode escolher a própria personalidade, não se pode escolher o sentimento de obrigação para com um grupo ou a falta dele. Mesmo um "culturalista liberal" como Kymlicka, que concorda que a liberdade implica escolher entre as opções disponíveis, acredita ser importante ressaltar que "nossa cultura societária não somente fornece essas opções, como também as torna significativas para nós"[45].

---

45. Kymlicka, *Multicultural Citizenship*, p. 83.

Isso nos leva ao outro típico traço antiiluminista da perspectiva comunitarista: a ênfase nas dimensões psicológicas – para não dizer emocionais – da identificação e do compromisso, como algo distinto de seus supostos fundamentos racionais. Percebe-se com isso que é inútil teorizar acerca de direitos e deveres, sem levar em conta como as pessoas verdadeiramente os experimentam na prática. Talvez a expressão mais explícita dessa teoria encontre-se na análise de Michael Walzer da crítica política que diversos intelectuais "de esquerda" fizeram durante a Guerra da Argélia (1954-1962). Walzer não simpatiza com o conceito de intelectual de Jean-Paul Sartre: um "crítico permanente" que corta todos os laços e filiações provincianos. Sartre, Simone de Beauvoir e Albert Camus concordavam em que os membros da comunidade *pied noir* argelina estavam "historicamente errados" e os criticavam por isso, mas Walzer fica muito mais impressionado com Camus do que com os outros dois. Camus recusava-se a se distanciar dos franceses e a desumanizá-los do modo como Sartre e Simone faziam. "Creio na justiça, mas defenderei minha mãe diante da justiça", escreveu Camus, uma máxima que Walzer adapta e incorpora ao rejeitar como inaceitável qualquer concepção de justiça na qual não caiba o amor. Observa, com aprovação, que, "para Camus, de nada serviam os filósofos que amavam a humanidade e tratavam com desprezo os homens e mulheres em cujo meio viviam". Assim como ele, Walzer rejeita a noção de distanciamento filosófico, típica dos pensadores cosmopolitas. "Até os 'verdadeiros intelectuais' têm pais, amigos, lugares familiares, cálidas recordações", diz ele. "Assim como o heroísmo existencial, a solidão absoluta é um conceito romântico."[46]

Parte do argumento de Walzer é que a crítica tem uma probabilidade maior de mover corações e mentes se ela destacar a importância daqueles a quem se dirige. Mais do que

---

46. Walzer, "Commitment and social criticism: Camus's Algerian war", em: *Dissent* (outono de 1984), pp. 428-30.

isso, entretanto, seus comentários revelam uma concepção hegeliana da psicologia humana, que é característica dos autores comunitaristas. Essa concepção procura se apoiar na idéia de que é fundamental para o bem-estar e a motivação do homem que ele consiga o reconhecimento de pessoas de valor. Desse modo, Hegel afirmava que a escravidão é um sistema de organização social instável não simplesmente porque o escravo se opõe a ele, mas também porque o senhor busca o reconhecimento de alguém a quem possa considerar um igual, enquanto o reconhecimento que brota entre senhor e escravo é "unilateral e desigual"[47].

Essa concepção difere tanto da concepção utilitarista – segundo a qual as pessoas maximizam suas preferências e só de vez em quando se interessam pelas preferências dos outros, se é que o fazem – quanto da concepção altruísta, típica dos marxistas e de outros, analisada em 4.2.2. Ocorre, por causa disso, uma menção inevitável àquilo que os outros possuem – mas com o propósito único de delimitar a posição relativa que se ocupa no processo distributivo. Em comparação, aquilo que chamo de explicação hegeliana considera que as pessoas desejam ser respeitadas pelas outras pessoas que são importantes para elas. Isso faz com que se comprometam com ideais comuns intrínsecos à percepção que têm de si e com o discurso político que irá pô-los em movimento.

Ao dizermos que, na concepção comunitarista, direitos e deveres estão subordinados a conceitos de bem dados pelo coletivo, estamos dizendo, portanto, que estão subordinados a uma quantidade bem grande de fatores. Considera-se que as pessoas nascem dentro de sistemas contínuos de normas e práticas coletivas, dos quais obtêm sentido e consideração. Parte desse sentido e dessa consideração provém do fato de saberem que essas normas e práticas também são

---

47. Hegel, *Phenomenology of Spirit*, trad. de A. V. Miller (Oxford, Clarendon Press, 1977 [1807]), pp. 115-7. Ver também Alexander Kojève, *Introduction to the Reading of Hegel* (Nova York, Basic Books, 1969), pp. 3-30.

aceitas por outras pessoas com quem se importam, e as quais elas desejam e esperam que também se importem com elas. Os laços de união são a identificação do indivíduo com o coletivo e se fortalecem com a necessidade que ele tem de ser reconhecido pelas outras pessoas com quem tem relações e que integram esse coletivo. Enquanto as diferentes concepções liberais e marxistas que examinamos são todas individualistas – no sentido de que a liberdade, ou, no caso do utilitarismo, a felicidade de cada indivíduo, constitui a base moral do sistema –, as concepções comunitaristas são holísticas, no sentido de que nossos objetivos e critérios são o resultado de conceitos coletivamente determinados de bem, que nos definem enquanto indivíduos e determinam nossas expectativas acerca do que podemos fazer e esperar dos outros. É por isso que autores como Walzer tratam o vínculo como o primeiro ou mais básico bem político[48]. Pode-se dizer que "Pertenço, logo existo" é a alternativa comunitarista ao *cogito* cartesiano.

O ponto de vista comunitarista é tão inimigo da metáfora de "passar a borracha no passado", incorporada nas teses contratualistas, como Burke o era da Revolução Francesa. Desse ponto de vista, mesmo as teses hipotéticas do contrato social analisadas no Capítulo 5 são, em razão de seu caráter deontológico, enganosas. Seus partidários consideram impensável que se possa fazer uma reflexão proveitosa acerca dos direitos que as pessoas deveriam usufruir enquanto fossem mantidas na ignorância de seus conceitos (determinados pelo coletivo) de bem. É por isso que críticos de Rawls, como Sandel, reclamam que ele trabalha com um conceito desenraizado de indivíduo, um eu absurdamente despojado de seus vínculos:

> A pompa independência do sujeito deontológico é uma ilusão liberal. Ela não apreende a natureza basicamente "social" do homem, o fato de que somos seres "inteiramen-

---

48. Walzer, *Spheres of Justice*, pp. 31-63.

te" condicionados. Não existe nenhuma exceção, nenhum sujeito transcendental capaz de se manter fora da sociedade ou da experiência. Somos, a cada momento, aquilo que nos tornamos, um encadeamento de desejos e tendências, e não sobra nada que vá habitar um domínio numenal[49].

Para Sandel, o compromisso do liberalismo deontológico com a primazia do direito o torna incapaz de perceber a condição humana, mergulhando-nos "em uma situação que deixa de ser a nossa"[50]. Como o seu *Democracy's Discontent* explica de maneira detalhada, a noção imperfeita de um eu isolado "não é capaz de compreender nossa experiência moral, porque não é capaz de explicar certos deveres morais e políticos que comumente aceitamos e até prezamos". Deveríamos, em vez disso, "nos considerar como egos associados, já requisitados por determinados projetos e compromissos"[51]. O ego isolado é objetável, então, sobretudo por excluir da reflexão sobre o direito político os aspectos da vida social que dão aos direitos seu significado e propósito[52]. Com o mesmo entusiasmo com que Walzer é atraído por uma política que leva em conta os laços afetivos, Sandel supõe que devemos pensar em algo que seja muito mais parecido com um modelo familiar. Este deve implicar o prolongamento das intimidades de nossos laços culturais em uma teoria explícita do bem político, da qual deveriam originar-se, então, os direitos políticos. Isso seria muito superior à política em meio a "estranhos" pressuposta pela visão deontológica[53].

---

49. Sandel, *Liberalism and the Limits of Justice*, p. 11.
50. Ibid., p. 183.
51. Sandel, *Democracy's Discontent*, pp. 13-4.
52. Deve-se observar que a crítica de Sandel erra o alvo no seguinte aspecto: para que eu me pergunte qual política de favorecimentos raciais preferiria se não soubesse se viria a ser negro ou branco, não é preciso que imagine que as pessoas não têm cor, como sugere a referência feita por ele ao domínio numenal de Kant.
53. Sandel, *Liberalism and the Limits of Justice*, pp. 11-4, 183.

6.6 Dificuldades com o coletivamente determinado

Por mais plausíveis que muitas das proposições comunitaristas acerca da condição humana possam ser, a adoção de uma política na qual as pretensões de direito político estão subordinadas às exigências e expectativas de vínculo é acompanhada de grandes dificuldades. Já mencionei o problema da divergência em relação a Rorty, mas ele diz respeito, de modo mais geral, aos autores dessa área[54]. Na maioria das comunidades, senão em todas, existe uma discordância muito grande sobre o modo de interpretar as normas e práticas coletivamente determinadas que foram herdadas, e o que, na prática, elas exigem. Basta pensar no variado espectro político existente no interior da própria tradição católica de MacIntyre, para reconhecer que é difícil encontrar uma questão política que, em algum momento, não tenha sido internamente polêmica. A discussão sobre quais são, e por que, os melhores modelos de sistema político certamente não comporta nenhuma resposta católica definitiva. Os católicos, bem como os membros da hierarquia eclesiástica até o nível do Papa (inclusive), situam-se em pontos diferentes do espectro ideológico, não obstante sua fé nas tradições da Igreja[55].

Ou pensem no modelo quase familiar de Sandel. Ele alega que, ao basearmos a política nos laços particularistas, podemos escapar da concentração nos direitos e na justiça,

---

54. Para uma análise crítica mais ampla de Walzer e MacIntyre quanto a esse aspecto, ver, de minha autoria, *Political Criticism*, pp. 75-88, 141-65.

55. Em relação a isto, é interessante notar que, até a "terceira onda" de transições democráticas que se pôs em marcha no mundo depois de 1984, a grande maioria dos cientistas sociais acreditava que o catolicismo fosse incompatível com a democracia. Mas muitas das transições da terceira onda aconteceram em países predominantemente católicos, demonstrando que essa ortodoxia tinha sido mal orientada. Do mesmo modo que acontece com o protestantismo, o judaísmo, o islamismo e outras religiões importantes, versões distintas do catolicismo parecem ser compatíveis com diferentes regimes e ideologias políticos. Ver Samuel Huntington, "Democracy's third wave", em: *Journal of Democracy*, vol. 2, n.º 2 (primavera de 1991), pp. 12-34.

própria do mundo deontológico dos estranhos. Entretanto, simplesmente não é verdade que a noção de justiça não funcione em tais entidades. A criança que se sabe menos amada ou aceita que os irmãos, ou a esposa vítima de maus-tratos, certamente acreditará que o que aconteceu é injusto e que direitos importantes foram violados. O mesmo pode ser dito, com certeza, de toda comunidade particularista que um comunitarista possa querer usar como modelo político.Todas elas têm seus conflitos, intrigas e disputas exaltadas, agressores e agredidos, adaptados e descontentes, vencedores e fracassados.

Além do mais, pessoas diferentes são beneficiadas, ou prejudicadas, por interpretações conflitantes das tradições herdadas e das práticas consagradas. Isso evidencia a necessidade de haver procedimentos que determinem qual das reivindicações conflitantes deve prevalecer e como devem ser solucionadas as disputas, assuntos sobre os quais os autores comunitaristas guardam um desconcertante silêncio. É provável que poucos líderes comunitaristas propusessem, como modelo de política no mundo moderno, o modo autoritário como a Igreja Católica trata desses assuntos. Na família, eles geralmente também são tratados de maneira autoritária ou informal. Seria ingenuidade supor que, ao serem tratadas informalmente, as divergências se resolvam sempre de maneira satisfatória, e que algumas pessoas não sejam prejudicadas pelo modo como tais divergências são administradas. Com isso não se quer negar que seja bem possível que existam bons motivos para se exigir que se ultrapassem níveis bem elevados de abuso antes de estarmos dispostos a pagar o preço pela interferência de terceiros em instituições como a família e as igrejas[56]. Mas esse fato deve levantar sérias dúvidas sobre a capacidade dos comunitaristas de propor um modelo de governo para a política geral.

---

56. Ver Shapiro, *Democratic Justice*, pp. 64-109, para a análise desses níveis no que se refere às crianças, e pp. 110-42 no que se refere às relações domésticas entre adultos.

Em suma, o recurso a comunidades afetivas como igrejas ou famílias como forma de se ver livre das desavenças e conflitos de interesse parece uma estratégia pouco promissora para desenvolver modelos de sistema político legítimos. Na verdade, na medida em que estamos convencidos, como deveríamos, de que a maior parte das formas de interação humana não é igual às sociedades espontâneas lockeanas – criadas voluntariamente e dissolvidas quando perdem a utilidade –, deveríamos nos interessar *mais* pelos mecanismos adequados de administração de desavenças e conflitos de interesse. Como demonstrou o economista Albert Hirschman, quando o preço que as pessoas pagam para sair de um modelo de associação coletiva aumenta, aumenta também a importância de se garantir a existência de mecanismos para que elas o influenciem por meio da participação e da "voz"[57]. Em suma, não é convincente a reação dos comunitaristas ao fato do pluralismo, que forneceu grande parte do impulso que caracterizava a abordagem deontológica de Rawls. A restrição à solução oferecida por ele mal evita a necessidade de lidar com a realidade que ele identificou – de que as pessoas que precisam viver juntas em associações políticas enfrentam profundos conflitos de interesse e se caracterizam por uma grande diversidade de valores[58].

Observem que mesmo que a noção de bem coletivamente determinado fosse amplamente aceita, poder-se-ia,

---

57. Albert O. Hirschman, *Exit, Voice, and Loyalty* (Cambridge, Mass., Harvard University Press, 1970).

58. Observem que, quando Walzer usa o subtítulo "A Defense of Pluralism and Equality" [Uma defesa do pluralismo e da igualdade] para *Spheres of Justice*, ele emprega o termo *pluralismo* de modo peculiar; com isso ele quer passar a afirmação de que diferentes princípios de justiça são adequados a diferentes esferas da vida social (prestação de assistência médica baseada na necessidade, educação que prepare os indivíduos para serem cidadãos de uma democracia etc.), as quais não são redutíveis a um indicador único, como a utilidade. Entretanto, Walzer supõe, de modo implausível, que existe um acordo – isto é, falta de pluralismo – na sociedade, em relação a qual deve ser o padrão de medida adequado no interior de cada esfera. Para uma discussão sobre isso, ver, de minha autoria, *Political Criticism*, pp. 82-5.

razoavelmente, considerá-la insuficiente, em razão do fato de que aquilo que um chama de consenso o outro chama de hegemonia. Pode-se perceber isso observando que se, *per impossible*, a política pudesse ser baseada num modo de vida familiar estendido a toda a sociedade, nada indica que isso nos aproximaria de um mundo considerado legítimo por muitos de nós. Vejam como mudou a posição da mulher na maioria dos países ocidentais ao longo dos últimos 150 anos. Até a aprovação das Leis sobre a Propriedade das Mulheres Casadas (*Married Women's Property Acts*) na segunda metade do século XIX, a mulher perdia o direito de posse de seus bens para o marido – parte da suspensão de sua igualdade legal durante o casamento, cuja origem estava no pressuposto do direito consuetudinário que fazia da mulher um bem pessoal do marido. Na maior parte das democracias em que existe o sufrágio universal, as mulheres só passaram a votar quando o século XX já estava bem adiantado e, por conta disso, tiveram a honra pessoal e o bem-estar afetados de diversas maneiras. Até bem pouco tempo, na década de 1950, era amplamente aceito, nos Estados Unidos, que a esposa não podia se negar a ter relações com o marido. Isso se refletia na presunção legal definitiva da impossibilidade de estupro marital, bem como nas diversas formas de proteção diante de transgressões criminosas como violência e espancamento, quando cometidas pelos maridos contra as esposas – para não falar na imunidade civil intraconjugal, que impedia até que se entrasse com uma ação civil em resposta à violência doméstica[59].

Hoje, conseguiu-se diminuir em muito a submissão das mulheres, graças a uma ação política e jurídica combinada por parte dos movimentos feministas. As mulheres já não en-

---

59. Ver Susan Moller Okin, *Justice, Gender, and the Family* (Nova York, Basic Books, 1989), pp. 134-69. Acerca da mudança da legislação de estupro conjugal nos Estados Unidos, ver Diana E. H. Russell, *Rape in Marriage*, 2.ª ed. (Indiana University Press, 1990), e Rebecca M. Ryan, "The sex right: A legal history of the marital rape exception", em: *Law and Social Inquiry*, vol. 20, n.º 4 (outono de 1995), pp. 941-1001.

tregam mais os bens quando se casam. Elas têm os mesmos direitos de voto que os homens e, pelo menos da boca para fora, os políticos têm de apoiar o direito de igualdade das mulheres. Os tribunais examinam minuciosamente as barreiras à participação feminina na vida econômica, social e política. A presunção de inexistência do estupro marital foi amplamente abandonada, e hoje ele é um delito grave na maior parte das jurisdições dos Estados Unidos. Outras formas de violência doméstica passaram a estar sujeitas à ação penal, sendo, cada vez mais, puníveis. A isenção civil intraconjugal quase desapareceu e as mulheres alcançaram um significativo progresso econômico. Continuam a enfrentar inúmeras desvantagens sociais e econômicas, para não falar da violência doméstica, mas, em termos relativos, as coisas passaram por uma melhora impressionante[60].

Nenhuma dessas transformações teria ocorrido se a "tradicional vida familiar" tivesse sido aceita como uma espécie de ideal político pós-político. Na verdade, se a hipótese de usar a família como modelo para a vida política tivesse influenciado seriamente o século XIX, é provável que isso tivesse significado o retorno ao tipo de patriarcalismo na vida pública que Locke combatera, dois séculos antes, no *Primeiro tratado*. Foi o movimento contrário (estendendo o princípio de não-dominação e o direito ao tratamento igualitário, que nessa época haviam se incorporado ao espaço público, para setores que anteriormente estiveram fora de seu alcance) que foi necessário para que se progredisse. Dar

---

60. Acerca das diferenças entre os dois sexos na participação na força de trabalho e nos salários, ver Claudia Goldin, *Understanding the Gender Gap* (Nova York, Oxford University Press, 1990), pp. 58-118. Acerca das disparidades econômicas entre homens e mulheres depois do advento do divórcio, ver Susan Moller Okin, "Economic equality after divorce: 'Equal rights or special benefits?'", em: *Dissent* (verão de 1991), pp. 383-7; e Richard R. Peterson, "A re-evaluation of the economic consequences of divorce", em: *American Sociological Review*, vol. 61, n.º 3 (junho de 1996), pp. 528-36. Acerca da violência doméstica, ver Daniel J. Sonkin (org.), *Domestic Violence on Trial: Psychological and Legal Dimensions of Family Violence* (Nova York, Springer, 1987).

a entender, em suma, que seria desejável que a superação do âmbito dos direitos se desse pela adaptação da política à vida familiar tradicional, mesmo que fosse algo factível, não seria atraente.

O exemplo ressalta o fato de que a interação entre os homens é permeada pelas relações de poder. A subseção 4.2.3 nos mostrou que o impulso de Marx de se libertar da política por meio da superação da escassez, em um futuro ideal, era utópico. Da mesma forma, percebemos aqui que não existe nenhuma boa razão para se imaginar a existência de um domínio privado ideal localizado além do conflito, não mais do que aquele existente nas tradições de algum passado distante. Isso suscita, na verdade, importantes questões acerca dos limites do envolvimento político em todas as instâncias da vida em sociedade. Essas questões podem ser enfrentadas de uma maneira mais ou menos aceitável; entretanto, uma das abordagens seguramente menos aceitáveis é sustentar que a política deveria ser moldada sobre uma noção idealizada de associação privada, pelo fato de esta nos libertar do âmbito do direito apropriado aos "estranhos"[61].

E o que dizer de outra característica típica da perspectiva comunitarista – a de elevar as dimensões psicológica e emocional do pertencer a uma categoria igual ou superior à noção de direito político? Pode-se entender, certamente, a empatia de Walzer por Camus por este não se dispor a sacrificar a mãe às exigências da justiça. Mas, na verdade, qual o resultado disso? Diariamente, os jornais noticiam casos de pais, cônjuges e irmãos que sentem a obrigação de ficar do lado do membro da família que cometeu algum crime terrível. Não é difícil compreender por que se sentem assim, embora isso não signifique de modo algum que o sistema penal não funcione direito. Por mais penosas que sejam essas situações, não há contradição em reconhecer que a afeição que sentimos pelos membros de nossa família pode ter uma in-

---

61. Para saber como respondo à questão, ver *Democratic Justice*, capítulos 2-3.

fluência mais forte sobre nós do que a defesa das exigências da justiça – ou mesmo em pensar que quem não reage assim deve ter algum problema. Na verdade, o sistema legal admite isso através de mecanismos como a proibição de se testemunhar contra um cônjuge. Amamos as pessoas que agem mal, sem contestar o fato de que agiram mal. Podemos apoiá-las quando têm uma conduta inadequada, e nem por isso negar que normalmente se espera das pessoas um comportamento adequado e que devem ser responsabilizadas quando não agem assim. Não estamos de acordo em mudar o sistema judiciário apenas porque os membros da família da vítima estão com raiva e se sentem ultrajados, renunciando à justiça em favor da vingança; mas não os culpamos por quererem se vingar, e podemos até pensar que há algo de errado quando não o fazem. Justamente por isso, não deveríamos concordar em ver as exigências da justiça se desfazendo diante do amor de conhecidos e parentes – embora compreendamos e apreciemos esse amor.

A alegação psicológico-emocional de Walzer tem uma versão menos personalizada, a saber, a insinuação – geralmente associada aos argumentos de Taylor, Kymlicka e outros – de que os sistemas políticos deveriam incorporar o envolvimento afetivo das pessoas com sua comunidade. As pessoas querem sentir que pertencer é legítimo, e querem que as entidades a que pertencem exemplifiquem e reproduzam as fontes de sua ligação. É por essa razão que os autores que seguem essa tradição têm uma grande afinidade com as propostas do multiculturalismo. Da perspectiva deles, não há nada de sacrossanto no Estado nacional. Se um grupo étnico existente no interior de uma nação, uma comunidade religiosa ou lingüística ou qualquer outra fonte coletiva de significado e valor exerce uma forte atração sobre um conjunto de pessoas, então existe ao menos uma reivindicação preliminar de que o sistema político acomode suas aspirações coletivas, quem sabe chegando até a admitir a secessão. O mesmo se aplica a um grupo étnico transnacional como os curdos, que se dividem entre Iraque, Turquia e Irã. Muitos dentre seus integrantes têm uma identificação mais profunda uns com os outros do que com os países dos quais são cidadãos. Por que reprimir a aspiração de reconstruir comunidades políticas que refletem e encarnam comunidades de interesse tão importantes para as pessoas?

Apresentada dessa maneira, a questão retórica parece bastante razoável, mas essa formulação esconde o lado mais perverso da comunidade. O corolário da inclusão é a exclusão, e freqüentemente o desejo de nos unirmos com quem é importante para nós é um componente do desejo de nos separarmos dos outros. Essa atitude, na vida pessoal, pode ser bastante razoável, mas na política está intimamente ligada, com freqüência, à privação de recursos das pessoas, à criação de cidadãos de segunda classe ou a coisas piores. O sociólogo político Benedict Anderson dá a entender que não precisa ser assim. Ele diferencia o patriotismo do nacionalismo, pelo fato de o patriotismo não alimentar o ódio xenófobo que, com tanta freqüência, sustenta o nacionalismo. Podemos ser patriotas, identificando-nos com nosso país e considerando-o o melhor, sem nos incomodarmos com a idéia de que os outros possam sentir o mesmo a respeito de seu próprio país[62].

Quando se atenta para a diferença entre patriotismo e nacionalismo, as dificuldades relacionadas a uma concepção de comunidade política que tenha como referência padrões familiares ou afetivos ficam evidentes. Podemos prezar muito mais nossos próprios filhos que os filhos de qualquer outra pessoa, e achar perfeitamente natural que os outros pais sintam o mesmo por seus filhos. Entretanto, os grupos que compõem as entidades políticas diferenciam-se das famílias, pelo fato de que os membros daqueles têm de ser mobilizados para se identificar com o grupo, e, então, mantidos unidos diante de formas rivais de mobilização potencial. Os líderes

---

[62]. Benedict Anderson, *Imagined Communities* (Londres, Verso, 1983), pp. 129-40.

separatistas invariavelmente arrastam os canadenses de origem francesa, os zulus sul-africanos e os bascos espanhóis para o lado de suas ligações étnicas, enquanto os líderes nacionais tentam levá-los a se identificar com uma entidade política mais abrangente. Os políticos de carreira sabem que, nesse tipo de conflito, uma das melhores maneiras de mobilizar o grupo e mantê-lo unido é desumanizar quem não pertence a ele. *Southern Politics*, de V. O. Key, é uma análise clássica de como o racismo contra os negros foi empregado de maneira eficaz na construção de alianças políticas no Sul dos Estados Unidos[63]. Estudos mais recentes lançaram luz sobre o papel da desumanização dos não-incluídos na construção do *apartheid* sul-africano e na manutenção, ao longo de gerações, de um *status quo* conflituoso na Irlanda do Norte[64]. Pode ser que esse fenômeno não seja velho como o mundo, mas existe pelo menos desde a época dos antigos gregos, que se notabilizaram por chamar de bárbaros os não-gregos.

Os filósofos que afirmam que os sistemas políticos devem refletir as aspirações dos grupos muito freqüentemente ignoram ou minimizam o fato de que os grupos não "têm" aspirações políticas naturais e automáticas. Essas aspirações são, pelo menos parcialmente, mobilizadas de cima por políticos de carreira, cuja posição lhes permite tirar vantagem tanto da manutenção dos sistemas existentes de solidariedade grupal como de seu desmantelamento e substituição por outros diferentes. Muitas vezes os líderes e supostos líderes não conseguem resistir à tentação de tomar esse caminho, fomentando o ódio dos não-incluídos, pelo simples fato de as associações políticas não serem famílias. Elas se constituem de inúmeras coalizões, tanto coincidentes quan-

---

63. V. O. Key, *Southern Politics in State and Nation* (Nova York, A. A. Knopf, 1949).

64. Ver Anthony Marx, *Making Race and Nation* (Nova York, Cambridge University Press, 1998), sobre a África do Sul, e, sobre a Irlanda do Norte, John Cash, *Identity and Conflict: The Structuration of Politics in Northern Ireland* (Nova York, Cambridge University Press, 1996).

to potenciais, cujos membros têm interesses em parte complementares e em parte opostos.

É irônico, na verdade, que os defensores da idéia de que as instituições políticas devem encarnar os laços culturais profundamente enraizados sejam, em geral, simpáticos à tese da construção social da realidade, analisada na seção 6.4, e que, no entanto, dêem tão pouca atenção aos modos pelos quais os sistemas de laços culturais são criados, mantidos e destruídos na política real[65]. Se estivessem mais atentos a isso, teriam uma postura muito mais cuidadosa diante da idéia de politização dos laços étnicos, culturais e religiosos. Afinal, o raciocínio que estava por trás da separação entre Igreja e Estado que se deu após as guerras religiosas dos séculos XVII e XVIII não era que a filiação religiosa das pessoas não tivesse relevância, mas, antes, que era extremamente importante, podendo até levar a conflitos sem vencedores. Aqueles que se animam com a idéia de que a política deve incorporar aspirações grupais profundamente arraigadas devem refletir sobre o quão destrutiva é essa idéia no Oriente Médio atual, onde quase todo o mundo se sente obrigado a reconhecer as aspirações políticas, tanto de judeus como de palestinos, a um Estado nacional. Seria muito mais fácil lidar com esse conflito se pudesse existir na região um único Estado secular, cujo governo não pudesse apoiar nenhuma prática religiosa nem interferir em seu funcionamento. Mas quando, como neste caso, as aspirações políticas por um conceito de nação fundado na religião e na etnia não são seriamente questionadas qualquer líder político que vier a defender essa possibilidade estará cometendo um suicídio político. Pelo menos por ora, os grupos étnicos religiosos politizados do Oriente Médio parecem estar bem longe da des-

---

65. Para uma análise esclarecedora da mobilização política de identidades grupais entre zulus, africânderes e mestiços na África do Sul antes, durante e depois da transição do *apartheid* para a democracia, ver Courtney Jung, *Then I Was Black: South African Political Identities in Transition* (New Haven, Conn., Yale University Press, 2000).

politização. Mas esse exemplo deveria ser motivo de reflexão para quem acredita que formas extremadas de identidade grupal deveriam propiciar reconhecimento político alhures, em razão de serem importantes para as pessoas.

Isso para não falar da possibilidade de dominação interna. Como dá a entender minha análise anterior da história do patriarcado, os laços de união podem ser às vezes mais benignos, às vezes menos. Afirmações do tipo "O povo americano acredita" ou "O povo judeu tem de ficar unido" podem ser tentativas de mobilizar o apoio do grupo diante de outro grupo, mas também podem funcionar para eliminar dissidências e oposições internas. Talvez elas sejam menos ameaçadoras do que arrastar alguém para diante de um Comitê de Atividades Antiamericanas ou chamá-lo de judeu que odeia a si próprio, mas podem ser igualmente insidiosas. Quando os políticos de carreira alegam que estão articulando os valores e as aspirações de um grupo, devemos sempre perguntar quem, no interior do grupo, acaba prejudicado por suas alegações. Nas discussões em torno da distribuição de poder na Constituição sul-africana do pós-1994, por exemplo, líderes tribais tradicionais defenderam uma forte autonomia regional, e inclusive que a legislação matrimonial fosse mantida dentro do âmbito de sua jurisdição. Isso significava, entre outras coisas, manter a poligamia e as práticas matrimoniais e econômicas a ela relacionadas, as quais, na ordem tribal, subordinam as mulheres pelo menos tanto quanto o patriarcalismo pré-século XX subordinava as mulheres européias e norte-americanas[66].

---

66. Sobre as tensões entre os aspectos igualitários da Constituição da África do Sul pós-*apartheid* e os modos pelos quais o direito consuetudinário zulu funciona em detrimento das mulheres zulus, ver Davis Chambers, "Civilizing the natives: Marriage in post-Apartheid South Africa", em: *Daedalus*, vol. 129, n.º 4 (outono de 2000), pp. 101-24; e o relatório do Human Rights Watch, "South Africa: The state response to domestic violence and rape", disponível em www.hrw.org/reports/1995/Safricawm-02.htm. Para informações gerais, ver T. W. Bennett, *Human Rights and African Customary Law* (Joanesburgo, Jutas, 1995).

Na prática, "o respeito ao costume comunitário tradicional" pode significar a ratificação de um sistema de opressão interna que dificilmente seria justificável, senão pelo recurso grosseiro ao costume vigente[67].

Dadas as evidentes possibilidades de opressão interna e externa, os autores simpatizantes da perspectiva comunitarista não podem levar a complacência com os hábitos convencionais ao extremo sem perder a credibilidade. Por exemplo, para oferecer princípios adequados para a distribuição de diferentes bens sociais nas diversas esferas da sociedade, Michael Walzer apela, em *Spheres of Justice*, àqueles que diz serem os significados aceitos em nossa cultura. Invoca então um metaprincípio de não-preponderância, para defender o argumento de que não é legítimo que um bem adequado a uma esfera seja estendido a outra. Ao definirmos como suborno o ato de receber dinheiro em troca de favores políticos, mostramos que conseguimos respeitar a "arte da separação" que torna ilegítimo esse tipo de comportamento[68]. Walzer afirma que é amplamente aceita, no interior de nossa cultura, essa noção de não-preponderância como mantenedora das diferenças entre as esferas, uma afirmação que substitui um argumento em favor da desejabilidade da teoria. Mas, quanto mais a sério levamos essa afirmação, menos atraente se torna sua teoria da justiça. Se, como afirma ele, essa noção foi um mecanismo historicamente acidental do liberalismo no Ocidente moderno, isso quer dizer que não se pode sustentar que a dominação ocorrida no feudalismo era ilegítima (para nem falar da dominação que ocorre hoje nas sociedades intolerantes)?

Walzer responde a tais objeções afirmando que toda cultura contém recursos ideológicos para criticar os costu-

---

67. Relativamente à discussão das diversas formas que isso pode assumir, ver Brian Barry, *Culture and Equality: An Egalitarian Critique of Multiculturalism* (Cambridge, Mass., Harvard University Press, 2000), pp. 155-93.
68. Ver Walzer, *Spheres of Justice*, p. 100; e "Liberalism and the art of separation", em: *Political Theory*, vol. 12, n.º 3 (1984), pp. 315-30.

mes predominantes em seu interior[69]. Pode ser que sim, mas os recursos ideológicos disponíveis podem ser usados tanto pelos Adolf Hitlers e Timothy McVeighs* deste mundo como por aqueles iguais a Albert Camus. O recurso à possibilidade da crítica social, em si mesmo, não nos leva muito longe. Para ser convincente, devemos acrescentar-lhe o argumento de que esta deve ser utilizada para diminuir a dominação, e não para alcançar outro objetivo para o qual a cultura também disponha de recursos ideológicos – seja ele a criação de uma raça ariana de senhores ou a derrubada dos ladrões corruptos de Washington.

Além disso, mesmo nos Estados Unidos de hoje, algumas formas de dominação envolvem a violação da integridade das esferas de Walzer, mas outras não. O debate anterior que fiz, em torno da exploração e dos maus-tratos físicos sofridos pelas mulheres nos casamentos patriarcais, revelou que o problema pode ser a norma amplamente aceita, não sua transgressão. Se Walzer reluta em defender o argumento de que tais práticas são censuráveis, sua teoria pode ser utilizada para sustentar um *status quo* injusto, em vez de debilitá-lo. Quando as mulheres reivindicam uma compensação pelo trabalho doméstico ou exigem que o direito penal declare ilegal o estupro praticado pelo cônjuge, o walzeriano conservador responderá que elas procuram violar a integridade da esfera da vida familiar, aplicando princípios que pertencem ao local de trabalho e ao direito penal. Em resumo, a menos que seja apresentado um argumento independente que explique por que a dominação é algo ruim, os recursos de Walzer à cultura como fonte de modelos de legitimidade política perderão rapidamente a força.

O culturalismo liberal de Kymlicka também ilustra a dificuldade de desenvolver um ponto de vista que transmita,

---

69. Walzer, *Interpretation and Social Criticism*, pp. 33-66.

* Timothy McVeigh, terrorista americano que destruiu um edifício público em Oklahoma usando um caminhão-bomba, em 19 de abril de 1995, causando a morte de 168 pessoas. Condenado, foi executado em 11 de junho de 2001. (N. do T.)

de maneira aceitável, padrões críticos de legitimidade política a valores aceitos localmente. Com uma atitude que poderia ser considerada cosmopolita, ele insiste que a adaptação ao multiculturalismo deve estar condicionada ao princípio de respeito pela autonomia. Isso exige *"liberdade no interior* do grupo minoritário e igualdade *entre* os grupos minoritário e majoritário"[70]. Como Kymlicka bem sabe, dependendo da interpretação que se der às exigências de respeito pela autonomia, a implantação de uma política de adaptação multicultural baseada em seus princípios fundamentais pode muito bem ser considerada uma vitória de Pirro pelos líderes da maioria dos grupos que buscam uma adaptação multicultural no mundo de hoje. A aplicação dos critérios de autonomia de Kymlicka no interior dos grupos e entre eles provocaria pelo menos tantas dificuldades quanto as que enfrentamos na interpretação do princípio do dano de Mill, na seção 3.3. Quem deve decidir, e segundo que critérios, se a autonomia está suficientemente ameaçada a ponto de justificar uma intervenção, e qual a forma que essa intervenção deve assumir? Kymlicka acredita que devemos ter uma grande predisposição em aceitar as exigências de reconhecimento provenientes de culturas minoritárias, mas não nos fornece nenhum critério que determine os limites de tolerância que caracterizariam uma atitude como aceitável.

Kymlicka sugere enfaticamente que, para serem considerados coerentes, exige-se dos progressistas que garantam aos grupos intolerantes que existem dentro dos países a mesma política não-intervencionista que eles costumam aplicar aos países estrangeiros intolerantes, pelo fato de que ambos os lados "constituem comunidades políticas distintas, com reivindicações próprias de autogoverno". Ele defende, portanto, que devemos nos aproximar das minorias culturais de maneira não-intervencionista, a menos que suas violações dos direitos humanos sejam "graves e sistemáti-

---

70. Kymlicka, *Multicultural Citizenship*, pp. 152-3, grifos do original. Ver também *Politics in the Vernacular*, pp. 17-48.

cas", isto é, do tipo que tornaria legítima uma intervenção estrangeira[71]. Isso, contudo, apresenta um duplo problema. A relutância em intervir externamente pode originar-se de considerações de princípio ou de considerações pragmáticas. Neste último caso, normalmente a alegação é uma variante da declaração de que o papel de polícia internacional seria um fracasso, ou que, de qualquer forma, seria caro demais. Decisões desse tipo têm de ser tomadas caso a caso, mas, ainda que geralmente sejam válidas, não há por que esperar que a lógica do policiamento transnacional se aplique ao policiamento de grupos existentes dentro dos países. Exceto nos casos de guerra civil ou em Estados extremamente frágeis como a Rússia atual e a Colômbia, os governos geralmente exercem, de fato, o monopólio efetivo do poder de coerção. Em todo caso, Kymlicka dá a entender que sua teoria baseia-se em princípios e no dever de aceitar as reivindicações de autogoverno, não no pragmatismo.

Agora, é verdade que, sintomaticamente, os esquerdistas aplicam, às práticas existentes no estrangeiro, princípios menos rigorosos que os que aplicam ao seu próprio país, mas eles não se notabilizaram por conseguir articular uma boa explicação para isso. Kymlicka, certamente, não pretende fornecer nenhuma. Poderíamos pensar em defender essa postura nas bases em que Rawls assume o legado de Kant, ou seja, afirmando que um parâmetro global único exigiria um governo global que impusesse seu cumprimento, o que, por sua vez, conduziria a formas de tirania piores que as que seriam erradicadas[72]. Se isso é verdade ou não, é difícil saber. Admitindo-se, para efeito de raciocínio, que o governo global traria consigo um cortejo terrível de males, existe, dentro do atual modelo internacional, um grande número de medidas que podem ser impostas aos governos re-

---
71. Kymlicka, *Multicultural Citizenship*, pp. 167-9.
72. Rawls, *The Law of Peoples* (Cambridge, Mass., Harvard University Press, 1999), pp. 36, 48 [trad. bras. *O direito dos povos*, São Paulo, Martins Fontes, 2001]. Relativamente à discussão de outras variáveis dessa afirmação, ver, de minha autoria, *Democratic Justice*, pp. 234-7.

calcitrantes, de tarifas a sanções e embargos comerciais. Em todo caso, não há nada nesse argumento que justifique a idéia de que os governos nacionais devam abdicar de suas responsabilidades políticas internas. Como aponta Sarah Song, a analogia que Kymlicka faz "entre as posturas progressistas adequadas em relação aos Estados nacionais intolerantes e as posturas adequadas em relação às minorias nacionais não funciona por uma razão muito óbvia, a saber, porque um Estado progressista não é responsável pela proteção dos direitos dos não-nacionais na mesma medida em que o é pela proteção de seus próprios cidadãos"[73].

Em sua crítica, Song considera como ponto pacífico a legitimidade do Estado nacional, embora ninguém desconheça que os teóricos políticos ainda nos devem uma justificativa definitiva disso. Certamente nenhum dos teóricos até agora analisados neste livro oferece uma justificativa convincente para a atual divisão do mundo em Estados nacionais que partilham o direito de ter sua soberania reconhecida pelos outros e de excluir quem eles quiserem, mas apresentam uma enorme diferença populacional, de recursos, de níveis de liberdade, de oportunidades, de renda e de riqueza. Os utilitaristas clássicos diriam que o mundo deveria ser dividido, se é que deveria, de forma a maximizar a felicidade; no caso dos utilitaristas neoclássicos, o critério seria a maximização da eficiência segundo Pareto. O marxismo tem um espírito completamente cosmopolita e não produz nenhuma justificativa para os Estados nacionais, ainda que Marx – entre muitos outros – tenha se enganado ao supor que o caráter cada vez mais global do capitalismo levaria ao desaparecimento do Estado nacional[74]. Na verdade, a idéia

---

73. Sarah Song, "Liberalism, multiculturalism, and the problem of gender", projeto de dissertação de doutorado, Departamento de Ciência Política, Universidade Yale, *mimeo*, 2000.

74. Esse antigo ditado ressurgiu novamente em nossa própria era de globalização. Para conhecer as razões pelas quais ele é superestimado, ver Geoffrey Garrett, *Partisan Politics in the Global Economy* (Nova York, Cambridge University Press, 1998).

mesma de que seria possível que o socialismo existisse em um só país é uma antítese da análise que Marx faz do capitalismo. Ela foi inventada por Lênin e seus sucessores como uma racionalização da Revolução Russa.

A tradição do contrato social não se sai muito melhor. Como observamos na seção 5.1, a teoria de Locke do consentimento tácito é pouco convincente, dados os imensos custos, para a maioria das pessoas, para entrar e sair dos países. Na explicação neolockeana de Nozick, as fronteiras nacionais não têm nenhum significado moral. Os Estados nacionais existem porque eles adquirem o controle monopolista do poder de coerção em determinada área, outro modo de dizer que são um subproduto de técnicas de violência que se impõem. No que diz respeito a Rawls, se alguma vez uma característica da vida social correspondeu a sua definição de arbitrariedade moral, seguramente é o caso da distribuição das cidadanias, das vantagens e dos ônus associados com a localização geográfica da pessoa na superfície do globo. Não é de surpreender, portanto, que Rawls tenha atraído um cerrado bombardeio de críticas por sua hipótese indefensável, presente em *Uma teoria da justiça*, de que seus princípios aplicam-se somente a Estados nacionais fechados. Inúmeros comentaristas sustentaram que, se for levado a sério, seu raciocínio implica que os princípios de justiça devem ser aplicados no mundo inteiro[75].

E quanto às perspectivas burkeanas e neoburkeanas que caracterizam o pensamento comunitarista? Aqui, também, os argumentos convincentes escasseiam. Um burkeano rigoroso seria partidário da opinião de que só devemos resistir aos Estados nacionais se estes ameaçarem as liberdades e os deveres herdados (como Burke acreditava que os

---

75. Ver Thomas Pogge, *Realizing Rawls* (Ithaca, N.Y., Cornell University Press, 1989); Charles Beitz, *Political Theory and International Relations*, 2.ª ed. (Princeton. N.J., Princeton University Press, 1999); e Ian Shapiro e Lea Brilmayer (orgs.), em: *NOMOS XLI: Global Justice* (Nova York, New York University Press, 1999).

britânicos fizeram nas colônias americanas), ou se tal resistência se faz necessária para evitar que o sistema herdado degenere. A idéia de substituí-lo por algo melhor seria um anátema para ele. Mas a dificuldade, nesse caso, é que a divisão do mundo em Estados nacionais reforça o sistema herdado de liberdades e deveres, que corresponde a pouco mais que um *apartheid* em escala mundial. As minorias privilegiadas dos países ricos protegem-se por detrás dos princípios consagrados de cidadania, soberania nacional e autodeterminação dos povos, do mesmo modo que, seguramente, o governo do Partido Nacional Sul-africano usava o conceito de "desenvolvimento separado" como uma racionalização de sua postura durante o auge do *apartheid*.

A manifestação internacional do fenômeno, contudo, é mais elástica, em parte devido à inexistência de um poder externo significativo que pressione por mudança, mas também em razão do alto grau de legitimidade que as noções de soberania e autodeterminação dos povos alcançaram, na ordem internacional, enquanto normas herdadas. Críticos do multiculturalismo e dos direitos de grupo no interior dos países apontam que o recurso a estas desvia a atenção da injustiça distributiva[76]. O mesmo acontece na arena internacional, onde exigências bem-sucedidas por reconhecimento nacional que beneficiam elites locais desviam a atenção da injustiça distributiva e limitam os meios necessários para tratar dela. Com o reconhecimento da soberania dos países pobres e de seu direito à autodeterminação, os governos dos países ricos também se livram da responsabilidade pela injustiça distributiva no interior desses países pobres soberanos. A redistribuição dos países ricos para os países pobres entra então na categoria caridosa de "ajuda", em vez de entrar na categoria daquilo que a justiça exige, limitando o que as pessoas são obrigadas a reconhecer como reivindicações legítimas. Em suma, o recurso a normas consagradas historicamente não nos ajudará muito a elaborar uma

---

76. Ver Brian Barry, *Culture and Equality*, pp. 252-328.

hipótese satisfatória sobre a legitimidade do sistema de Estados nacionais.

Nem nos fornecerá normas de legitimidade política no interior dos países, que tornem desnecessário o imperativo de nos preocuparmos com os direitos das pessoas. Para tornar aceitáveis suas explicações, ou os partidários da perspectiva burkeana que rejeitam os direitos individuais adotam explicações claramente implausíveis das reivindições morais das coletividades, ou têm de encontrar substitutos para os direitos individuais, como a não-preponderância de Walzer ou a autonomia de Kymlicka. Fazer isso implica admitir, ainda que implicitamente, que não é mais fácil rejeitar o típico compromisso iluminista com os direitos individuais do que rejeitar o compromisso com a ciência.

Capítulo 7
A democracia

Algumas pessoas podem estar surpresas por até agora não termos tratado da democracia como ideal normativo. Como existe o predomínio da democracia no mundo contemporâneo, qualquer investigação dos fundamentos morais da política tem, seguramente, que estar atenta ao papel desta na legitimação dos regimes políticos. O fato de que governos das mais diversas colorações ideológicas, em todos os cantos do mundo, tentem se cobrir com o manto da democracia é uma prova a mais – se preciso fosse – de que o compromisso com a democracia é um componente indispensável da legitimidade política. Os aspirantes à liderança política podem ser progressistas ou conservadores, meritocratas ou igualitaristas, nacionalistas ou cosmopolitas, multiculturalistas ou defensores de uma única cultura. É muito mais difícil para eles opor-se abertamente à democracia – o que raramente acontece – do que adotar qualquer uma dessas posições. Podem atacar as deturpações ou desvios da democracia, ou afirmar que determinado sistema de representação democrática é injusto. Podem discutir a respeito do significado da democracia e das instituições que ela exige. Podem até tentar defender a tese de que seu país "ainda" não está preparado para a democracia – reconhecendo-lhe a legitimidade no mesmo momento que se esquivam dela.

No mundo contemporâneo, portanto, a aprovação à idéia de democracia é praticamente inegociável. As instituições internacionais normalmente tentam condicionar a ajuda aos países em desenvolvimento à adoção, por parte deles, de eleições regulares e de outras reformas democráticas. Os movimentos de libertação insistem que são mais democráticos que os regimes cujo lugar procuram ocupar. É verdade que as formas de governo constitucionais às vezes limitam o raio de ação da democracia, particularmente aquelas em que, como nos Estados Unidos, impera a separação de poderes. Mas geralmente as constituições também trazem dentro de si as garantias de um governo democrático. Além disso, elas próprias podem ser revistas mediante a convocação de uma assembléia constituinte ou por meio de mecanismos de emenda cuja legitimidade é confirmada pela população. Até mesmo constitucionalistas de esquerda como Bruce Ackerman concordam que as etapas decisivas da criação e da alteração da Constituição devem ser validadas democraticamente pela população, para que sejam consideradas legítimas ao longo do tempo[1].

Penso que o fato de as tradições utilitarista, marxiana e contratualista darem tão pouca atenção às considerações democráticas é uma demonstração do apelo encantador do projeto político iluminista. A teoria democrática tem muitas variáveis, mas veremos que em todas elas existem pontos importantes que implicam o abandono das versões mais ambiciosas do projeto iluminista – tanto no que diz respeito à substituição das escolhas políticas pelas técnicas, quanto ao tratamento dos direitos individuais como algo prioritário em relação à política e algo que precisa ser protegido desta. Surpreendentemente, as perspectivas antiiluministas também dedicam pouca atenção à democracia, embora por uma razão diversa: ela pode ameaçar as normas herdadas e as práticas fundamentais que integram a perspectiva burkeana. Essas causas diversas de ceticismo acadêmico têm sido re-

---

1. Bruce Ackerman, *We The People: Foundations* (Cambridge, Mass., Harvard University Press, 1993).

forçadas por estudos que pretendem mostrar que a democracia, por seus próprios critérios, fracassa enquanto mecanismo de aferição e de representação do desejo da cidadania.

Há, desse modo, uma tensão entre o *status* político não-negociável da democracia e o ceticismo generalizado em relação a ela existente em meio aos teóricos da política. John Dunn captou isso bem em 1979, ao observar que, embora a maior parte das pessoas se considere democrata, a teoria democrática oscila entre duas variáveis, "uma tristemente ideológica e a outra absoluta e ostensivamente utópica"[2]. A oscilação a que ele se referia era entre a retórica da Guerra Fria e os argumentos a favor da democracia participativa, os quais careciam de uma reflexão convincente sobre como poderiam ser postos em prática no mundo real. Veremos que, os anos que se seguiram à sua declaração assistiram a uma retomada de interesse pela teoria democrática, mas a democracia continua a ser considerada, em grande medida, um instrumento procedimental limitado, que não assegura respostas corretas, não protege os direitos individuais nem respeita as culturas e as tradições. Pessoalmente, considero que esses temores são infundados. Adequadamente interpretada e institucionalizada, a democracia apresenta-se como a grande esperança de que, ao longo do tempo, a verdade prevaleça no cenário político, os direitos humanos sejam respeitados e se preservem os elementos das tradições e das culturas fundamentais que mereçam ser preservados. Isto é, a democracia tem mais condições que as alternativas existentes de trazer à luz um projeto iluminista adequadamente moderado, ao mesmo tempo que dá atenção aos temores daqueles que se identificam com as correntes subterrâneas do anti-Iluminismo. Assim, em lugar de resistir à opinião generalizada de que a legitimidade política é inerente à democracia, faz mais sentido adaptar nosso

---

2. John Dunn, *Western Political Theory in the Face of the Future* (Cambridge, Cambridge University Press, 1979), p. 26.

modo de pensar e incorporá-la. Ou pelo menos é o que eu pretendo defender. Antes disso, é preciso escutar o que a tradição democrática tem a dizer.

7.1 A democracia e a verdade

A tradição democrática é mais antiga do que as outras aqui examinadas, pois suas origens remontam às antigas cidades-Estado gregas, sendo Atenas a mais célebre. De acordo com os padrões contemporâneos, a democracia ateniense era, na melhor das hipóteses, radicalmente incompleta. As mulheres não eram consideradas cidadãs e a economia se baseava na escravidão. Portanto, devemos evitar qualquer tentativa de romantizar a democracia antiga. Além do mais, o tamanho reduzido da pólis antiga sugere que, enquanto modelo para pensar a democracia no mundo moderno, ela apresenta limitações evidentes de viabilidade. Feitas essas ressalvas, a democracia ateniense era reconhecidamente democrática se comparada às alternativas predominantes no mundo antigo: monarquias ou oligarquias de todo tipo[3]. Ela também trazia dentro de si elementos duradouros que integrariam as ideologias democráticas posteriores. E, o que é mais importante, desde o princípio o compromisso com a democracia implicou a rejeição da idéia de que o poder político devia ser hereditariamente privativo dos reis e de uns poucos escolhidos, ou que devia ser confiado ao monopólio dos especialistas. O princípio fundamental da democracia sempre foi que, em questões que afetam a vida e os interesses coletivos, o povo sabe se governar adequadamente.

---

3. Debates úteis sobre a teoria e prática da democracia ateniense podem ser encontrados em H. D. F. Kitto, *The Greeks* (Middlesex, Penguin, 1956); e David Held, *Models of Democracy* (Cambridge, Polity Press, 1987), capítulo 1. Acerca das relações entre a democracia ateniense e a economia escravocrata, ver M. I. Finley, *The Ancient Economy*, 2.ª ed. (Londres, Hogarth, 1985).

7.1.1 A crítica de Platão

Existe uma possibilidade evidente de que este compromisso com a soberania popular venha a se chocar com qualquer concepção a favor de que os regimes políticos desejáveis devem sustentar-se em princípios verdadeiros, ou até mesmo que devem se comprometer com a busca da verdade. O povo pode querer conhecer a verdade, mas nada garante isso. Ele pode muito bem ser supersticioso, intolerante, ter uma visão estreita ou mesmo ser francamente inimigo da verdade. Mesmo Mill, um igualitarista progressista para sua época, temia essas possibilidades; esse era um dos motivos pelos quais ele era favorável a que o voto dos portadores de diploma universitário valesse por dois[4]. Contudo, assim como a teoria democrática é muito mais antiga que o Iluminismo, assim também o é a preocupação de que ela possa ser inimiga da verdade. Na realidade, tanto a teoria democrática quanto sua crítica foram desenvolvidas na Grécia antiga. Um dos primeiros debates acerca de ambas pode ser encontrado em *A República* de Platão. Platão escreveu após ter passado pela amarga experiência de que a verdade pode ser mortalmente perigosa para quem a enuncia. Sócrates, seu amigo e professor, havia sido executado em 399 a.C. Isso reforçou o desprezo que Platão sentia pela corrupta política ateniense, bem como sua convicção de que jamais se alcançaria a cura dos males do mundo numa democracia. Esta cura só poderia ser alcançada em um mundo dirigido por reis-filósofos obstinados que preferissem a busca da verdade ao exercício do poder. Mesmo que tal sociedade pudesse ser criada, Platão acreditava que ela seria instável – acabando por degenerar em uma forma corrupta de governo[5].

---

4. J. S. Mill, *Representative Government*, republicado em Mill, *Three Essays* (Oxford, Oxford University Press, 1975 [1861]), pp. 284-5.
5. Platão, *The Republic*, trad. de Desmond Lee, 2.ª ed. (Harmondsworth, Penguin, 1974), pp. 359-64.

A análise mais impressionante que Platão faz das tensões entre a democracia e a verdade aparece no livro seis de *A República*. Ele a leva a cabo por meio de uma analogia com um comandante de navio meio surdo, míope e incapaz, o qual podemos imaginar que simbolize os controladores burocráticos dos instrumentos do poder público: gente de visão limitada, extremamente apática e com uma capacidade reduzida de reagir diante das mudanças. A tripulação, que simboliza o povo, não consegue chegar a um acordo sobre o modo de conduzir o navio; cada um deles acredita que deveria estar no comando, embora ninguém conheça nada de navegação. Na verdade – e, levando em conta a morte de Sócrates, isto é o que mais preocupa Platão na democracia –, eles ameaçam matar qualquer um que ouse sugerir que exista algo chamado arte de navegar, quanto mais dizer que ela pode ser ensinada. Pelo fato de não terem a menor idéia de que um verdadeiro navegador "deve estudar as estações do ano, o céu, as estrelas, os ventos e todos os outros assuntos próprios à sua profissão, se verdadeiramente quiser ter condições de pilotar um navio", considerariam que quem efetivamente tem tais habilidades é um "palrador e nefelibata" que, seguramente, não lhes serve para nada[6].

O propósito da analogia do comandante do navio é deixar bem evidente o ponto de vista de Platão de que, em uma situação democrática, geralmente não se procura conhecer a verdade sobre a política e, quando ela é conhecida, não é dita. É mais provável que o povo se deixe impressionar pelos sofistas, que "de fato nada mais ensinam que as opiniões defendidas e externadas pela maioria". Embora eles chamem isso de ciência, trata-se, para Platão, do equivalente antigo da pesquisa de opinião e da notícia plantada:

> É como se uma pessoa, que tenha de criar um animal grande e forte, aprendesse a conhecer as suas fúrias e desejos,

---

6. Ibid., p. 282. [489a. (N. do R.)]

por onde deve aproximar-se dele e por onde tocá-lo, e quando é mais intratável ou mais meigo, e por quê, e cada um dos sons que costuma emitir a propósito de cada coisa, e com que vozes dos outros se amansa ou irrita, e, depois de ter adquirido todos estes conhecimentos com a convivência e com o tempo, lhes chamasse ciência e os compendiasse, para fazer deles objeto de ensino, quando na verdade nada sabe do que, destas doutrinas e desejos, é belo ou feio, bom ou mau, justo ou injusto, e emprega todos estes termos de acordo com as opiniões do grande animal, chamado bom àquilo que ele aprecia, mau ao que ele destesta (...).[7]

As massas, de início, acham a democracia uma coisa boa, pelo simples fato de que os governantes, tendo aprendido a "ciência" com os sofistas, atendem aos seus caprichos. Com o passar do tempo, entretanto, a democracia leva ao surgimento de um povo indisciplinado e comodista, cujo excessivo desejo de liberdade o torna manipulável por políticos mal-intencionados ou "zangões". Os zangões confiscam os ricos por meio de impostos altos, tomam para si o máximo que podem e distribuem o resto às massas. A disputa entre os políticos e as facções rivais dos ricos leva a uma espiral crescente de corrupção e acusações mútuas, abrindo caminho para a tomada do poder por um líder popular – que logo se transforma em tirano. Aproveitando-se da fraqueza do povo para consolidar seu poder, ele transforma todos em escravos[8].

A explicação de Platão para o colapso da democracia e sua transformação em tirania faz parte de uma discussão mais geral sobre a decadência de todos os regimes políticos, a qual será aprofundada mais adiante; ocupo-me, por ora, da discussão que ele faz das tensões entre a democracia e a verdade. Como os autores anteriormente examinados, Platão sugere em seu raciocínio que, ao menos em prin-

---

7. Ibid., p. 288. [Trad. port. *A República*. Lisboa, Fundação Calouste Gulbenkian, 1996, p. 282. 493b. (N. do R.)]
8. Ibid., pp. 359-91. [Id., p. 378. 552c. (N. do R.)]

cípio, a legitimidade de uma ordem política depende do favorecimento que ela dê à busca da verdade. Para Platão, o conhecimento é o bem supremo, e o regime cujo fundamento for a verdade será o melhor de todos. A democracia, contudo, não depende da busca da verdade. Como vimos, Platão considera que o princípio básico da democracia é a bajulação das massas, geralmente incapazes de aceitar a verdade – e, de fato, inimigas dela, quando entra em conflito com seus preconceitos.

Se é razoável ou não supor que, em uma democracia, o público seja sempre contrário a que se diga a verdade, esta é uma questão que retomarei mais adiante. Um exame superficial da enorme dependência que o moderno processo político eleitoral tem em relação às pesquisas, aos grupos de interesse e às assessorias de imprensa sugere, no mínimo, que Platão tinha motivos para se preocupar. E se ele é meio grosseiro quando apresenta os políticos democráticos como gente que arranca o que pode dos ricos, e, ao distribuir o resultado, leva em conta o que precisa para garantir a reeleição, certamente somos capazes de identificar tal fenômeno à nossa volta sem precisar recorrer aos textos de ciência política sobre o "financiamento de campanhas" e as estratégias eleitorais dos políticos[9]. Estimulam-se os políticos democráticos para que digam às pessoas o que elas querem ouvir e satisfaçam sua vontade; não há, à primeira vista, nenhum motivo para imaginar que isso tenha como resultado o apego à verdade.

Talvez na prática as coisas sejam geralmente assim, mas a pergunta óbvia a ser feita em relação à perspectiva platônica é: comparada a quê? Ao fazê-la, somos inevitavelmente conduzidos à questão, objeto de grande controvérsia, de saber se *A República* deve ser compreendida como a pro-

---

9. Ver, a respeito dos políticos *rent-seeking*, Dennis C. Mueller, *Public Choice II* (Cambridge, Cambridge University Press, 1989), pp. 235-44. Acerca do comportamento eleitoral dos políticos, ver David Mayhew, *The Electoral Connection* (New Haven, Conn., Yale University Press, 1974).

posta de um projeto para uma sociedade absolutamente justa ou a demonstração de sua impossibilidade. Platão insistia que tal sociedade deveria ser dirigida de maneira autocrática, por reis-filósofos que estivessem comprometidos em conhecer a verdade e agir de acordo com ela. Só os filósofos conhecem, e amam, o bem, que é o "propósito de todo esforço"[10]. Grande parte de *A República* trata da descrição da disciplinada ordem hierárquica necessária para a criação de uma sociedade justa. Parcialmente organizada tendo por base a admiração que Platão sentia por Esparta, nesta obra se previa o controle centralizado de todos os aspectos da vida social, da reprodução e educação infantil, até a orgânização econômica, e, o mais importante, um severo sistema educacional planejado para descobrir e treinar aqueles que fossem capazes de governar como reis-filósofos. O sistema incluía a educação universal até a idade de dezoito anos, seguida de dois anos de rigoroso treinamento físico e militar, e então dez anos de treinamento, para quem tivesse capacidade suficiente, nas disciplinas matemáticas. Aos trinta anos de idade, aqueles que fossem considerados suficientemente confiáveis para aprender a potencialmente perigosa arte da retórica estudavam-na durante cinco anos, após o que eram indicados para posições secundárias de liderança, até completarem cinqüenta anos. Os sobreviventes se tornariam reis-filósofos plenamente qualificados, passando a dividir o tempo entre as atividades preferidas de filosofar e governar – que reconheceriam como sua obrigação[11].

Alguns comentaristas, especialmente Karl Popper em *A sociedade aberta e seus inimigos*, atacaram a proposta como uma receita totalitária. Escrevendo durante a Segunda Guerra Mundial, Popper morria de medo de que os pontos de vista de Platão pudessem ser levados a sério pelos intelec-

---
10. Platão, *The Republic*, p. 300.
11. Ibid., pp. 347-55.

tuais humanistas. Ele tinha a impressão de que as modalidades de poder que Platão tenciona dar ao Estado eram uma receita para o tipo de regime que a Grã-Bretanha então combatia na Alemanha de Hitler, sem falar do totalitarismo comunista mais a leste[12]. Outros, em comparação, têm afirmado que, longe de defender a sociedade perfeita, o objetivo de Platão era demonstrar sua impossibilidade. Esse tipo de leitura que, por exemplo, Leo Strauss faz de Platão baseia-se, entre outros motivos, em parte no fato de que os filósofos seriam obrigados a governar, e em parte no fato de que a sociedade absolutamente perfeita descrita por Platão exige a igualdade entre os sexos e o comunismo absoluto, ambos "contrários à natureza"[13]. Com uma brilhante argumentação, Miles Burnyeat contesta tal leitura como carente de credibilidade, o que, pode-se dizer, deixa a interpretação literal de Popper como a mais plausível[14].

Temos, no entanto, outro motivo – com o qual Popper não atinou e que independe das recém-mencionadas discordâncias de interpretação entre Burnyeat e Strauss – para pensar que Platão pretende, em *A República*, passar a mensagem de que a sociedade justa é inalcançável. Não precisamos compactuar com afirmações absurdas em torno de significados esotéricos para perceber que o Sócrates de Platão deixa patente, em *A República*, que a sociedade justa, se criada, não escaparia do que ele considera como a regra geral de todos os regimes: a decadência. Uma sociedade justa constituída de maneira adequada alcançará uma estabilidade fora do comum, "mas, uma vez que o destino de todas as coisas criadas é a decadência, nem mesmo uma ordem social desse tipo consegue durar para sempre, mas terá de

---

12. Karl Popper, *The Open Society and Its Enemies* (Princeton, N.J., Princeton University Press, 1966 [1943]), pp. 86-7, 388.
13. Ver Leo Strauss, *The City and Man* (Chicago, University of Chicago Press, 1964), pp. 124-7.
14. Miles Burnyeat, "Sphinx without a secret", *The New York Review of Books* (30 de maio de 1985), pp. 35-6.

enfrentar o declínio"[15]. Os governantes cometerão erros na educação do grupo seguinte, resultando no aviltamento dos futuros governantes, que irão consumir-se em lutas internas. Em conseqüência disso, serão abandonados os princípios de propriedade pública nos quais se baseia a república ideal, iniciando-se a decadência. Terá lugar, inicialmente, uma timarquia ou aristocracia militar, que, por sua vez, degenerará em oligarquia, substituída então pela democracia, cujo colapso acabará desembocando na tirania[16]. É provável que a tirania também se mostre instável, mas Platão não se pergunta, em *A República*, o que a substituiria[17]. Em vez disso, ele passa a discutir por que o filósofo, que não deseja governar, tem uma vida mais feliz que a de qualquer outra pessoa[18].

O relato platônico reflete o fato de que ele operava com um ideal contemplativo de verdade, mais bem alcançável fora do âmbito político. Descobrir a verdade, para ele, é como tomar um banho de sol. Percebe-se isso tanto na comparação que ele faz entre o bem, que é a origem da realidade e da verdade, e o sol[19], quanto na célebre comparação da busca

---

15. Platão, *The Republic*, p. 360.
16. Ibid., pp. 360-98.
17. De todo modo, essa é a primeira das muitas discussões que examinaram as condições favoráveis para a estabilidade dos regimes e os modos pelos quais uma forma política de governo evolui para outra. Aristóteles estudou detalhadamente esses assuntos em *A política*, aperfeiçoando-os sob a forma de uma classificação de tipos de regime composta por seis partes; Políbio, filósofo estóico grego do século II d.C., que vivia no exílio, deu-lhes caráter histórico como uma teoria do *anakuklōsis politeiōn* ou ciclo de constituições. Considerava-se que eles evoluíam de monarquia para tirania, aristocracia, oligarquia, democracia e, então, oclocracia (governo da turba ou anarquia), depois do que o ciclo recomeçaria. Na tradição humanista cívica oriunda dessa análise do ciclo de Políbio, a política passou a ser explicada como habilidade de determinar em que lugar se estava no ciclo de regimes, e como fazer para que, dada essa restrição, o governo fosse o mais virtuoso possível. Ver J. G. A. Pocock, *The Machiavellian Moment: Florentine Political Thought and the Atlantic Republican Tradition* (Princeton, N.J., Princeton University Press, 1975), pp. 76-80.
18. Platão, *The Republic*, pp. 398-420.
19. Ibid., p. 306.

da verdade ao esforço para compreender a realidade quando se está em uma caverna subterrânea parcamente iluminada por uma luz indireta vinda do alto[20]. Se, *per impossibile*, se pudesse construir uma sociedade justa, aqueles que têm acesso à verdade seriam governantes hesitantes, que aceitariam a necessidade de assumir o governo apenas porque a opção alternativa seriam regimes nos quais não teriam espaço para se dedicar à busca do conhecimento. No que diz respeito ao universo das formas imperfeitas de governo, quem preza a busca da verdade faz bem em afastar-se da política, especialmente a política democrática, para não ter o mesmo destino de Sócrates. Não está totalmente claro o que irão descobrir; em muitas leituras de Platão, descobrirão a realidade politicamente intragável de que nada sabemos. O filósofo é aquele que tem a coragem de enfrentar essa terrível realidade da condição humana e compreende plenamente suas implicações. Mas melhor faria se guardasse isso para si.

Sob certos aspectos, a noção de verdade que informa o relato que Platão faz da incompatibilidade entre esta e a democracia difere de tudo o que encontramos até aqui. É uma concepção elitista, pelo fato de que, para Platão, só os poucos eleitos eram capazes de fazer a reflexão disciplinada que a descoberta da verdade exige. "A filosofia", diz ele, "é impossível no meio do povo."[21] Só os filósofos possuem o necessário para se aventurar para fora da caverna, à luz do sol. A preocupação do Iluminismo, em comparação, é que todos tenham acesso à razão. Outro aspecto característico da visão platônica é que, para Platão, a verdade é definida tendo como referência "formas" ou universais atemporais que são exógenos aos seres humanos e a suas intenções[22]. Isso difere profundamente da concepção inicial do Iluminismo, de que a confiança na vontade é o critério supremo do conhecimento válido, uma concepção irredutivelmente endógena.

---

20. Ibid., pp. 316-25.
21. Ibid., p. 289.
22. Ibid., pp. 260-80.

Deixando de lado o elitismo, ou aquilo que Popper descreve como o "intelectualismo"[23] de Platão, sua teoria e a dos pensadores do início do Iluminismo partilham, ambas, o interesse por aquilo que pode ser conhecido sem que reste nenhuma dúvida – mesmo que a adoção desse critério absolutista implique aceitar que, no final das contas, não se pode conhecer nada. O método de pesquisa de Platão, como o dos primeiros pensadores iluministas, implicava uma rigorosa introspecção. Contudo, assim como os pensadores do Iluminismo maduro, Platão acreditava que a verdade era muito mais escorregadia e indefinível do que os pensadores do início do Iluminismo julgavam que fosse, além de considerá-la uma vítima constante da corrupção e dos interesses que competem entre si na política. Quanto a isso, na verdade, ele era muito menos otimista, e talvez mais realista, até mesmo que Mill e Dewey. A fé que tinham no encanto sedutor de uma ciência imparcial aparelhada para a busca da verdade é, como vimos, freqüentemente desmentida pelos fatos; parece que a explicação de Platão chega mais perto do alvo.

No entanto, o modo como Platão descreve a tensão entre democracia e verdade parece não ser plenamente suficiente para fixar critérios de legitimidade das instituições políticas. Pelo fato de considerar a busca da verdade algo essencialmente contemplativo, ele pouco tem a oferecer no que diz respeito à avaliação das diferentes formas de governo imperfeitas sob as quais efetivamente vivemos, e não dispõe de nenhum princípio sólido para defender os méritos relativos de uma em vez de outra. Algumas interpretações dizem que a forma de governo preferida de Platão é a que tenha maior probabilidade de deixar o filósofo em paz para se dedicar à busca do conhecimento; origina-se aí a lenda difundida por Strauss de que o filósofo, para ser apoiado em seu ofício, deve ser condescendente com o senhor[24]. Ainda

---

23. Popper, *Open Society*, p. 131.
24. Ver Leo Strauss, *Natural Right and History* (Chicago, University of Chicago Press, 1953), pp. 138-43; e "Liberal education and responsibility", em: *Liberalism Ancient and Modern* (Nova York, Basic Books, 1968), pp. 9-25.

que se admita, para efeito de raciocínio, que esta seja uma transcrição fiel do ponto de vista de Platão, ela está longe de nos levar à rejeição da democracia, a qual, como observei na seção 7.2, tem um histórico muito melhor que as não-democracias, na proteção de direitos negativos, como a liberdade de expressão e de associação, necessárias para a reflexão filosófica sem restrições.

Mas este teste de legitimidade política é pouco atraente. Segundo seus próprios termos, ele não se aplica à imensa maioria daqueles que, de acordo com a explicação dada por Platão, são incapazes de praticar a reflexão filosófica. Por essa razão, eles não teriam nenhum interesse na proposição, nem se impressionariam com ela, de que o critério para decidir a legitimidade de uma forma de governo seria sua eficácia em tornar o mundo seguro para a filosofia. Isso pode ser dito para lançar mão de diversas formas de subterfúgio e doutrinação das massas para levá-las a dar apoio à forma de governo que seja mais favorável à atividade filosófica. À parte a repugnância que um ponto de vista como esse provoca, sua eficácia parece duvidosa em uma era na qual a educação e a contestação política estão disseminadas, e na qual sempre haverá gente interessada em desmascarar a hipocrisia e a mentira – e em condições de fazê-lo. O sistema de doutrinação de Platão era um elemento de sua explicação daquilo que seria necessário para a preservação de uma ordem absolutamente justa, não era destinado ao mundo de sociedades imperfeitas no qual vivemos hoje[25].

7.1.2 A disputa democrática como aliada da verdade

É possível que muitos dos favorecimentos ilícitos e das apropriações indébitas evocados nas analogias do coman-

---

25. Ver, por exemplo, sua análise da disciplina militar em *As leis*, onde o objetivo é estimular o povo a que obedeça à autoridade sem pensar. Platão, *The Laws* (Harmondsworth, Penguin, 1970), pp. 489-91. Para uma análise mais aprofundada, ver Popper, *The Open Society and Its Enemies*, pp. 131-3.

dante do navio e do animal descritas por Platão façam parte da democracia tal como a conhecemos, mas os líderes democráticos nunca conseguem se livrar completamente do compromisso de dizer a verdade. Por exemplo, ainda que os partidos políticos e os governos dos quais eles participam possam, muitas vezes, atuar de acordo com os interesses de um estrato da população, eles invariavelmente alegam estar agindo em prol do interesse geral[26]. Isso abre caminho para que os partidos de oposição apontem as maneiras pelas quais os políticos da situação descumprem suas promessas e distorcem a verdade. Na realidade, um dos principais motivos pelos quais a oposição e a disputa política são essenciais para a política democrática é que elas fornecem os mecanismos por meio dos quais os líderes democráticos são chamados a prestar contas[27]. Apesar de uma espantosa habilidade em manipular a verdade, o presidente Clinton enfrentou o processo de *impeachment* e, ao ter suas mentiras reveladas de maneira incontestável, acabou contribuindo para a derrota do vice-presidente Albert Gore na eleição de 2000.

É fato que, na política democrática, nem sempre a verdade vence, mas a fidelidade a ela é um importante ideal regulador no debate político democrático. Quando o senador Joseph Biden foi desmascarado, por plagiar de Neil Kinnock um discurso "pessoal" sobre a infância, suas chances como candidato às eleições presidenciais de 1988 terminaram. Gary Hart teve o mesmo destino, ao ridicularizar de maneira desonesta a imprensa, a respeito de questões extraconjugais. A Operação Abscam, levada a cabo pelo FBI no final da década de 1970, pôs fim à carreira de numerosos servidores públicos, cuja desonestidade foi revelada. Mesmo um personagem influente como Dan Rostenkowski, congressista de longa data e presidente da Comissão de Or-

---

26. Ver John Roemer, "Does democracy engender justice?", em: Shapiro e Hacker-Cordón, *Democracy's Value*, p. 60; e Margaret Levi, "Death and taxes: Extractive equality and the development of democratic institutions", em: ibid., pp. 112-27.

27. Ver, de minha autoria, *Democracy's Place*, pp. 180-4, 234-42.

çamento da Câmara dos Deputados, foi considerado culpado por desviar recursos dos contribuintes, e, desacreditado, foi preso em 1996. É provável que esse tipo de fraude e de desvio não viesse à tona em regimes não-democráticos, em que não há luta pelo poder nem oposição política, inexistindo, portanto, o estímulo institucional para se desmascarar a improbidade.

Penso que o compromisso com a verdade na política é um elemento essencial da legitimidade, porque a maioria das pessoas reconhece que tem interesse em conhecê-la e em agir de acordo com ela. Como observei quando analisamos a máquina da experiência de Nozick na Seção 2.3, uma das razões pelas quais as pessoas se sentem incomodadas com a identificação feita pelo utilitarismo clássico entre o bem viver e o prazer é que elas precisam acreditar que suas experiências são autênticas – isto é, têm suas raízes na realidade. De fato, geralmente as pessoas sabem que quem tem, ou busca, o poder sempre acaba achando um motivo para distorcer ou manipular a verdade. O provérbio cunhado por Lorde Acton, no sentido de que "todo poder tende a corromper, e o poder absoluto corrompe absolutamente", pode ser um exagero, mas é amplamente aceito que ele retrata bem a realidade, pelas razões apresentadas em *A República* de Platão, entre outras, de sorte que os mecanismos que desmascaram a corrupção e a fraude devem ser parte inalienável de qualquer regime político legítimo. A democracia sai-se melhor que as alternativas existentes, pelo simples fato de institucionalizar tais mecanismos, estimulando aqueles que têm pretensões políticas a que joguem luz nos cantos escuros e exibam as falhas e hipocrisias uns dos outros. Desse modo, a democracia é um importante antídoto aos monopólios de poder que, com muita facilidade, se tornam reféns dos imperativos de sua própria sobrevivência. Do mesmo modo que o sistema de Pareto encarna a noção de consenso de Mill, assim também a democracia institucionaliza a disputa de idéias, que tanto Mill como Dewey consideravam essencial para a sobrevivência da liberdade.

Em *Capitalism, Socialism, and Democracy*, de 1942, Joseph Schumpeter enunciou, de modo contundente, um conceito competitivo de democracia, forçando a analogia entre competição política e econômica. Sua sugestão era que considerássemos os eleitores como consumidores, os partidos e os políticos como empresas, os votos que os políticos procuram ganhar como os substitutos do lucro, e as políticas implementadas pelos governos como bens e serviços políticos[28]. Não se pode, na verdade, reduzir a democracia à competição. Ela geralmente também envolve outras coisas, particularmente o direito de participar na definição do que vai ser feito, bem como certo grau de consulta pública[29]. Mas a competição pelo poder é indispensável[30]. Essa é a razão pela qual schumpeterianos contemporâneos como Samuel Huntington insistem que, para que um país seja considerado democrático, é preciso que o governo tenha entregue o poder duas vezes após derrota eleitoral – um teste difícil que, indiscutivelmente, deixa de fora os Estados Unidos até 1840, o Japão e a Índia durante grande parte do século XX, e a maioria das chamadas democracias da terceira onda que, desde a década de 1980, surgiram nos países ex-comunistas e na África subsaariana[31]. Os princípios da competição também tornam indispensáveis os direitos da oposição: uma competição política significativa pressu-

---

28. Joseph Schumpeter, *Capitalism, Socialism, and Democracy* (Nova York, Harper, 1942). Quem, de fato, explorou pela primeira vez essa analogia foi um economista, Harold Hotelling, em "Stability in competition", em: *Economic Journal*, vol. 39 (março de 1929), pp. 41-57.
29. Ver Jane Mansbridge, *Beyond Adversary Democracy* (Nova York, Basic Books, 1980); e Amy Gutmann e Dennis Thompson, *Democracy and Disagreement* (Cambridge, Mass., Harvard University Press, 1996).
30. Acerca da discussão sobre as críticas e alternativas à democracia schumpeteriana, ver Ian Shapiro, "The state of democratic theory", em Ira Katznelson e Helen Milner (orgs.), *Political Science: The State of the Discipline*, 3.ª ed. (Washington, D.C., American Political Science Association e Norton, 2002).
31. Ver Samuel Huntington, *The Third Wave Democratization in the Late Twentieth Century* (Norman, University of Oklahoma Press, 1991), p. 267.

põe a existência de partidos políticos prontos para agir, que critiquem o governo e ofereçam aos eleitores alternativas possíveis.

Do mesmo modo que o sistema de Pareto não é mais que uma encarnação imperfeita da idéia de consenso de Mill, assim também a democracia schumpeteriana não conduz a um tipo de competição política totalmente adequada. Pelo menos em teoria, o modelo de crítica que a esquerda faz ao mercado – de que este premia quem tem mais recursos – não se aplica. O recurso compensatório uma-pessoa-um-voto é amplamente considerado como uma exigência democrática não-negociável, apesar da ocasional apologia que se faz de uma "reserva de mercado" eleitoral, justificada por motivos de eficiência ou intensidade[32]. Na prática, a dificuldade é que – especialmente nos Estados Unidos, mas cada vez mais em outras democracias – os políticos empenham-se mais em obter contribuições para suas campanhas do que em obter os votos dos eleitores. Pode ser que uma tributação, em forma de confisco, das heranças com valor acima de dez milhões de dólares obtivesse um apoio decisivo dos eleitores, mas nenhum partido propõe isso. Na verdade, em 2000 e 2001, ambos os partidos apoiaram um projeto de lei, no Congresso americano, que aboliria o atual imposto sobre heranças – pago apenas pelos americanos que fazem parte dos 2 por cento mais ricos[33]. É provável que o motivo pelo qual os políticos evitam taxar os ricos é o

---

32. Ver James Buchanan e Gordon Tullock, *The Calculus of Consent: Logical Foundations of Constitutional Democracy* (Ann Arbor, University of Michigan Press, 1962), pp. 125-6, 132-42.

33. No verão de 2000, o Congresso aprovou a "Lei de Eliminação do Imposto sobre a Morte, de 2000" [Death Tax Elimination Act of 2000], que foi vetada pelo presidente Clinton. O presidente George W. Bush assinou um dispositivo de lei semelhante, como parte do corte de 1,35 trilhão de dólares de impostos ao longo de dez anos, feito por seu governo, e que entrou em vigor em 2001, sendo a projeção do custo da revogação do imposto sobre heranças foi de 138 bilhões de dólares ao longo desse período. Ver a publicação do Comitê Conjunto sobre Impostos, "Estimated Effects of the Conference Agreement on HR 1836" (26 de maio de 2001), em *www.house.gov/jct/x-51-01.pdf*.

medo de que, se fizerem isso, os recursos que seriam destinados a eles sejam canalizados para seus oponentes. Tais alegações são, intrinsecamente, difíceis de ser averiguadas, mas parece razoável supor que as propostas apresentadas pelos políticos sejam fortemente condicionadas pelos interesses dos doadores de campanha; que outro motivo teriam para contribuir? Acrescentando-se a isso o fato de que o pequeno número de partidos importantes determina na verdade uma disputa oligopolista, fica claro que não tem muito fundamento a percepção de que os partidos dão aos eleitores a mesma atenção que as empresas dão aos clientes.

Observem que o alvo dessas fortes críticas não é a noção de competição política em si, mas, antes, os pontos de imperfeição competitiva do sistema. Seria possível reduzir o poder desproporcional dos contribuintes de campanha (são inúmeras as propostas de reforma)[34], e poder-se-iam instituir reformas que aumentassem o número de partidos, facilitando uma maior competição. É extraordinário, na verdade, que os defensores do interesse público, os ativistas e os comentaristas políticos (para não falar dos teóricos da política) não defendam que se tente fazer uso das leis antitruste para combater o atual duopólio. Se a disputa pelo poder é a seiva vital da democracia, então a busca pelo consenso

---

34. O mais poderoso obstáculo que existe nos Estados Unidos é a equivalência, estabelecida pela Suprema Corte, entre dinheiro e difusão de idéias, a qual é protegida pela Primeira Emenda. Em *Buckley v. Valeo* 424 US 1 (1976), a Corte defendeu, *inter alia*, que, embora o Congresso possa regular as contribuições financeiras para os partidos políticos, não pode, por outro lado, regular os gastos particulares com a difusão de idéias políticas. Desde então, a Corte tolerou algumas pequenas restrições aos gastos das corporações em *Austin v. Michigan State Chamber of Commerce*, 494 US 652 (1990), mas, para todos os efeitos, o critério estabelecido em *Buckley* impossibilita que se restrinja a publicidade paga com recursos privados. A respeito dos exemplos de propostas de reforma que não entram em conflito com o critério de *Buckley*, ver Bruce Ackerman, "Crediting the voters: A new beginning for campaign finance", em: *The American Prospect*, nº 13 (1993), pp. 71-80; e Ian Ayres, "Disclosure versus anonymity in campaign finance", em: *NOMOS XLII: Designing Democratic Institutions*, Ian Shapiro e Stephen Macedo (orgs.) (Nova York, New York University Press, 2000), pp. 19-54 (2000).

bipartidário (e a idéia de acordo deliberativo por detrás dele) é, na verdade, uma conspiração contra a competição e uma limitação à democracia. Por que é que as pessoas não usam *esses* motivos para ir contra uma legislação que é patrocinada pelo bipartidarismo, ou por outras formas de acordos bipartidários? Parece haver pelo menos tantas razões louváveis para desmembrar os partidos Democrata e Republicano quanto as existentes para desmembrar a AT&T e a Microsoft[35].

Como sugere a comparação entre o acordo bipartidário e a conspiração para restringir a democracia, o ideal de uma disputa política institucionalizada não deve ser confundido com a idéia de debate, considerada por alguns como a essência da democracia[36]. O debate tem seu lugar na política democrática, em especial ao assegurar que as pessoas formem bem suas opiniões; mas, para a maioria das teorias, o objetivo do debate é gerar acordo[37]. Em comparação, a disputa pelo poder se concentra em embates realizados em cenários estruturados, nos quais as pessoas sabem que têm de aceitar determinadas regras, mas nos quais pretendem vencer o debate aos olhos de seu eleitorado – não, necessariamente, chegar a um acordo com os adversários. A institucionalização de mecanismos de exigência de que as pessoas cheguem a um acordo não ajuda em nada para que convirjam na direção da verdade. Elas podem concordar que a Terra é plana, que os estrangeiros são bárbaros ou que os

---

35. É verdade que os progressistas desenvolveram uma versão dessa crítica. Ver Leon D. Epstein, *Political Parties in the American Mold* (Madison, University of Wisconsin Press, 1986), pp. 17-71. A voz solitária na literatura contemporânea parece ser Donald A. Wittman, "Parties as utility maximizers", em: *American Political Science Review*, vol. 67 (1973), pp. 490-8.

36. Ver Gutmann e Thompson, *Democracy and Disagreement; and* Jürgen Habermas, *The Theory of Communicative Action*, vol. 1, *Reason and Rationalization of Society* (Boston, Beacon Press, 1984); e "Three normative models of democracy", *Constellations*, vol. 1, n.º 1, pp. 1-10.

37. A exceção, neste caso, é James Fishkin, *Democracy and Deliberation: New Directions for Democratic Reform* (New Haven, Conn., Yale University Press), cuja teoria do debate só pretende favorecer escolhas feitas com clareza, não o acordo.

negros são inferiores aos brancos. Uma das razões pelas quais Mill acreditava que o debate é tão importante na vida pública é que este abre espaço para que os dissidentes desmascarem as convenções enganosas e os preconceitos ortodoxos. A democracia competitiva, quando funciona bem, facilita um contínuo e vigoroso debate, no qual aqueles que buscam o poder são forçados a justificar suas afirmações ao público, ao mesmo tempo que são questionados pelos oponentes, cujo interesse é convencer o público das falhas dos pontos de vista dos primeiros e das vantagens de outros pontos de vista diferentes[38].

Para que a competição política tenha sentido, é preciso que exista também, além da oferta de alternativas feitas por aqueles que buscam o poder, uma demanda por alternativas, da parte de um público votante, cujos membros tenham a capacidade de pensar criticamente acerca dessas alternativas e de avaliar a adequação dos argumentos políticos. A criação e manutenção da capacidade crítica na população como um todo foi um dos motivos que levaram Dewey a apoiar a democracia contra o princípio "aristocrático" de organização social de Platão. Dewey opunha-se à idéia de que o que é bom para as pessoas possa, mesmo em princípio, ser-lhes imposto. Embora admitisse que Platão pudesse estar certo ao dizer que o indivíduo atinge "seu mais completo desenvolvimento" quando descobre "o lugar na sociedade em que melhor se encaixa e desempenha a função adequada àquele lugar", Dewey insistia que "ele deve encontrar o lugar e assumir o trabalho em grande parte com seus próprios meios"[39]. O respaldo dado a essa defesa universal da individualidade foi uma atitude fortemente antivanguar-

---

38. Ver, de minha autoria, "Enough of deliberation: Politics is about interests and power", em: Stephen Macedo (org.), *Deliberative Politics: Essays on Democracy and Disagreement* (Nova York, Oxford University Press, 1999), pp. 28-38; e "Optimal deliberation?", em: *Journal of Political Philosophy*, vol. 10, n.º 2 (junho de 2002), pp. 196-211.

39. John Dewey, The Ethics of Democracy, em: John Dewey, *The Early Works of John Dewey* (Carbondale, Southern Illinois University Press, 1969), vol. 1, p. 243.

dista, que sempre fez de Dewey alguém suspeito aos olhos dos governantes autoritários aparentemente benévolos. De acordo com seu ponto de vista, o ideal aristocrático de Platão falha porque "o resultado prático de dar poder aos poucos sábios e bons é que eles deixam de ser sábios e bons. Passam a ignorar as necessidades e exigências da multidão; deixam-na do lado de fora dos muros, sem participar verdadeiramente do Estado democrático"[40]. Assim, ao manter os monopólios do poder, é de esperar que as elites políticas tentem emburrecer a população, debilitando as exigências críticas necessárias para que os líderes continuem honestos e atentos.

Segundo Dewey, os argumentos políticos que defendem a superioridade da democracia diante das alternativas existentes são reforçados por considerações epistemológicas. Se deixarmos de lado os traços absolutistas que a teoria da verdade de Platão partilha com as teses do início do Iluminismo, e rumarmos em direção ao falibilismo do Iluminismo maduro, a relação da democracia com a verdade passa a ser compreendida sob outra luz[41]. Na aventura acumulativa e experimental de fazer retroceder as fronteiras da ignorância, a democracia é o aliado mais confiável da verdade. A postura democrática e a postura científica reforçam-se mutuamente, apenas porque ambas precisam do debate público. Cada idéia e cada teoria nova, sustentava Dewey em *Individuality in Our Day*, tem que ser submetida à comunidade científica para passar por uma avaliação crítica.

> O método experimental não se restringe ao uso de bicos de chama, retortas e reagentes. Ele é o inimigo de qualquer crença que tolera que hábitos e costumes prevaleçam sobre a inventividade e a descoberta, e o universo do lugar-

---

40. Ibid., p. 242.
41. Popper propõe a tese poderosa, embora polêmica, segundo a qual, diferentemente de Platão, Sócrates era democrata simplesmente por essa razão, a saber, que ele reconhecia que nosso conhecimento era muito limitado, e pensava que todos – incluindo os escravos – poderiam vir a compreender isso por meio da educação. *The Open Society and Its Enemies*, pp. 128-33.

comum passe por cima dos fatos verificáveis. A tarefa da pesquisa experimental é revisar constantemente. Ao revermos conhecimentos e conceitos, adquirimos a capacidade de efetuar transformações. Esse comportamento, uma vez incorporado à mente do indivíduo, encontraria uma maneira prática de se manifestar. Se o surgimento de uma idéia nova faz tremer os dogmas e as instituições, isso não é nada, comparado ao que aconteceria se as idéias dispusessem dos meios para prosseguir ininterruptamente na descoberta de novas verdades e na crítica de antigas crenças. Na ciência, "aquiescer" só é perigoso para aqueles que, por preguiça ou interesse próprio, gostariam de manter inalterada a ordem social existente. Pois a postura científica exige fidelidade a tudo o que vier a ser descoberto e adesão incondicional à nova verdade.[42]

Dewey considerava que a educação maciça espalharia essa perspectiva por toda a sociedade, promovendo uma "adoção generalizada da postura científica nas questões humanas"[43]. Embora admitisse que "seria absurdo acreditar que fosse desejável ou possível que todos se tornassem cientistas, quando a ciência é definida segundo o seu objeto", ele insistiu, de todo modo, em *Freedom and Culture*, que "o futuro da democracia está associado à difusão da postura científica. Ela é a única garantia contra a disseminação do erro pela propaganda enganosa. Mais importante ainda, ela é a única certeza de que é possível existir uma opinião pública suficientemente inteligente, capaz de fazer frente aos atuais problemas sociais"[44].

Dewey escreveu essas palavras às vésperas da Segunda Guerra Mundial. Vimos, na seção 6.3, que seu otimismo era exagerado, tanto em relação à rapidez de difusão da postura científica quanto à sua capacidade acumulada de tomar

---

42. Dewey, *Individuality in our Day*, republicado em John Dewey, *The Political Writings*, Debra Morris e Ian Shapiro (orgs.), (Indianápolis, Hackett, 1993), p. 83.
43. Ibid.
44. Dewey, *Freedom and Culture* (Nova York, G. P. Putnam's Sons, 1939), pp. 148-9.

o lugar do preconceito, do fanatismo e da superstição. Está claro, da perspectiva do século XXI, que a realidade tem mais a ver com uma batalha contínua, sem nenhuma garantia de que a postura científica crítica acabará sempre prevalecendo. A eterna existência de interesses conflitantes na política democrática significa que Platão tinha razão ao sugerir, com as analogias do comandante do navio e do animal, que sempre haverá aqueles que sucumbem ao impulso de distorcer a verdade e, para atingir ou manter o poder político, apostam na paixão e no preconceito. Mas, tanto por razões epistemológicas quanto políticas, ele se enganou ao insinuar que a resposta a isso era conferir o poder a uma elite política. Sua concepção absolutista do conhecimento partilha de muitas das características pouco convincentes dos primórdios do Iluminismo, que consideramos dignas de ser rejeitadas em favor do falibilismo experimental da ciência moderna. A democracia não apresenta nenhuma garantia quanto à busca da verdade através da ciência e sua aplicação à política, mas Dewey estava certo em dizer que as posturas democrática e científica partilham afinidades eletivas, e que, ao longo do tempo, a democracia oferece melhores condições para que a verdade prevaleça na política que qualquer outro sistema político alternativo. Não há dúvida de que isso faz parte daquilo que Winston Churchill tinha em mente quando insistia que a democracia é "a pior forma de governo, com exceção de todas as outras formas que têm sido experimentadas de tempos em tempos"[45].

7.2 Democracia e direitos

Não menos ilustre que o argumento platônico de que a democracia é inimiga da verdade é a alegação, geralmente associada à "tirania da maioria" discutida por Tocqueville e Mill, de que a democracia é inimiga dos direitos indivi-

---

45. Winston Churchill, Discurso à Câmara dos Comuns, novembro de 1947. Ver adamsharp.com/RAVES/QUOTES/index.asp.

duais[46]. Em sua forma moderna, as origens desse argumento remontam pelo menos à inquietação de Rousseau (ecoada por Madison no *Federalist* #10, com o conceito de "facções majoritárias"), de que a maioria poderia satisfazer os interesses de seus membros à custa da minoria[47].

7.2.1 A suposta irracionalidade da democracia

Os modernos teóricos da escolha social sustentam que o problema é mais grave do que esses autores clássicos imaginavam, em razão do fato de que o critério da maioria pode resultar em arbitrariedade e até mesmo na tirania da minoria. Ampliando um antigo conceito do marquês de Condorcet (1743-1794), Kenneth Arrow mostrou que, de acordo com algumas hipóteses extremamente frágeis, o critério da maioria pode levar a resultados aos quais se opõe a maioria da população. Por exemplo, se as preferências do eleitor I são, pela ordem, ABC, as do eleitor II CAB, e as do eleitor III BCA, existe então uma maioria potencial de A em relação a B (eleitores I e II), uma maioria potencial de B em relação a C (eleitores I e III), e uma maioria potencial de C em relação a A (eleitores II e III)[48]. Esse resultado, conhecido como ciclo de votação, infringe o princípio de transitividade – considerado geralmente um traço indispensável da racionalidade. Quando existe a possibilidade de acontecer esse tipo de ciclo, o resultado pode ser estabelecido por qualquer pessoa que controle a ordem de votação, desde que ela co-

---

46. John Stuart Mill, *On Liberty* (Indianápolis, Hackett, 1978 [1859]), p. 4; Alexis de Tocqueville, *Democracy in America* (Nova York, Anchor Books, 1969 [1832]), pp. 246-61.

47. Jean-Jacques Rousseau, *The Social Contract* (Harmondsworth, Penguin, 1968 [1762]), p. 73; James Madison, *Federalist #10*, em: James Madison, Alexander Hamilton e John Lay, *The Federalist Papers* (Harmondsworth, Penguin, 1987 [1787-8]), pp. 122-8.

48. Marquês de Condorcet, *Essay on the Application of Analysis to the Probability of Majority Decisions* (1785). Kenneth Arrow, *Social Choice and Individual Values* (Nova York, Wiley, 1951).

nheça as preferências dos eleitores. Mesmo que os resultados não sejam manipulados por quem define a pauta de prioridades, eles podem, de todo modo, ser arbitrários, no sentido de que, se as alternativas tivessem sido votadas em ordem diferente daquela em que foram, o resultado teria sido diferente. A democracia, em suma, pode levar à tirania da maioria, mas também pode levar à tirania de uma minoria estrategicamente bem situada ou à tirania da arbitrariedade irracional.

Nenhuma dessas alternativas parece se constituir em bom presságio para a democracia como protetora dos direitos individuais. O medo da tirania da parte das facções majoritárias levou Madison e os federalistas a imaginar um sistema político composto por vetos múltiplos que dificultassem a ação política da maioria. Entre estes, estava um sistema de separação de poderes no qual "a ambição será induzida a contrabalançar a ambição"[49], incluindo-se um tribunal independente, com poder para declarar a inconstitucionalidade da legislação, e um presidente cuja eleição e conseqüente legitimidade independam da legislação; um vigoroso sistema bicameral em que as leis tenham que ser aprovadas por ambas as casas e no qual maiorias de 2/3 em ambas as casas podem derrubar o poder de veto do presidente; e um sistema federativo em que existe uma permanente tensão jurisdicional entre o governo federal e os governos estaduais. Os achados da literatura da escolha social pós-arroviana* levaram comentaristas como William Riker e Barry Weingast a apoiar essa multiplicação de pontos de veto institucional à possibilidade de ação governamental e a defender que os tribunais devem cercear a legislatura o máximo possível, para que esta não ponha em risco os direitos individuais, especialmente os direitos de propriedade[50].

---
49. Madison, *Federalist* #51, *Federalist Papers*, p. 318.
* Referente à obra do economista americano Joseph Kenneth Arrow, Prêmio Nobel de economia de 1972. (N. do T.)
50. William Riker, *Liberalism Against Populism: A Confrontation Between the Theory of Democracy and the Theory of Social Choice* (Nova York, W. H. Free-

Devemos distinguir a afirmação de que o critério da maioria produz resultados que ameaçam os direitos individuais da afirmação de que ele produz resultados irracionais. É verdade que, se o critério majoritário agregasse com perfeição as preferências individuais, poderíamos sentir a tentação de dizer que ele seria a encarnação das escolhas dos governados – protegendo assim os direitos individuais conforme o sistema os expressa. Rousseau provavelmente tinha isso em mente quando disse que os métodos de decisão deveriam convergir para uma vontade geral, cuja caracterização ele tornou famosa, ainda que seja vaga, ao dizer que começamos com "a soma dos desejos individuais", subtraímos "os mais e menos que se destroem mutuamente", e então teremos, "como soma das diferenças, a vontade geral"[51]. Mas essa noção de vontade geral, descrita na literatura moderna como uma função do bem-estar social, é exatamente aquilo que Arrow mostrou ser inalcançável.

Entretanto, é possível aceitar que Arrow supera Rousseau sem que, em conseqüência disso, estejamos convencidos de que a democracia represente qualquer tipo de ameaça aos direitos individuais. A questão decisiva, afinal, é: comparado a quê? A descoberta de Arrow não trata simplesmente do critério majoritário. Seu teorema mostra que – dada a diversidade de preferências que ele postula, e dadas as condições institucionais modestas e as inevitáveis restrições à racionalidade – *nenhum* mecanismo garante a produção de uma decisão coletiva racional. Mas qual a alternativa? Libertários como Riker e Weingast afirmam que a alternativa é minimizar o máximo possível a ação governamental, mas isso é inadequado por dois motivos. Primeiro, como observei na seção 3.4, dificultar a ação governa-

---

man, 1982), pp. 101-16; William Riker e Barry Weingast, "Constitutional regulation of legislative choice: The political consequences of judicial deference to legislatures", em: *Virginia Law Review*, vol. 74 (1988), pp. 373-401. Ver também George Tsebelis, *Veto Players: How Political Institutions Work and Why* (Princeton, N.J., Princeton University Press, 2001).

51. Rousseau, *The Social Contract*, p. 72. [Op. cit., p. 37. (N. do R.)]

mental é, na verdade, privilegiar o *status quo*, mas engana-se quem pensa que isso não envolve uma ação coletiva. Talvez devido à propensão de raciocinar com a linguagem do contrato social, os libertários normalmente escrevem como se fosse uma escolha coerente "não ter" ação coletiva em sociedades em que, não obstante, existem a propriedade privada, a exigência de cumprimento dos contratos e a miríade básica de liberdades negativas. A experiência recente de países pós-comunistas como a Rússia não nos deveria deixar esquecer que todas essas instituições são preciosas e necessitam do apoio contínuo da coletividade[52]. O modelo constitucional libertário é um regime de ação coletiva sustentado pelo Estado, um regime financiado de maneira desproporcional por meio de impostos não-explícitos, pagos por aqueles que prefeririam um regime alternativo. Portanto, a pergunta mais adequada não é "ação coletiva: sim ou não?", e sim "que espécie de ação coletiva?".

Em segundo lugar, libertários como Riker e Weingast têm a tendência de se concentrar nos possíveis desvios institucionais da legislatura, enquanto ignoram os das instituições que teriam que enquadrar a ação legislativa – como, por exemplo, os tribunais. Ao menos nos Estados Unidos, os próprios tribunais superiores são instituições majoritárias (incluindo a Suprema Corte americana, que tem nove membros). Tudo leva a crer que a possibilidade de eles passarem por ciclos é pelo menos igual à da legislatura, e talvez estejam até mais sujeitos à manipulação. Os juízes que presidem os tribunais, sobre cuja pauta e ordem de encaminhamento das questões eles exercem um considerável controle, conhecem bastante bem as posições de seus colegas, porque julgam muitos casos estreitamente relacionados entre si e a renovação de pessoal é paulatina e lenta. Parece razoável supor que se dispõe de menos informações pertinentes passíveis de manipulação em um Senado

---

52. Stephen Holmes e Cass Sunstein, *The Costs of Rights: Why Liberty Depends on Taxes* (Nova York, Norton, 1999).

composto por cem membros, 1/3 dos quais tem de enfrentar eleições a cada dois anos, ou em uma Câmara dos Deputados com 435 membros, cuja totalidade tenta se reeleger a cada dois anos – sem falar da população como um todo. É verdade que os altos índices de reeleição diminuem o ritmo de renovação dos legisladores, e grande parte de seu trabalho é feito em comissões menores. Mesmo admitindo-se isso, não há por que acreditar que a legislatura esteja mais sujeita que os tribunais à possibilidade de resultados arbitrários ou manipulados, identificada por Arrow[53].

Mais importantes, talvez, que as incoerências da crítica libertária da democracia sejam as expectativas que ela deixa em relação ao que seria o resultado de um processo de decisão não-arbitrário. Arrow pode ter demonstrado que essa coisa chamada vontade geral rousseauniana geralmente não existe, mas afirmar que devemos ficar preocupados com isso é querer fazer parte de um tipo de absolutismo epistemológico aparentado com o de Platão. A transitividade bem pode ser uma qualidade aceitável da racionalidade individual, mas, em muitas decisões coletivas, exigir que ela esteja presente é algo que está longe de fazer sentido. Se os New York Giants ganharem dos Dallas Cowboys, e estes por sua vez ganharem dos Washington Redskins, ninguém vai insinuar que os Redskins não devem jogar com os Giants para não transgredir o princípio de transitividade. Nos comitês em que se chega a um impasse, as decisões às vezes são tomadas no cara ou coroa – algo talvez arbitrário, mas necessário para que a vida em coletividade siga em frente. Em tais circunstâncias, mais importante que o fato de que

---

53. Ver Frank Easter brook, "Ways of criticizing the Court", em: *Harvard Law Review*, vol. 95 (1982), pp. 802-32; e Walter Murphy, *Elements of Judicial Strategy* (Chicago, University of Chicago Press, 1964), pp. 37-122. A respeito da hipótese mais geral de que, se na verdade o voto tem tão pouca importância como Riker afirma, isso abala seu "progressismo" tanto quanto o "populismo" que ele ataca, ver Jules Coleman e John Ferejohn, "Democracy and social choice", em: *Ethics*, vol. 97, n.º 1 (1986), pp. 11-22.

em outro dia o resultado possa ter sido diferente, é que cada um dos mecanismos de disputa ou do processo de decisão seja considerado justo[54].

Se deixarmos de lado a expectativa de que existe uma vontade geral rousseauniana ou uma função do bem-estar social esperando lá fora para ser descoberta, como uma forma platônica no espaço metafísico, isso não impede que possamos nos convencer dos méritos do critério majoritário como método de tomada de decisões em um grande número de situações. O fato de este método promover a disputa de idéias, como vimos em 7.1.2, é um ponto a seu favor. Outro é que o critério majoritário pode contribuir para a estabilidade política justamente porque sempre existe a possibilidade de reverter o *status quo*. Teóricos da democracia, como Giuseppe di Palma e Adam Przeworski, observam que é a incerteza institucionalizada acerca do futuro que estimula os que perderam uma disputa a continuar comprometidos com o processo, em vez de pegar em armas ou, então, alienar-se do processo político[55]. Isso não acontece quando existe uma única clivagem dominante na sociedade, como no caso em que as ordens de preferência da maioria da população são idênticas. Uma estrutura de preferência como essa evitará um ciclo arroviano, mas é bem possível que o preço a ser pago por isso seja transformar uma oposição leal (em que existe o apoio ao sistema democrático, embora se faça oposição ao governo do momento) em uma oposição desleal, na qual os derrotados tentam destruir o próprio sistema. Fazendo uma generalização disso, Nicholas Miller observou que, desde Arrow, há uma contradição

---

[54]. Para uma discussão mais aprofundada da justiça como critério superior de transitividade nas decisões coletivas, ver Mueller, *Public Choice II*, pp. 390-2.

[55]. Giuseppe di Palma, *To Craft Democracy: An Essay on Democratic Transitions* (Berkeley, University of California Press, 1990), p. 55; e Adam Przeworski, *Democracy and the Market* (Cambridge, Cambridge University Press, 1991), pp. 10-2.

entre a idéia de estabilidade existente na literatura da escolha pública (segundo a qual, para evitar o ciclo, devem-se estabelecer diversas restrições às preferências) e a noção pluralista de estabilidade. A troca periódica de governo exigida por esta última concepção é facilitada exatamente pela heterogeneidade de preferências que cria a possibilidade do ciclo[56]. De fato, os estudiosos de política comparada afirmam com freqüência que, na falta de preferências heterogêneas, a democracia competitiva não funciona. Se as clivagens de preferência na população não a perpassam com uma transversalidade suficiente, sugerem-se sistemas institucionais alternativos, como a "democracia consociativa" de Arend Lijphart, que inclui a incorporação de vetos das minorias e força as elites que representam os diferentes grupos a governar por consenso como um cartel, evitando a disputa política[57].

Portanto, uma análise mais acurada revela que a possibilidade de ocorrerem ciclos eleitorais não é particularmente preocupante, podendo ser até favorável para a estabilidade das instituições democráticas. A probabilidade de que os ciclos realmente ocorram é outra questão. Já observei que, se uma maioria absoluta tem preferências idênticas, os ciclos são descartados. Diversas outras restrições às preferências também reduzem ou eliminam a probabilidade de ocorrência[58]. Pelo menos um resultado teórico sugere que a ocorrência de ciclos, comparativamente, é improvável em grandes populações, mesmo quando há uma heterogeneidade de preferências; e um estudo empírico exaustivo de Gerry Mackie revelou que todo suposto ciclo identificado

---

56. Nicholas Miller, "Pluralism and social choice", em: *American Political Science Review*, vol. 77, nº 3 (1983), pp. 735-40.

57. Arend Lijphart, *Democracy in Plural Societies* (New Haven, Yale University Press, 1977). Deixo de lado as enormes dificuldades empíricas ligadas à questão de determinar se as preferências, em uma população, reforçam-se mutuamente ou perpassam-na transversalmente, e como podem, se é que podem, passar daquela para esta situação. Ver Shapiro, *Democracy's Place*, pp. 177-80, 216-8.

58. Ver Mueller, *Public Choice II*, pp. 63-6, 81-2.

na literatura da escolha social está baseado em afirmações falsas ou dados imperfeitos[59]. Pode ser que a democracia acabe aproveitando o melhor dos dois mundos. A possibilidade da existência de ciclos é um estímulo aos derrotados em dada eleição – para que continuem comprometidos com o sistema, na esperança de uma vitória futura; mas o fato de que, na verdade, os ciclos são raros significa que as políticas governamentais não estão sendo continuamente revertidas[60]. Na área da política tributária, por exemplo, não há dúvida de que, a qualquer *status quo* imaginável, corresponde uma coalizão latente capaz de perturbá-lo. Pode-se ilustrar isso pensando-se em uma sociedade de três pessoas, que votam para dividir um dólar segundo o critério majoritário: qualquer que seja a distribuição, alguma coalizão majoritária terá interesse em alterá-la. E, no entanto, é notável como a política tributária permanece estável ao longo do tempo[61].

7.2.2 Tirania da maioria?

Se os achados da literatura da escolha pública não representam uma ameaça tão grande à legitimidade democrática como normalmente se imagina, que dizer da preocupação mais antiga, associada às teses de Tocqueville e Mill, com

---

59. Ver A. S. Tangian, "Unlikelihood of Condorcet's paradox in a large society", em: *Social Choice and Welfare*, vol. 17 (2000), pp. 337-65; e Gerry Mackie, *Is Democracy Impossible? A Preface to Deliberative Democracy* (Cambridge University Press, disponível proximamente). Ver também Green e Shapiro, *Pathologies of Rational Choice*, capítulo 7.

60. Ver Gordon Tullock, "Why so much stability?", em: *Public Choice*, vol. 37, n.º 2 (1981), pp. 189-202. Em relação à tese de que as instituições reduzem a probabilidade de ocorrerem ciclos, ver Kenneth Shepsle e Barry Weingast, "Structure induced equilibrium and legislative choice", em: *Public Choice*, vol. 37, n.º 3 (1981), pp. 503-19.

61. John Witte, *The Politics and Development of the Federal Income Tax* (Madison, University of Wisconsin Press, 1985).

a tirania da maioria, e dos elementos antimajoritários introduzidos na Constituição americana por seus criadores? Nesse ponto, as previsões de Tocqueville eram especialmente apocalípticas. "Grilhões e carrascos são instrumentos grosseiros, que a tirania empregava outrora", observou ele em 1835, no entanto "em nossos dias a civilização aperfeiçoou até o próprio despotismo, que parecia contudo nada mais ter a aprender". A possibilidade de tirania da maioria o afligia como a maior ameaça apresentada pela democracia nos Estados Unidos. Citando a inquietação de Madison em *Federalist* # 51, de que "em uma sociedade constituída de maneira tal que a facção mais forte seja capaz de rapidamente se unir e oprimir a mais fraca, pode-se afirmar, de fato, que reina a anarquia", Tocqueville opinava que, "se algum dia a liberdade vier a ser perdida na América, dever-se-á imputar essa perda à onipotência da maioria, que terá levado as minorias ao desespero e as terá forçado a apelar para a força material". Como disse Madison, o resultado pode ser a anarquia, "mas chegará como conseqüência do despotismo"[62].

James Buchanan e Gordon Tullock apresentaram, em 1962, uma influente resposta teórica a esse perigo; ela se baseava na disposição dos criadores da Constituição em fazer com que alguns direitos e liberdades fossem mais difíceis de modificar pelo critério majoritário do que outros. Empregando o tipo de raciocínio mais tarde celebrizado por Rawls, fizeram a seguinte pergunta: que regras decisórias seriam escolhidas por cidadãos mutuamente desinteressados, em uma assembléia constituinte na qual ninguém tivesse certeza "acerca de qual será seu papel preciso em qualquer uma das partes do conjunto total de escolhas coletivas que terão de ser feitas de verdade"? Egoísta ou altruísta, cada agente é obrigado pelas circunstâncias "a agir, a partir do interesse próprio, *como se* estivesse escolhendo o melhor

---

62. Tocqueville, *Democracy in America*, pp. 255, 260, [Op. cit., pp. 299, 304. (N. do R.)]

conjunto de regras para o grupo social"[63]. Eles sustentavam que, desse ponto de vista, não há motivo para preferir o critério majoritário às alternativas possíveis. O processo de decisão coletiva invariavelmente traz custos e benefícios para qualquer indivíduo, e um critério ideal de decisão minimizaria a soma de "custos externos" (aqueles que um indivíduo teria em razão de ações legais, mas danosas, da parte de terceiros) e "custos do processo de decisão" (os de ajustar o acordo na negociação coletiva). Os custos externos da ação coletiva diminuem à medida que são necessárias maiorias cada vez mais amplas; no caso-limite do critério de unanimidade, todo indivíduo está absolutamente protegido, porque qualquer um pode vetar uma ação sugerida. Inversamente, os custos do processo de decisão aumentam de maneira previsível com a necessidade de proporcionalidade, porque os custos da negociação aumentam. A questão da escolha no estágio constituinte é a de definir o ponto no qual os custos combinados são os menores em relação a diferentes tipos de ação coletiva, e chegar a um acordo quanto a uma série de critérios de decisão a serem aplicados em diferentes situações futuras[64].

Podemos distinguir pelo menos três tipos de ação coletiva, que exigem diferentes critérios de decisão. Primeiramente, há o critério de decisão inicial, que tem de prevalecer perante outros critérios de decisão que venham a ser decididos. Buchanan e Tullock "pressupõem, sem entrar em detalhes, que nesse estágio elementar (...) vigora o critério de unanimidade". Em seguida, vêm "aquelas possíveis decisões coletivas ou públicas que modificam ou limitam a configuração dos direitos humanos individuais ou de propriedade,

---

63. Buchanan e Tullock, *The Calculus of Consent*, pp. 78, 96, grifos do original. Um sinal da influência dessa obra é que, quando Buchanan recebeu o Prêmio Nobel de Economia em 1986, quase um quarto de século depois de ela ter sido publicada, a premiação destacou "o desenvolvimento dos fundamentos contratuais e constitucionais para a teoria do processo de decisão econômica e política", em: www.nobel.se/economics/laureates/1986/.

64. Buchanan e Tullock, *Calculus*, pp. 63-77.

após estes terem sido definidos e aceitos em grande medida pela comunidade". Antevendo que a ação coletiva pode "impor-lhe custos violentos", o indivíduo tende "a dar muito valor à obtenção de seu consentimento, e pode se sentir muito inclinado a passar por um processo de decisão significativamente custoso a fim de garantir que, de fato, estará razoavelmente a salvo de confisco". Ele exige, assim, um critério de decisão que se aproxime da unanimidade. Em último lugar, está a espécie de ação coletiva cuja incumbência é típica dos governos. Para estes, "o indivíduo irá reconhecer que a empresa privada lhe imporá alguns custos interdependentes, talvez num montante significativo, o que o levará, hipoteticamente, a apoiar uma transferência de tais atividades para o setor público". Os exemplos incluem o fornecimento de educação pública, a imposição de códigos de edificação e de prevenção de incêndios, e a manutenção de policiamento adequado. Em troca de tal "legislação genérica", o indivíduo no estágio constituinte apoiará critérios de decisão menos inclusivos, embora não necessariamente o critério de maioria simples, e, de fato, no interior dessa categoria pode-se chegar a um acordo acerca das diferentes maiorias ideais para diferentes objetivos. "O número de grupos, e o número de critérios de tomada de decisão escolhidos, dependerá da situação que o indivíduo espera que prevaleça e da expectativa de 'ganhos de escala' em conseqüência do uso do mesmo critério num grande número de atividades."[65]

Esse raciocínio apresenta vários tipos de deficiência, com as quais não precisamos nos preocupar agora[66]. O aspecto a ser enfatizado aqui é que sua tendência inercial favorável ao critério de unanimidade depende de dois pressupostos questionáveis, que fazem a democracia parecer menos atraente do que deveria. A primeira é a ficção do contrato social (cuja implausibilidade já foi mencionada), segundo o qual poderia haver um estágio inicial em que prevalece apenas a ação privada na sociedade – sem a concordância

---

65. Ibid., pp. 77, 73, 73-4, 75-6.
66. Ver Shapiro, *Democracy's Place*, pp. 19-29.

das instituições coletivas. Isso sem falar que o pressuposto de Buchanan e Tullock – de que as pessoas no estágio pré-político "são donas" de seus recursos e dons – vai de encontro à vigorosa tese da arbitrariedade moral de Rawls, discutida em 5.2.2. A segunda deficiência aparece, mesmo que participemos da experiência controlada proposta por Buchanan e Tullock. Eles sustentam que, enquanto critério de decisão, a unanimidade tem a característica ímpar de ser o único critério racional de decisão de toda ação coletiva proposta, se o custo do processo de decisão for igual a zero[67]. Mas esse raciocínio confunde unanimidade *enquanto* critério de decisão com unanimidade *enquanto* condição social, isto é, uma situação geral em que todos queiram, na verdade, o mesmo resultado. Baseando-se num trabalho anterior de Brian Barry, Douglas Rae mostrou que, do ponto de vista constitucional de Buchanan e Tullock, teríamos que admitir que existe a mesma probabilidade de termos uma atitude favorável quanto desfavorável em relação a qualquer *status quo* futuro; e que, nos casos em que a atitude é desfavorável, um critério de decisão que exige unanimidade vai contra nossas preferências. Buchanan e Tullock admitem integralmente que os distanciamentos do *status quo* é que têm de ser justificados, mas isso não é razoável. Fatores externos ao longo do tempo, ou "mudanças nos conceitos de utilidade" (expressão usada por Rae), podem mudar nossas avaliações do *status quo*. Podemos pensar, em

---

67. Isso não é rigorosamente verdade se a venda do voto for tolerada. Supondo-se isso, e supondo-se também que o processo de decisão não tenha custos, não há critério de decisão ideal, pelo mesmo motivo que – como Coase mostrou –, na falta de custos de informação, de influência da riqueza, de fatores externos e de outros empecilhos à troca, como a lógica da carona (*free riding*), nenhum sistema de responsabilidade civil delitual é mais eficiente que qualquer outro. Qualquer que seja o sistema, portanto, as pessoas farão suas trocas procurando alcançar resultados Pareto-ideais. R. H. Coase, "The problem of social cost", em: The *Journal of Law and Economics*, vol. 3 (1960), pp. 1-44. Supondo-se, de todo modo, que não exista mercado eleitoral sem distorção, e Buchanan e Tullock reconhecem que algumas de suas limitações são inevitáveis, eles afirmam que a unanimidade somente seria escolhida se o processo de decisão fosse livre de custos. Buchanan e Tullock, *Calculus*, pp. 270-4.

determinadas circunstâncias, que aqueles que privilegiam os insucessos da ação coletiva, em lugar da própria ação coletiva, deveriam arcar com o ônus da prova[68]. As pessoas podem mudar de opinião por outros motivos, previstos ou imprevistos, ou alguém pode ser contrário e não querer se sujeitar a um *status quo* que é fruto do acordo unânime de uma geração anterior. Na verdade, Rae demonstrou formalmente que, se admitimos que a probabilidade de sermos contra ou a favor de qualquer proposta é a mesma (o que aparentemente seria uma exigência da condição de incerteza presente na assembléia constituinte), então o critério majoritário, ou algo muito próximo a ele, é a única solução para o problema da escolha, de Buchanan e Tullock[69].

No fim das contas, é uma questão empírica saber se a democracia majoritária enfraquece ou não os direitos individuais, do modo como preocupava Tocqueville, Mill e os criadores da Constituição americana, tornando necessária a implementação de dispositivos antimajoritários concebidos para limitar seu alcance. Nos Estados Unidos, o dispositivo institucional que mais tem sido objeto de discussão e atenção é o judiciário, dados os amplos poderes de controle de constitucionalidade atribuídos à Suprema Corte. O projeto rawlsiano é um projeto de limitação constitucional que tem tido certo impacto no comportamento do judiciário americano[70]. As teorias alternativas formuladas por pensadores como Bruce Ackerman, Ronald Dworkin e G. A. Cohen podem ter sido

---

68. Ver Douglas W. Rae, "The limits of consensual decision", em: *American Political Science Review*, vol. 69, n? 4 (1975), pp. 1270-94. Em relação à argumentação anterior de Barrry, ver, de sua autoria, *Political Argument* (Nova York, Humanities Press, 1965), pp. 243-85.

69. Quando os eleitores são em número ímpar, o critério ideal de decisão é o majoritário (*n* dividido por dois mais meio); quando *n* é par, o critério ideal de decisão é o majoritário (*n* dividido por dois mais um) ou o majoritário menos um (simplesmente *n* dividido por dois). Douglas W. Rae, "Decisionrules and individual values in constitutional choice", em: *American Political Science Review*, vol. 63, n? 1 (1969), pp. 40-56, 51.

70. R. B. Parker, "The jurisprudential uses of John Rawls", em: *NOMOS XX: Constitutionalism*, J. Roland Pennock e John Chapman (orgs.) (Nova York, New York University Press, 1979).

menos influentes até agora, mas todos eles têm como premissa a idéia de que um executor independente, dos princípios propostos por eles (supostamente um tribunal constitucional) deve estabelecer os limites daquilo que a democracia pode fazer[71].

É difícil, no entanto, encontrar provas convincentes que justifiquem a preocupação de que a democracia representa uma ameaça aos direitos e liberdades individuais. Robert Dahl recordou recentemente que, no século e meio que transcorreu após Tocqueville ter alardeado seus temores apocalípticos, as liberdades políticas acabaram sendo consideravelmente mais respeitadas nas democracias que nos lugares em que esta não estava presente. Os países em que existem ampla liberdade de expressão e de associação, respeito pelos direitos individuais e de propriedade, proibição da tortura e garantia de igualdade perante a lei são, na esmagadora maioria, aqueles que contam com sistemas políticos democráticos[72]. Mesmo se ampliássemos a definição de direitos individuais para incluir garantias sociais e econômicas, não se conseguiria, de maneira confiável, argumentar que estas são mais bem atendidas nos países não-democráticos que nas democracias[73]. É reconhecidamente difícil

---

71. Bruce Ackerman, *Social Justice in the Liberal State* (New Haven, Yale University Press, 1980); Ronald Dworkin, *Law's Empire* (Cambridge, Mass., Harvard University Press, 1986) [trad. bras. *O império do direito*, São Paulo, Martins Fontes, 1999]; e G. A. Cohen, "On the currency of egalitarian justice", *Ethics*, vol. 99, n.º 4 (julho de 1989), pp. 906-44.

72. Robert Dahl, *How Democratic Is the American Constitution?* (New Haven, Yale University Press, 2002), pp. 132-9.

73. É bastante conhecida a diferenciação, feita pelo sociólogo T. H. Marshall, dos três tipos de direitos crescentemente abrangentes: os direitos *civis* incluem "os direitos indispensáveis à liberdade individual – liberdade da pessoa, liberdade de expressão, de pensamento e de culto, direito à propriedade, direito de celebrar contratos válidos, e direito à justiça [o direito, que cada um tem, de afirmar e defender seus direitos]". Os direitos *políticos* incluem "o direito de participar no exercício do poder político, como membro de um corpo investido de autoridade política ou como eleitor dos membros desse corpo". E, por direitos *sociais*, Marshall entendia "todo o espectro que vai do direito a uma quantidade módica de bem-estar econômico e de segurança ao direito de participar plenamente na herança social e de viver a vida de um

examinar essa questão de maneira empírica. A maior parte dos países ricos do mundo, com recursos para assegurar garantias socioeconômicas expressivas, também é composta por democracias, e os fracassos das formas de governo comunistas certamente tiveram mais a ver com suas economias do que com seus sistemas políticos. No entanto, certamente não se desejaria basear a argumentação de Tocqueville no exemplo comunista, em que as liberdades civis e políticas eram consideravelmente menos respeitadas que nas democracias e o nível de recursos sociais era geralmente baixo. No mínimo, somos obrigados a concluir que sua argumentação não se comprovou, e que a verdade parece estar do lado oposto, ou seja, que a melhor maneira de garantir os direitos individuais e as liberdades civis é esforçar-se para criar e fortalecer a democracia.

Os tribunais constitucionais são importantes nas democracias? Certamente houve períodos, na história dos Estados Unidos, em que o judiciário federal foi bem-sucedido na defesa dos direitos individuais e das liberdades civis contra o braço legislativo do governo, sendo o mais conhecido aquele em que Warren presidiu a Corte Suprema[74]. Mas também houve períodos em que ela legitimou a opres-

---

ser civilizado, de acordo com os padrões predominantes na sociedade". Terence H. Marshall, *Class, Citizenship, and Social Development* (Nova York, Doubleday, 1965), p. 78. O otimismo de Marshall ultrapassou aquilo que a história acabou autorizando, uma vez que, de acordo com sua concepção, à medida que se modernizassem, as sociedades progrediriam dos direitos de cidadania civil para os de cidadania política e para os de cidadania social.

74. Estão em jogo aqui questões terminológicas das quais dependem questões essenciais. Por exemplo, na era *Lochner*, em nome da proteção às liberdades individuais, a Corte Suprema derrubou uma grande quantidade de leis – embora o objetivo destas fosse aumentar as garantias sociais e econômicas –, promovendo os direitos civis à custa dos direitos sociais, de acordo com a terminologia empregada por Marshall na nota 73 acima. Ver *Lochner v. New York* 198 U.S. 45 (1905). Para uma análise da era *Lochner*, ver Lawrence Tribe, *American Constitutional Law* (Nova York, Foundation Press, 1978), pp. 567-86; para uma análise geral da evolução da legislação constitucional americana ao longo dos anos em que Warren presidiu a Corte Suprema (1953-69), pp. 558-1720.

são racial e a negação das liberdades civis[75]. É surpreendente que, até recentemente, essa questão tenha sido pouco estudada de uma maneira sistemática, que ultrapasse o relato anedótico. Já em 1956, Dahl tinha registrado seu ceticismo de que se pudesse demonstrar que o grau de respeito às liberdades individuais era influenciado positivamente pelas democracias com tribunais constitucionais, em comparação com aquelas em que estes não existiam, um ponto de vista aprofundado por ele, dois anos depois, no artigo seminal intitulado "Decision making in a democracy: The Supreme Court as national policymaker"[76]. Estudos posteriores mostraram que o ceticismo de Dahl tinha fundamento[77]. Na verdade, existem motivos para pensar que a popularidade alcançada pelos tribunais independentes nas novas democracias pode ter mais a ver com a popularidade da independência dos bancos do que com a proteção das liberdades individuais. Eles podem funcionar como dispositivos sinalizadores, para os investidores estrangeiros e os controladores das instituições econômicas internacionais, de que a capacidade das autoridades eleitas de comprometer-se com políticas de redistribuição ou interferir no direito de propriedade será limitada. Isto é, ao retirar da discussão as diretrizes impopulares, eles podem constituir-se em dispositivos de limitação da oposição política interna a elas[78].

---

75. Ver Rogers Smith, *Civic Ideals: Conflicting Visions of Citizenship in U.S. History* (New Haven, Yale University Press, 1997), pp. 165-409.

76. Robert Dahl, *A Preface to Democratic Theory* (Chicago, University of Chicago Press, 1956), pp. 105-12; e "Decision making in a democracy: The Supreme Court as national policymakers", em: *Journal of Public Law*, vol. 6, n.º 2 (1958), pp. 279-95.

77. Ver Dahl, *Democracy and Its Critics* (New Haven, Yale University Press, 1989), pp. 188-92; e *How Democratic Is the American Constitution?* (New Haven, Yale University Press, 2002), capítulo 3; Mark Tushnet, *Taking the Constitution Away From the Courts* (Princeton, N.J., Princeton University Press, 1999); e Ran Hirschl, *Towards Juristocracy: A Comparative Inquiry onto the Origins and Consequences of the New Constitutionalism* (Cambridge, Mass., Harvard University Press, 2002).

78. Ver Ran Hirschl, "The political origins of judicial empowerment through constitutionalization: Lessons from four constitutional revolutions", em: *Law and Social Inquiry*, vol. 25, n.º 1 (2000), pp. 91-147.

7.2.3 Direitos de quem?

Nos capítulos anteriores, percebemos que existe uma importante questão relacionada aos direitos, que uma boa parte da teoria política não tratou de modo convincente: direitos *de quem*? A tradição democrática, aparentemente, parece ser igualmente inepta sob esse aspecto. Se a democracia exige que se use um critério de decisão tal como o da maioria, pressupõe-se que a pergunta "maioria de quem?" já foi respondida – que já se determinou o *demos*. Isso dá a entender, contudo, que se deve deduzir que algumas das questões mais fundamentais e controvertidas da política já foram decididas antes que a democracia entrasse em cena. Voltar às origens da tradição democrática certamente não nos é de grande utilidade. Como vimos, é notório o fato de os antigos gregos negarem o direito de cidadania a mulheres e escravos, e não reconhecerem seus deveres políticos para com os bárbaros estrangeiros. O voto universal é um acontecimento relativamente recente nos países democráticos, embora a cidadania continue sendo, em muitos casos, uma barreira intransponível à participação democrática. Tem-se observado freqüentemente, em toda a literatura contemporânea, que o fracasso em criar uma teoria adequada de pertença é um obstáculo sempre presente na teoria democrática[79].

Na verdade, a tradição democrática conta com recursos claros para enfrentar essa questão, porque a base de sua legitimidade assenta-se na idéia causal de se ter um interesse afetado. Isto é, a razão pela qual certamente a democracia é defensável é que, quando se trata de uma decisão que afeta as pessoas, elas devem ser ouvidas. É esse o apelo contido na declaração de Nélson Mandela diante do tribunal do *Apartheid* Sul-africano, antes de ser condenado por traição em 1963: ele não podia se sujeitar a "uma lei sobre cuja elaboração nem eu nem ninguém do meu povo foi

---

79. Ver Ian Shapiro e Casiano Hacker-Cordón, "Outer edges and inner edges", em: Shapiro e Hacker-Cordón, *Democracy's Edges*, pp. 1-16.

ouvido"[80]. O princípio causal do interesse afetado dá a entender que, idealmente, a estrutura dos critérios de decisão deve se guiar pelos contornos das relações de poder, não de pertença ou cidadania: se as conseqüências o afetam, presume-se que você tenha o direito de opinar. Essa concepção fornece base para uma possível réplica à distribuição moralmente arbitrária das cidadanias no mundo: ou a distribuição de cidadania deve passar por uma reforma que a conforme mais às realidades do poder, ou o direito de participar nas tomadas de decisão deve ser desligado da cidadania, para acompanhar melhor os contornos das relações de poder.

Uma observação a respeito dessa linha de raciocínio: do mesmo modo que pode haver versões da teoria democrática que não vão a fundo na questão da pertença, há igualmente versões das outras tradições examinadas por nós que também evitam a pertença nacional como base de legitimação da política. Existem autores utilitaristas que se aferram a uma métrica de cálculo global[81]. A tradição marxista também foi cosmopolita desde o princípio – ainda que o fosse de maneira irrealista. Como vimos na seção 6.6, alguns críticos de Rawls afirmam que sua teoria contratualista de justiça deve ser aplicada em âmbito global. Outros autores liberais defendem, conscientemente, teorias cosmopolitas, criticando o fetichismo irracional dos Estados nacionais, presente em grande parte da tradição liberal[82]. Até mesmo autores de tra-

---

80. Nelson Mandela, "Address to the court before sentencing", em: J. Ayo Langley (org.), *Ideologies of Liberation in Black Africa, 1856-1970* (Londres, Rex Collins, 1979), p. 664.

81. Ver Shelly Kagan, *The Limits of Morality* (Cambridge, Oxford University Press, 1989), e, de natureza semelhante – embora não explicitamente utilitarista –, James Fishkin, *The Limits of Obligation* (New Haven, Yale University Press, 1982). Isso para não mencionar Peter Singer, que estende suas preocupações utilitaristas também às formas inumanas de vida. Ver *Practical Ethics*, 2.ª ed. (Nova York, Cambridge University Press, 1993), pp. 63-8, 134.

82. Ver, em especial, Brian Barry, "Statism and nationalism: A cosmopolitan critique", em: Ian Shapiro e Lea Brilmayer (orgs.), *NOMOS XLI: Global Justice* (Nova York, New York University Press, 1999), pp. 12-66; e Hillel Steiner, "Just taxation and international redistribution", em: ibid., pp. 171-91.

dição comunitarista estão dispostos a questionar a exagerada supremacia do Estado nacional. Se, em todas essas tradições, existem ao menos facções que põem em dúvida o primado da cidadania nacional, por que destacar a facção pertencente à teoria democrática como mais importante?

A resposta é que, na prática, a tradição democrática oferece recursos mais plausíveis e realistas para lidar com a questão. Alguns autores comunitaristas rejeitam o primado da pertença política nacional, mas, como vimos na seção 6.6, tendem a substituí-la por uma cegueira típica, relacionada com suas próprias teorias a respeito da pertença. A principal dificuldade das diversas variáveis do cosmopolitismo liberal e utilitarista, para não falar do cosmopolitismo marxista, é que elas não contam com mecanismos plausíveis de aplicação. Nozick pode estar exagerando quando, a exemplo de Weber, define o Estado tendo como referência o monopólio do uso coercitivo da força em dado território[83]. Mesmo que esse monopólio esteja em grande medida ausente, os Estados conseguem em muitos casos se viabilizar, mas a capacidade de intervenção internacional é tão limitada que a idéia de um governo mundial, que as filosofias cosmopolitas pressupõem, parece intrinsecamente utópica.

É bem verdade que foram criados tribunais internacionais, e que alguns deles alcançaram êxito limitado ao julgar crimes de guerra e outras ações criminosas. Mas os atores mais poderosos do sistema internacional podem ignorá-los impunemente, e, de todo modo, é difícil imaginá-los como mecanismos de um governo internacional permanente. Alguns, como David Held, sugerem que é possível criar uma ordem jurídica internacional, ou *rechtstaat*, que imite o modo como ocorreu a centralização do poder nos Estados nacionais entre os séculos XVII e XIX. Mas os críticos de Held mostram que essa solução não é plausível. A diferença fundamental é que os enormes obstáculos que o cenário internacional apresenta hoje à criação de instituições políticas

---

83. Nozick, *Anarchy, State, and Utopia*, pp. 23-4, 108-18.

globais – a saber, os poderosos governos nacionais, cujos líderes dispõem tanto de ampla legitimidade política quanto de recursos de intimidação – não têm paralelos no período de formação dos Estados nacionais[84]. Além disso, quanto à intensidade da erosão que o poder dos Estados nacionais vêm sofrendo (algo que talvez tenha sido exagerado)[85], essa erosão é causada pelas forças econômicas transnacionais. É difícil levar a sério a idéia de que, num futuro próximo, os governos farão aquilo que as instituições políticas globais quiserem. Seja como for, elas enfrentariam problemas relevantes de eficiência e legitimidade, levantando sérias dúvidas quanto à sua desejabilidade[86]. Em razão de ignorarem com tanta freqüência o tema das instituições intervencionistas globais, os teóricos do cosmopolitismo conseguem facilmente aparentar uma estranha falta de compromisso com questões óbvias, que dizem respeito ao modo como suas teorias poderiam realmente funcionar, ou, até mesmo, granjear legitimidade popular[87].

Em comparação, o princípio do interesse afetado, que legitima a tradição democrática, serve para fragmentar o processo de decisão – ao definir o *demos* decisão a decisão, em vez de fazê-lo povo a povo. Como tal, ele é compatível com inúmeras teses recentemente desenvolvidas, cujo objetivo é deslocar a autoridade baseada na pertença como determinante decisiva de participação, substituindo-a por amplos sistemas jurisdicionais, nos quais diferentes grupos de pessoas interferem em diferentes categorias de decisão.

---

84. Ver David Held, *Democracy and the Global Order* (Stanford, Stanford University Press, 1995). Em relação à crítica mencionada no texto, ver Alexander Wendt, "A comment on Held's cosmopolitanism", em: Shapiro e Hacker-Cordón, *Democracy's Edges*, pp. 127-33.

85. Ver Geoffrey Garrett, *Partisan Politics in the Global Economy* (Cambridge, Cambridge University Press, 1998).

86. Ver Wendt, "Comment on Held's cosmopolitanism", pp. 130-1, e Shapiro, *Democratic Justice*, pp. 234-7.

87. Barry, em "Statism and nationalism", é a exceção neste caso, já que propõe um modelo cosmopolita como a meta a ser perseguida no interior dos sistemas democráticos.

A estrutura da União Européia, em processo de formação, é um protótipo desse modelo[88]. Do mesmo modo que o Reino Unido pode considerar mais adequado centralizar algumas tomadas de decisão em Bruxelas, ele pode achar melhor transferir outros processos de decisão para parlamentos regionais da Escócia e de Gales, e até mesmo para governos locais.

Examinei detalhadamente, em outro contexto, esse ponto de vista[89]. É o bastante assinalar aqui que, do ponto de vista da democracia, o objetivo deve ser aperfeiçoar da melhor maneira possível o processo de decisão, para que ele incorpore a participação de quem tem seus interesses afetados por decisões tomadas na prática, devendo a maior hipótese de inclusão ser reservada àqueles cujos interesses fundamentais correm o risco de ser eliminados. Além de fragmentar as decisões entre diferentes grupos de cidadãos em relação a diferentes tipos de decisão, essa abordagem aconselha que se ouçam os não-cidadãos a respeito de questões específicas – combatendo a prática, existente em muitos países, de negar o direito de voto aos trabalhadores estrangeiros temporários e a outros residentes permanentes sem cidadania. Negar-lhes a cidadania pode ser algo razoável, mas não é razoável negar-lhes o direito de ser ouvidos quando se trata de impostos pagos por eles ou da gestão das escolas freqüentadas por seus filhos. Na verdade, haverá muitas áreas de conflito nas quais se continuará ignorando aqueles cujos interesses fundamentais correm o risco de ser eliminados. Mesmo nesses casos, entretanto, o

---

88. Ver Thomas Pogge, "Cosmopolitanism and sovereignty", em: *Ethics*, vol. 103 (outubro de 1992), pp. 48-75; Alexander Wendt, "Collective identity-formation and the international state", em: *American Political Science Review*, vol. 88, n.º 2 (junho de 1994), pp. 384-96; William Antholis, "Liberal Democratic Theory and the Transformation of Sovereignty", dissertação de doutorado inédita, Universidade de Yale, 1993; e Seyla Benhabib, *Transformations of Citizenship: Dilemmas of the Nation State in the Era of Globalization* (Amsterdam, Koninklijke Van Gorcum, 2001).

89. Ver, de minha autoria, *Democratic Justice*, especialmente pp. 1-63, 143-95, 230-40.

princípio do interesse afetado é útil. Ele sugere que irá faltar legitimidade às decisões tomadas em tais áreas de conflito, e aponta o caminho para os tipos de reforma que aumentariam sua legitimidade. Além disso, a mudança para um mundo dirigido pelo princípio do interesse afetado pode ser feita gradualmente. Algumas áreas de conflito podem apresentar-nos obstáculos intransponíveis a essa conquista, mas em outras seremos capazes de continuar tentando.

As principais dificuldades estarão em decidir quem foi afetado, e em que grau, por uma decisão específica, e quem decidirá quais reclamações devem ser aceitas em razão desse fato. Trata-se, na verdade, de dificuldades sérias, mas é preciso mencionar dois aspectos que as relativizam. Em primeiro lugar, no que diz respeito à participação, embora a determinação de quem foi afetado por uma decisão seja obrigatoriamente controvertida, esse fato se aplica igualmente aos argumentos de base causal e aos argumentos baseados na pertença. A questão de determinar a quem cabe decidir, e com que autoridade, sobre quem tem o direito de ser membro, é algo tão carregado de carga conceitual e ideológica quanto a questão de determinar a quem cabe decidir, e com que autoridade, sobre quem é afetado de maneira causal por uma decisão coletiva específica. Conseqüentemente, essas dificuldades não devem ser consideradas como decisivas contra a teoria de base causal, se a alternativa percebida for a teoria baseada na pertença. Em segundo lugar, o direito de responsabilidade civil delitual conta com uma considerável experiência com os argumentos de base causal. As ações de responsabilidade civil estão geralmente relacionadas aos efeitos causais de decisões individuais, e não de decisões coletivas, mas, ao tratar delas, os tribunais desenvolveram mecanismos para determinar a quais alegações devem dar ouvidos, separar as alegações autênticas das levianas e, entre as alegações daqueles que foram afetados desfavoravelmente por uma ação, diferenciar as menos consistentes das mais consistentes. Não se trata de defender a transformação da política em direito de responsabilidade civil delitual; o propósito principal da comparação é esclarecer que outros setores da vida social desenvolveram mecanismos institucionais para avaliar e controlar alegações conflitantes de que uma ação foi a causa de alguém ter sido afetado. Esses mecanismos podem ser imperfeitos, mas devemos avaliá-los tendo como referência os outros mecanismos imperfeitos do processo coletivo de decisão predominantes hoje no mundo, em vez de compará-los a um ideal que não predomina em lugar nenhum.

Capítulo 8
A democracia no Iluminismo maduro

Os discursos da tradição democrática ao longo dos últimos séculos, assim como os das outras tradições examinadas neste livro, foram basicamente moldados pela típica preocupação iluminista com a ciência e os direitos individuais. Na verdade, eles vêm de uma linhagem que precede o Iluminismo. O debate promovido por Platão em torno da democracia recorda-nos que, por mais de dois milênios, os filósofos políticos se preocuparam com as possíveis tensões entre a democracia e a verdade, e com a possibilidade de que, na democracia, a tirania das massas pudesse ameaçar a liberdade individual, o que reforça o fato de que não há nada de novo debaixo do moderno sol. Percebemos, de fato, que a conceitualização que Platão faz de ambas as questões guarda uma incrível semelhança com muitas preocupações do Iluminismo.

Apesar de diferenças importantes entre o que descrevi como teoria da verdade exógena de Platão e o caráter endógeno da primitiva concepção iluminista, ambas apresentam um caráter absolutista que conduz naturalmente a uma abordagem política de vanguarda. Se existem respostas certas e incontestáveis para as perguntas relacionadas à organização do Estado e às políticas que ele deve seguir, então é razoável que o poder seja dado a quem as conheça – sejam eles reis-filósofos, calculistas utilitaristas ou líderes ideológicos de um partido revolucionário da classe trabalhadora.

Em comparação, embora a concepção de ciência do Iluminismo maduro não esteja inteiramente de acordo com a crítica pós-moderna, ela difere das concepções iniciais do Iluminismo, ao reconhecer que as alegações de conhecimento são invariavelmente corrigíveis e passíveis de revisão. Além do mais, da perspectiva do Iluminismo maduro, somos obrigados a admitir que a contínua diversidade de valores e de interesses significa que na política sempre haverá gente interessada em distorcer e esconder a verdade. Conseqüentemente, os partidários do Iluminismo maduro têm bons motivos para encarar com ceticismo todas as formas de vanguardismo político.

Vimos, na seção 5.5, que o recurso rawlsiano ao consenso coincidente tem seus atrativos, partindo-se do pressuposto de uma permanente divergência a respeito de crenças e visões de mundo fundamentais. A vantagem é que ele faz uso de uma abordagem "política, não metafísica", em relação a questões de verdade fundamental e de justificativa de posições políticas, concentrando-se em quem se beneficia e quem é prejudicado caso aquelas concepções específicas, e não outras, sejam apoiadas pelo Estado. Mas a abordagem do consenso coincidente não produz os resultados alegados por Rawls. O consenso coincidente poderia ser delimitado de modo autoconsciente, para que pudesse incluir os pontos de vista que produzem os princípios de Rawls e excluir os outros, mas isso tornaria o esforço mediocremente circular. Se, em vez disso, o consenso coincidente for considerado por inteiro, é possível que ele fique mais interessante; nesse caso, contudo, não há motivo para pensar que ele produzirá, em qualquer país – sobretudo nos Estados Unidos de hoje –, os princípios de Rawls. Apesar dessas dificuldades, vimos no Capítulo 6 que abandonar os princípios iluministas *tout court* não é uma opção viável. A inclinação que autores antiiluministas como Rorty têm, de identificar a busca da verdade com o imperfeito projeto fundacionalista, só consegue se afirmar de maneira convincente enquanto crítica do Iluminismo primitivo. Ela não fornece nenhum critério para que se possa julgar o conflito de alegações de verdade falíveis, ou mesmo alegações que nem constem como verdadeiras.

Mais do que lidar com as alegações conflitantes – tentando identificar os conjuntos sobrepostos de crenças pessoais enganosas e cambiantes (o que, de todo modo, pode induzir ao erro), a abordagem democrática implica reconhecer a importância da verdade como ideal regulador do debate público e institucionalizar os recursos para levá-la a ter um papel pertinente no caso de posições políticas opostas. Mill tinha razão em insistir na importância do debate na vida pública, ainda que superestimasse a probabilidade de progresso da ciência levar a uma diminuição da contestação, e subestimasse também as possibilidades oferecidas pelas instituições democráticas, de promover o debate vigoroso que ele apreciava. A dinâmica da disputa democrática por meio de sólidas organizações de oposição, quando associada à tolerância diante da liberdade de pensamento e de discussão advogada por Mill no segundo capítulo de *A liberdade*, é a melhor esperança de realização desse debate. Na verdade, a discussão política real que existe nas democracias contemporâneas é bastante insatisfatória, em grande parte em razão do grau de contaminação do processo pelo dinheiro. Um importante desafio de criatividade que se apresenta à atual geração de democratas inovadores é descobrir maneiras para diminuir a influência do dinheiro, de forma a aproximar a discussão democrática real do debate disciplinado imaginado por Mill e Dewey, no qual a verdade funciona como um ideal regulador[1].

---

1. Em relação a isso, Ian Ayers apresenta a interessante proposta de que as contribuições de campanha sejam consideradas segundo o modelo do voto secreto, em vez de segundo a cláusula da liberdade de expressão da Primeira Emenda: ou seja, mantidas em segredo de todos, inclusive dos beneficiários. "Disclosure versus anonymity in campaign finance", em: Ian Shapiro e Stephen Macedo (orgs.), em: *NOMOS XLII: Designing Democratic Institutions* (Nova York, New York University Press, 2000), pp. 19-54.

Do mesmo modo que o medo de que, na política, a democracia seja adversária da verdade acaba sendo ilusório – uma vez que se abandonem as noções absolutistas de verdade em favor do falibilismo do Iluminismo maduro e se avaliem os méritos da democracia competitiva em comparação com as alternativas existentes –, assim também a suposta ameaça que a democracia representaria aos direitos individuais não resiste a um exame aprofundado. Apesar dos temores de Mill e de Tocqueville, a história demonstra que os direitos individuais e as liberdades civis são mais respeitados nas democracias do que nos lugares onde ela não existe. No fim, não há dúvida de que a base adequada de comparação é essa. Quem vive nos países onde não existem instituições democráticas tem que suportar o autoritarismo, como acontece com a maioria daqueles que vivem numa democracia, quando suas instituições são abandonadas ou se desfazem.

A tradição democrática também se sai relativamente bem quando comparada às outras tradições intelectuais examinadas neste livro. Vimos que o utilitarismo clássico era indiferente aos direitos individuais, tornando-o vulnerável à crítica de Rawls de que ele não leva muito a sério as diferenças entre as pessoas. O utilitarismo neoclássico escapa dessa acusação, mas à custa de aceitar novos empecilhos em relação aos direitos individuais. Utiliza, em algumas de suas formulações, uma concepção libertária da autonomia individual, tão vigorosa que infringe os direitos dos outros, uma vez que leva em conta danos não intencionais e o contexto mais amplo de recursos. Em outras, como na leitura conseqüencialista do princípio do dano de Mill, esse problema é evitado. De todo modo, em razão da inexistência de qualquer "delitômetro" ou cálculo conseqüencialista indiscutível para aplicar seu princípio, Mill não nos convence no que diz respeito à maneira como isso deveria ser feito, e mantém um silêncio desconcertante acerca de quem deveria cobrar aqueles que fazem o cálculo.

A tradição marxista oscila entre um improvável ideal utópico, segundo o qual a abolição da injustiça tornaria obsoleta a necessidade de direitos, e uma vigorosa versão do ideal artesanal de Locke. Isso se traduz, de maneira confusa, na teoria da exploração, e, de todo modo, é vulnerável à tese de Rawls acerca da arbitrariedade moral. Como acontece com a definição de dano de Mill, algumas versões da exploração que são independentes da teoria do valor do trabalho são plausíveis, mas não existe na tradição neomarxista uma explicação convincente a respeito de quem vai empunhar o "exploratômetro". Nem é dito quem decidirá como, e até que ponto, a minimização da exploração deve ser trocada por outros bens como a eficiência, ou quem responsabilizará aqueles que decidem pelas decisões que tomarem acerca desses assuntos. O impulso vanguardista que existe no interior do marxismo é vigoroso, ainda que seu principal ímpeto histórico tenha vindo de Lênin, mais que do próprio Marx. Como conseqüência disso, os marxistas nunca se preocuparam de verdade com os procedimentos democráticos, exceto no que diz respeito ao modo pelo qual eles poderiam funcionar em seu mundo utópico, o qual, se viesse a existir, os tornaria supérfluos. O histórico dos países socialistas e comunistas não-democráticos que existiram no mundo é, seguramente, pouco animador.

As críticas rawlsianas ao tratamento que as outras tradições dispensam aos direitos individuais são convincentes, mas isso não se reflete em um balanço forçosamente positivo delas próprias. Percebemos, nas seções 5.4 e 5.5, que existem contradições internas na maneira instável como Rawls adere ao seu pressuposto de "sérios riscos" ao ordenar seus princípios, e na recusa em estender a discussão da arbitrariedade moral à capacidade desigual das pessoas de fazer uso dos recursos. Se essas questões fossem resolvidas de maneira diferente da dele, o resultado dos cálculos dos direitos seriam extremamente diferentes. De todo modo, o jovem Rawls não justifica de maneira convincente que eles receberiam o mesmo tratamento dado por ele na condição original, e, como vimos, o Rawls maduro não demonstra que seus princípios, contraditórios ou não, imporiam um consenso coincidente. Vimos também no Capítulo 5 que outros autores que utilizam a linguagem contratualista, como Buchanan, Tullock, Nozick e Dworkin, não se saem melhor no trato dessas questões.

O movimento antiiluminista é profundamente insatisfatório no que diz respeito aos direitos individuais. A tese de Burke é um alerta para que, na tentativa de melhorá-las, não se piorem as coisas, e ele nos lembra, sensatamente, que a transformação das instituições políticas tem a dimensão incontornável da reforma de um navio em meio à viagem. Por mais que suas admoestações contra o vanguardismo sejam bem recebidas, e certamente o são, os navios às vezes se deterioram e entram em decadência, e, às vezes, podem ser recuperados. A perduração de um conjunto de instituições pode dar origem a uma presunção favorável à sua legitimidade, mas isso é algo que pode ser refutado. Normas imanentes às linguagens e práticas herdadas são capazes de fornecer ferramentas de crítica, mas nosso envolvimento, na seção 6.6, com as diversas escolas de pensamento pós-modernas e comunitaristas revelou que, muitas vezes, elas podem não modificar em nada costumes inaceitáveis, e que, de todo modo, a crítica imanente não pressiona necessariamente os costumes herdados numa direção positiva. Em comparação, a abordagem democrática estimula a reforma dos costumes herdados, pelo modo como são reproduzidos no futuro: minimizando-se a dominação que eles são capazes de favorecer, por meio da pressão para que o processo decisório seja realizado em conformidade com o princípio do interesse afetado, e abrindo-se espaço para que uma oposição significativa possa existir. A democratização, quando funciona bem, conduz a um mundo no qual as práticas coletivas adquirem, e merecem, uma crescente legitimidade.

Por último, mas não menos importante, a tradição democrática oferece recursos abundantes para administrar as possíveis tensões entre os compromissos iluministas da busca da verdade por meio da ciência e da centralidade dos direitos individuais. É certo que existem interpretações desses valores que não nos levariam a tal conclusão. Pode-se considerar, em especial, que as alegações originárias da literatura pós-arroviana sobre os ciclos dão a entender que a democracia traz conseqüências que não só oprimem o indivíduo, mas são, em termos científicos, irracionais. Deixando de lado a probabilidade empírica dos ciclos, vimos que essa concepção de irracionalidade baseia-se num conceito absolutista de respostas certas na política, o qual é primo da noção absolutista de verdade dos primórdios do Iluminismo. Essa teoria pressupõe uma noção de estabilidade política que, na vida coletiva, não promoveria nem a liberdade individual nem a busca da verdade. Esses dois valores são mais bem promovidos pela instabilidade estrutural das relações de poder que os defensores da democracia procuram institucionalizar. A democracia é um sistema no qual aqueles que são prejudicados pelos acordos existentes em determinado momento têm tanto o estímulo como os meios para apontar os defeitos desses acordos, demonstrar como se está ocultando a verdade a respeito deles e tentar modificar esses acordos. Em um mundo no qual quem luta pelo poder tem de apelar ao interesse humano em conhecer a verdade e agir de acordo com ela, sempre haverá quem tente distorcer a verdade para alcançar seus objetivos, e assim tirar proveito dos outros. Diante dessa situação, a disputa democrática do poder, tal como a descrevi, é a melhor resposta de que dispomos. É melhor considerá-la, de todo modo, como um remédio essencial para uma doença crônica do que uma cura que torne o tratamento desnecessário.

ÍNDICE REMISSIVO

Aborígenes, 164
Aborígenes australianos, 164
Aborto, 84, 191
Abundância e superabundância, 129-30
Ação, 95-109. *Ver também* Autonomia; Livre-arbítrio
Ação afirmativa, 175-6, 176-7n59
Ação humana. *Ver* Ação
Ação individual. *Ver* Ação
Ackerman, Bruce, 144, 246
Acton, Lorde, 260
Admirável mundo novo (Huxley), 35
Adolescentes, 191
Adorno, Theodor, 94n6
África, 210, 261. *Ver também* África do Sul
África do Sul, 39, 164, 214, 210n24, 233, 234-5nn65-6, 235, 242, 285
África subsahariana, 261
Agressão, 84
Agricultura de subsistência, 99
AIDS, 130, 203
Ajuda externa, 242, 246
Alcoolismo e consumo de álcool, 64n23, 80, 82n54, 187-8

Alegação de impacto desigual, 85
Alemanha, 3, 94, 140, 254
Alemanha Ocidental, 214
Alexander v. Sandoval, 85n61
América colonial, 242
América Latina, 94, 210, 214-5
Americanos nativos, 164, 181
Análise intermediária, 176-7n59
Análise mínima, 176-7n59
Análise rigorosa, 176-7n59
Analogia da caverna, 255-6
Analogia do comandante do navio com a democracia, 250, 258-9, 268
Anarquia, 179, 255n17, 277
Anderson, Benedict, 232
Anti-Iluminismo: e Burke, 6, 194-7; e a teleologia coletivista, 221; e a tradição comunitarista, 219-43, 286-7, 298; e a democracia, 246-7; e as dificuldades com o que é coletivamente determinado, 225-43; e os fracassos da ciência política, 208-9; e o modelo familiar para a vida política, 225-30, 232-3; e os

direitos individuais, 218-24, 298-9; e a dominação interna, 235-6; e o culturalismo liberal, 220, 237-9; e o multiculturalismo, 231-6, 237-9, 242; e os Estados nacionais, 240-3; e a não-dominação, 235-8; e as objeções à possibilidade da ciência social, 205-18; visão geral do, 7; e as dimensões psicológicas e emocionais da identificação e do comprometimento, 220-1, 230-3; e a rejeição dos primórdios do Iluminismo em contraposição ao Iluminismo maduro, 199-205; e Rorty, 199-202; e a ciência, 194, 197-200; e a subordinação dos direitos às comunidades, 218-24. *Ver também* Iluminismo

Aparelhos de diálise, 130

Apartheid da África do Sul, 39, 164, 233, 234*n*65, 242, 285

Apple (empresa de computadores), 122

Aptidões, 180-7, 187-8*n*78

Aptidões humanas, 180-7, 187-8*n*78

Aquecimento global, 216

Arbitrariedade moral, 154-7, 161, 180-1, 280, 297

Aristocracia, 36, 43-4, 99, 101, 255, 255*n*17, 265

Aristóteles, 10, 96, 141, 148, 255*n*17

Armas, 274

Arneson, Richard, 182

Arrow, Kenneth, 269, 271-4

Assalto, 84

Assessorias de imprensa, 250-2

Associações parciais, 43

AT&T, 264

Ataque ao Pentágono, 87

Austin, J. L., 206-7

Austin v. Câmara do Comércio do Estado de Michigan, 263*n*34

Autenticidade e utilitarismo, 35

Autodeterminação dos povos, 242-3

Auto-estima, 167

Autonomia: e o materialismo histórico marxista, 103-9; Kymlicka sobre o multiculturalismo e, 237-9; Mill sobre a, 72-3; e o utilitarismo neoclássico, 296; e a tradição neokantiana, 179; e Pareto, 57; e a autonomia individual, 132-3, 154-5, 157, 165; e o utilitarismo, 35, 57. *Ver também* Livre-arbítrio

Autonomia individual, 132-3, 154-5, 157, 166, 48

Ayer, A. J., 17, 30

Ayers, Ian, 295*n*1

Bacon, Francis, 11, 45

Barry, Brian, 280, 288*n*87

Bascos espanhóis, 233

Basquetebol, 161, 165, 171

Beauvoir, Simone de, 221

Behemoth (Hobbes), 145*n*16

Bell Curve, The (Herrnstein e Murray), 155

Bem: visão comunitarista do, 221, 223-4, 227-8; diferentes concepções do, 149, 220-1; a frágil concepção de Rawls acerca do, 158

ÍNDICE REMISSIVO

Bens de primeira necessidade e recursismo, 166-74, 181-2
Bens públicos, 28-9, 29n17
Bentham, Jeremy: sobre a aristocracia, 36, 43-4; comparado a Marx, 95-6; comparado à teoria do contrato social do século XX, 142-3; e a democracia, 76; e o princípio da utilidade marginal decrescente, 36-42; e o Iluminismo, 25-6, 45, 47, 58; sobre a igualdade, 38, 42, 46; e o princípio da felicidade, 23-4, 27, 33-5, 66-9, 172-3; sobre os direitos individuais, 25; sobre a utilidade individual *versus* utilidade coletiva e a necessidade de governo, 27-33; comparações interpessoais de utilidade e o conseqüencialismo, 34-42; sobre o conhecimento, 45; sobre a lei, 27-8; impulsos libertários de, 46-7, 49, 57; crítica feita por Mill de, 71n25; sobre a lei natural e os direitos naturais, 25, 220; sobre a dor e o prazer, 23, 26-36, 31n21; e a psicologia do indivíduo, 71n25, 96; como democrata radical, 37; e a base científica do utilitarismo clássico, 25-7, 209; e a neutralidade científica e a liberdade humana, 43-7; sobre a sobrevivência dos seres humanos, 26-7; e o sufrágio universal, 37; e o utilitarismo, 4, 23-50, 81; e o princípio da utilidade, 23-7, 46, 81; sobre a riqueza e o dinheiro, 27, 32-3, 35-9
Berkeley, George, 6
Berlin, Isaiah, 108
Biden, Joseph, 259
Buchanan, James, 143, 179, 277-81, 278n63, 280n67, 298
Buckley v. Valeo, 263n34
Burger, Warren E., 84, 84n58
Burguesia, 92, 99, 101, 129, 213
Burke, Edmund, 6, 194-7, 197-8n7, 204, 218, 223, 241, 246, 298
Burnyeat, Miles, 254
Bush, George W., 232n33

Calabresi, Guido, 83-4
Calculus of Consent (Buchanan e Tullock), 143, 278n63
Camponeses, 99, 101
Camus, Albert, 221, 230, 237
Canache, Damarys, 126nn54-6
Canadá, 233
Capital, O (Marx), 95n8, 110
Capital: acumulação de, e capitalismo, 115; variável *v.* capital constante, 116, 120-1. *Ver também* Capitalismo
Capital constante, 116, 120-1
Capital variável, 116, 120-1
Capitalism, Socialism, and Democracy (Schumpeter), 261
Capitalismo: e a burguesia, 92, 99-101, 129; e a acumulação de capital, 115; e a China, 93; e a competição, 119-20, 122-3; e a tendência declinante da taxa de lucro, 93, 119-21; e a democracia, 261-2; e a eficiência, 112; e a demanda fraca endêmica, 121-2; e as

teorias de valia e mais-valia do trabalho, 117-26; e as crises de liquidez, 121; crítica marxista do, 5-6, 95n8, 98-101, 117-38, 240-1; e as previsões de Marx sobre a ruína do, 91-2, 98, 106-7; e a teoria dos preços neoclássica, 50; visões neomarxistas do, 131, 136; e a produtividade dos trabalhadores, 119-21; e os lucros, 114-5, 117-21; socialismo enquanto aperfeiçoamento do, 103; e a estrutura da falta de liberdade proletária, 136-7; e a inovação tecnológica, 113, 115, 120-1; e a classe trabalhadora, 92, 101, 115

Carona, lógica da, 29, 29n17, 280n67

Cartwright, Major, 37

Casamento. *Ver* Famílias; Propriedade conjugal; Estupro marital

Catolicismo, 194, 196, 225-6, 225n55. *Ver também* Religião

Certeza, 16-7, 199-201

Chamberlain, Wilt, 161, 164-5, 171

Chantagem, 84

Chile, 214-5

China, 93-4

Churchill, Winston, 268

Ciclo eleitoral, 269, 275, 299

Cidadania, 242, 285, 298-9

Ciência: e anti-Iluminismo, 194, 197-200; Dewey acerca da, 202, 257, 266-7; e a descoberta das leis do universo, 20-1; visão empírica da, 207-8; e

Iluminismo, 6-8, 11-7, 20-2, 45, 47, 57-8, 152, 193, 199, 207, 293-4, 299; ciência ética, 16; visão falibilista da, 200-1, 204; e liberdade de expressão, 73-4; Hobbes acerca da, 13; hipóteses na, 16, 207; ciências matemáticas, 13-4, 17; e Mill, 73-4, 83, 87, 204, 257, 295-6; atitude científica moderna, 16-7; neutralidade da, e liberdade humana, 43-7; Pareto acerca da, 54-5, 57-8; e pluralismo, 217n39; tensões entre direitos individuais e, 20-2, 88-9, 96, 298-9; e verdade, 199; e utilitarismo, 25-7, 43-7, 209; Weber acerca da, 201, 217n39. *Ver também* Ciência social

Ciência ética, 16

Ciência política, 208-18

Ciência social: visão empírica e visão falibilista da, 207-8, 216-7; e livre-arbítrio, 207-8; teoria explicativa geral na, 214-5; e linguagem, 205-6; objeções à possibilidade da, 205-18; e ciência política, 208-18; modelos de escolha estratégica na, 211; objeções voluntaristas à, 207-8

City of Rome v. United States, 85n62

Civic Ideals (Smith), 212

Civilidade, 199

Classe. *Ver* Aristocracia; Classe média; Classe trabalhadora

Classe média, 126, 160

Classe social. *Ver* Classe média; Classe trabalhadora

Classe trabalhadora: e capitalismo, 92, 101, 115; classe em si e classe para si, 101, 104, 115; mercantilização dos trabalhadores, 133; e democracia, 213; exploração dos trabalhadores, 117-9, 123-35; visão marxista do proletariado, 92-3, 99, 101, 104, 109, 116, 123, 137; e tempo de trabalho necessário *versus* tempo de trabalho de mais-valia, 116, 118; visão neomarxista do proletariado, 136; produtividade dos trabalhadores, 119-21; e consciência revolucionária da classe trabalhadora, 123; e salários de subsistência, 116, 121, 124

Classificações léxicas, 175-6

Clinton, Bill, 121, 259, 262*n*33

Coase, R. H., 280*n*67

Cobbett, William, 37*n*36

Cogito ("Penso, logo existo."), 11-2, 25, 223

Cohen, G. A., 136, 138, 182, 187-8*n*78, 189, 189*n*80

Colômbia, 239

Colônias americanas, 242

Compensação, 163-4, 184

Competição: e capitalismo, 119-20, 122-3; competição democrática como aliada da verdade, 258-68, 295, 299

Comportamento do mercado, 58-70

Comunismo: e a administração das coisas em substituição ao controle das pessoas, 129; colapso do, 210, 214, 282-3; crítica do, 131; princípio distributivo do, 102-3; e a libertação da exploração, 5; enquanto utopia individualista, 108; Marx a respeito do, 93, 106-8; previsões de Marx sobre as revoluções comunistas, 91-3, 106-7; Estados comunistas não-democráticos, 297; enquanto superior ao socialismo, 103, 129; totalitarismo do, 88, 197

Concepção deontológica de justiça, 157, 224, 227

Condorcet, Marquês de, 269

Conexão em cadeia na teoria de Rawls, 160-1*n*43

Confiabilidade dos produtos, 83

Congresso dos Estados Unidos, 272-3

Conhecimento: juízos analíticos *versus* juízos sintéticos, 12; Bacon acerca do, 45; Bentham acerca do, 45; Dewey acerca do, 201-2; e Iluminismo, 9-17, 257, 293-4; visão falibilista do, 16-7, 73-5, 78, 95, 153, 200, 204, 266, 296; Mill acerca do, 73-5, 78, 87-8, 209; Platão acerca do, 10, 252, 268; conhecimento *a priori*, 12-3; Rorty acerca do, 199; e os teóricos centrados na vontade, 14-5, 16; ideal artesanal do, 12-5, 19, 17. *Ver também* Verdade

Conhecimento *a priori*, 13

Cônjuges agredidos, 191, 226-7

Connolly, William, 217

Consenso, 143, 241, 260, 262, 285-9

Consenso coincidente,150-4, 158, 190-1, 294, 297-8
Consentimento tácito, 143, 241
Constituição dos Estados Unidos, 142, 159, 169, 246
Consumo de mercadorias, 113-5, 127-8
Contrato social, O (Rousseau), 7
Contrato social: Ackerman acerca do, 144; Burke acerca do, 196; teóricos clássicos do contrato social, 5-7, 22, 139-47; comparado com a tradição comunitarista, 222-3; e os contratantes, 141-6; Dworkin acerca do, 179-90; e Iluminismo, 6-7; Habermas acerca do, 144; e Hobbes, 5, 141, 144-7; e ação humana, 107; como contrato hipotético, 142-4, 177-9; e os independentes, 145, 46; legitimidade do governo baseada no acordo, 5; limites dos contratos hipotéticos, 177-9; e Locke, 5, 141-6, 241; e as instituições importantes para a estrutura básica da sociedade, 139; e arbitrariedade moral, 154-7, 161, 180-1, 280, 297-8 ; e Estados nacionais, 240-1; Nozick acerca do, 139, 142-6, 298; e pluralismo, 147-57, 157-8, 180; Rawls acerca do, 109, 139-40, 143-80, 188-91, 286; relacionamento entre os agentes contratantes e o Estado, 145-6; e a oposição entre direito e lei, 18; e Rousseau, 146; e a tensão entre ciência e direitos individuais, 22; teóricos contratualistas do século XX, 140, 142-91
Contratos hipotéticos, 142-4, 177-9
Contribuições de campanha, 262-3, 263n34, 295n1
Convenções constitucionais, 246, 277-81
Corações artificiais, 130
Coréia do Norte, 93
Corrupção, 260
Cosmopolitismo, 287, 288n87
Craig v. Boren, 176-7n59
Credo hereditário, 74
Crescimento populacional, 216
Crianças, 84, 131-2, 189, 226, 232
Crime, 203-5, 230, 287
Crimes de guerra, 287
Cristianismo, o: e Burke, 194-7; e o catolicismo, 194, 196, 225-6, 225n55; e os cristãos donatistas, 26n7; e as correlações entre direito e lei, 18; e Mill, 78, 87n64; e o protestantismo, 196, 225n55; e a tradição, 194-5. *Ver também* Religião
Crítica da razão pura (Kant), 11
Crítica do programa de Gotha (Marx), 129, 155
Cuba, 93
Culturalismo liberal, 220, 237-9
Curdos, 232
Curva de indiferença, 58-60, 64-6, 163, 170
Custos da tomada de decisões, 278-9
Custos externos, 278

ÍNDICE REMISSIVO

Dahl, Robert, 282, 284
Dano: leitura conseqüencialista *versus* leitura intencionalista do princípio do dano, 78-89, 296; variação contextual na definição de, 81-9; definição contida na legislação penal, 81-4; e a definição das ações calculadas para causar o mal no outro, 78-81; princípio do dano de Mill, 71-81, 86-9, 140, 163, 238, 296; prevenção do, na legitimação da ação do Estado, 70-81; definição contida na legislação cível, 81-4
Darwin, Charles, 26, 96
Darwinismo social, 64n23
Decisões em caso de divórcio, 134, 134n65
Declaração dos Direitos, 169, 176n59
Declarações de direitos, 212-3
Deficientes. *Ver* Portadores de deficiência
Deformação dos pés, 200
De Homine (Hobbes), 13
Deliberação, 264
"Delitômetro", 78, 83, 89, 189, 296
Democracia: e o princípio do interesse afetado, 285-91, 298; e o anti-Iluminismo, 246-7; e as posturas anticientíficas na política, 88; democracia ateniense, 248-58, 285; de Bentham, 76; e capitalismo, 261-2; e catolicismo, 225n55; na visão de Churchill, 268; condições que originaram a, 213-4; democracia consociativa, 275; e os sistemas constitucionais, 212-3, 246; e a estrutura do judiciário, 272, 281, 283-4; crítica da, 7-8; e deliberação, 264; na visão de Dewey, 266-8; custo econômico para a, 211; e desenvolvimento econômico, 215-6; e Iluminismo, 8, 246-7, 293-4; e direitos humanos, 212-3; e direitos individuais, 269-91, 296; alegada irracionalidade da, 269-76; crítica libertária da, 272-3; e oposição leal, 274; e governo da maioria, 76, 268-9, 271, 273-84, 281n69; Marx acerca do governo democrático no capitalismo, 122; influência marxista na socialdemocracia, 95; na visão de Mill, 76, 88; e o consenso coincidente, 153-4; sistemas parlamentares da, 214; renda *per capita* e, 215-6; crítica de Platão à, 249-58, 260, 268, 293; competição política na, enquanto aliada da verdade, 258-68, 295, 299; legitimidade política e eficácia da, 7-8, 246-7, 285-9, 293-9; no ciclo de Políbio, 255n17; sistemas presidencialistas de, 214; políticas redistribucionistas na, 44; e Rousseau, 7; na visão de Schumpeter, 261-2; voto secreto na, 153; e interesse pessoal, 45; e as analogias do comandante do navio e do animal, 250, 258-9, 268; ceticismo em relação à,

entre teóricos políticos, 246-7; e os interesses especiais, 43-4; estabilidade da, 215-6; e a tensão entre a ciência e os direitos individuais, 21-2, 298-9; democracias da terceira onda, 210, 261, 225n55; e verdade, 348-58, 293-5, 298-9; e a tirania da maioria, 76, 268, 276-84, 293; e o ciclo de votação, 269, 275, 299. *Ver também* Votação

Democracia ateniense, 248-58, 285

Democracia consociativa, 275

Democracias da terceira onda, 210, 261, 225n55

Democracy's Discontent (Sandel), 224

Descartes, René, 6, 11-2, 25, 95, 198, 201, 223

Desejos *versus* necessidades, 130

Desigualdades: e ação afirmativa, 175-6, 176-7n59; e direitos individuais, 129; Locke acerca das desigualdades decorrentes do trabalho humano, 154-5; e a polêmica natureza/ambiente, 155-6; e autonomia individual, 154-5, 157; e escravidão, 222; no socialismo, 102-3, 129, 155

Dessegregação, 176

Dessegregação escolar, 84-5

Determinismo dialético, 97-109

Deus: morte de, 149; medo de, 25-6; Filmer acerca de, 154; seres humanos como criação de Deus, 131-2, 154-5; Locke acerca de, 14-5, 18-9, 20-1,
46, 107, 131-2, 154-5, 194; e a lei natural, 14-5, 18-9, 46, 107, 132; direito natural de, 18-9; onipotência de, 14-5, 18-9, 107; e a verdadeira essência, 15; vontade de, 14-5, 18-9, 96, 132

Dewey, John, 87, 200-5, 209, 216, 257, 260, 266-8, 295

Dezoito Brumário de Luís Bonaparte (Marx), 105, 137

Diagrama da Caixa de Edgeworth, 64-5, 68

Dimensão performativa da linguagem, 205-6

Dinheiro. *Ver* Riqueza

Di Palma, Giuseppe, 274

Direito: Bentham acerca do, 27-8; legislação penal e dano, 81-4; análises críticas legais do, 94; sobre o dano, 81-6; Hobbes acerca da oposição entre direito e leis, 18; leis morais, 152; direito natural, 14-5, 17-22, 45, 96, 107, 132, 144-5, 149, 194, 218; direito romano, 18-9n19; civil, 64-6, 78n44, 83n56, 156n37, 163, 228-9, 280n67, 290. *Ver também* Justiça

Direito natural, 14-5, 17-22, 25, 45-6, 96, 107, 132, 144-5, 149, 194, 218, 220

Direitos civis, 282-3n73. *Ver também* Direitos individuais

Direitos de propriedade, 270, 278, 282

Direitos dos animais, 129

Direitos eleitorais, 85, 85n62

Direitos humanos, 212-3. *Ver também* Direitos individuais

Direitos individuais: e anti-Iluminismo, 218-24, 298-9; Bentham acerca dos, 25; Burke acerca dos, 195-6, 218, 298; e utilitarismo clássico, 296; e democracia, 8, 268-91, 296; e a concepção deontológica da justiça, 157, 224, 227; e Iluminismo, 6-8, 17-22, 190, 218, 293, 299; Grócio acerca dos, 18n19; Hobbes acerca da lei *versus* os, 18; e desigualdades, 129; Locke acerca dos, 17-22, 132-3, 229, 18n19; e governo da maioria, 271; visão marxista dos, 102-3, 129, 297; e o princípio do dano de Mill, 71-81; e os direitos naturais, 17-8, 20, 25; Nozick acerca dos, 163, 165-6n48; Rawls acerca dos, 297; subordinação dos direitos às comunidades, 218-24; e a concepção teleológica de justiça, 157; tensões entre ciência e os, 20-2, 88-9, 96

Direitos naturais, 17-8, 25

Direitos políticos, 282-3n73. *Ver também* Direitos individuais

Direitos sociais, 80, 282-3nn73-4. *Ver também* Direitos individuais

Dirigir embriagado, 85n54

Discriminação, 85

Discriminação no trabalho, 85

Discursos (Maquiavel), 109

Divisão do trabalho, 99-109, 99-100n14, 108

Doença, 64n23, 202-3

Dogmatismo, 87

Dois tratados sobre o governo (Locke), 19

Domínio numenal, 224n52

Donatistas, 26n7

Dor e prazer, 23, 26-36, 31n21, 53-4, 53-4n9

Dostoiévski, Fiodor, 218

Dunn, John, 247

Dworkin, Ronald, 179-90, 183n68, 184-5nn72-3, 298

Economia política, 40-1, 174

Edgeworth, Francis, 50, 52

Educação: nas constituições, 279; Dewey acerca da, 266-8; Mill acerca da, 73-5, 87-8; Sócrates acerca da, 266n41; em Esparta, 253

Eficiência, 112, 156n37, 297

Egoísmo, 28-32

Eichmann, Adolph, 3-4

Einstein, Albert, 16

Eleição: e previsão eleitoral, 211; participação de trabalhadores estrangeiros temporários e de residentes sem cidadania na, 289; Mill acerca da, 72-3, 249; uma-pessoa-um-voto na democracia, 262; e voto secreto, 153, 295n1; sufrágio universal, 37, 285; e ciclo eleitoral, 269, 275, 299; e mulheres, 229. *Ver também* Democracia

Embriaguez, 79-80

Emotivistas, 96

Empiristas, 208

Empiristas ingleses, 6

Empresas pontocom, 122

Enfermidades. *Ver* Doença

Engels, Frederick, 24, 24n3, 98-9, 99n14
Epistemologia, 13-5, 198, 201, 266, 268, 273
Equador, 215
Equilíbrio reflexivo, 143, 177-8
Erro médico, 83
Escassez de recursos, 130-1, 137, 229
Escócia, 289
Escola de Frankfurt, 94, 94n6
Escravidão, 39, 52, 70, 222, 248, 251, 266n41, 285
Escrituras, 21
Espanha, 233
Esparta, 253
Espinosa, Baruch de, 6
Espírito corporativo, 37
Essays on the Law of Nature (Locke), 18
Essências nominais, 15
Essências verdadeiras, 15
Estabilidade, 275
Estado: Nozick acerca do Estado mínimo, 150, 163n46, 179; definição de Nozick do, 287-8; e contrato social, 145-6; Weber acerca do, 287. *Ver também* Governo; Estados nacionais
Estado e revolução (Lênin), 92
Estados nacionais, 240-3, 287-8. *Ver também* Governo;
Estados Unidos: campanha de reforma nos, 262-3, 263n34, 295n1; Congresso dos, 272-3; Constituição dos, 142, 159, 169, 246; sistema judiciário nos, 272, 281, 283; democracia nos, 88, 213, 215; criação dos, 142; hierarquias nos, 211-2; ausência de tradição socialista nos, 211; partidos políticos nos, 262-3; racismo nos, 233; separação dos poderes nos, 246, 270; e a teoria econômica do *supply side*, 40-1; tributação nos, 39, 39n42, 262-3, 262n33. *Ver também* Colônias americanas; Revolução Americana; e presidentes e funcionários de governo específicos
Estratégia de socialização das aptidões, 180-90, 187n78
Estruturas do judiciário, 272, 281, 283-4, 287. *Ver também* Justiça
Estupro, 84, 228-9
Estupro marital, 228-9, 237
Ética a Nicômaco (Aristóteles), 10
Eu: visão comunitarista do, 219, 222-3, 224; eu associado, 224; eu isolado, 224
Eu associado, 224
EUA v. Carroll Towing Co., 156n37
Euclides, 27
Eugenia, 34, 89
Eu isolado, 224
Europa Oriental, 93, 162, 214
Eutanásia, 50, 69
Experimento do véu de ignorância, 147, 169-70
Exploração: definição de, 117; Marx acerca da, 117-9, 124, 126-35, 165, 297; mensuração da, 117-9, 133; análise normativa da, 126-35; exploração passada embutida no maquinário, 133; e autonomia individual, 132-3,

165; e a teoria autorreferencial da avaliação humana, 124; e utilitarismo, 140; e ideal artesanal, 128, 131-3, 165
"Exploratômetro", 189, 297
Expressão. *Ver* Liberdade de expressão
Externalidades, 80, 80n49, 280
Extorsão, 84

Facções, 43
Falibilismo, 16-7, 73-5, 78, 95, 153, 200, 204, 207, 266, 296
Famílias, 99n14, 131-2, 189, 206, 226-30, 232-3, 235, 237
Fascismo, 88, 140, 218
FBI, 259
Federalist, 269, 277
Fenomenologia (Hegel), 97n10
Feudalismo, 99-101, 211-2, 236
Feuerbach, Ludwig, 92
Fichte, Johann Gottlieb, 97n10
Filmer, *Sir* Robert, 21, 132, 154
Filosofia e filósofos, 198, 200, 202, 205, 253, 256-7. *Ver também* Iluminismo; e filósofos específicos
Financiamento de campanhas eleitorais, 252
Física, 13
Fisiocratas franceses, 110
Fórmula da tese/antítese/síntese, 97, 97n10
Fracasso do mercado enquanto justificativa do governo, 29
França, 109, 194-5, 221, 223
France, Anatole, 109
Franco-canadenses, 233
Fraude, 76, 260

Freedom and Culture (Dewey), 267
Freeman v. Pitts, 85
Função do bem-estar social, 271, 274
Fundacionalismo, 204, 294
Fundamentalismo, 88, 159

Genitores. *Ver* Famílias
Genocídio, 50, 200
Gerson, Jean, 19n19
Gierke, Otto von, 149
Globalização, 216, 288
Gore, Albert, 259
Governo: Bentham acerca da utilidade individual *versus* a utilidade coletiva e a necessidade do, 27-33; Bentham acerca do papel do, 46-7; Locke acerca das funções do, 150; fracasso do mercado como justificativa do, 29; Nozick acerca do Estado mínimo, 150, 163n46, 179; e ciência, 217n39; e contrato social, 145-6. *Ver também* Comunismo; Democracia; Estados nacionais; Contrato social; Socialismo; Estado
Governo da maioria, 76, 268-9, 271, 273-84, 281n69
Governo do consenso, 86, 279-80, 280n67
Governo mundial, 239, 287
Grã-Bretanha. *Ver* Reino Unido
Green v. Conselho Escolar Municipal, 84-5
Gregos, 233, 248-58
Griggs v. Duke Power, 85
Grócio, 18n19

Grupos ambientalistas, 193
Grupos de interesse, 252
Guerra, 28, 211, 221, 234
Guerra da Argélia de 1954-1962, 221
Guerras civis: na Inglaterra, 145n16; no século XX, 164; nos Estados Unidos, 142
Guevara, Che, 94

Habermas, Jürgen, 94n6, 144
Halévy, Elie, 37, 43, 46
Hamburger, Joseph, 78n45, 87n64
Hand, Learned, 156, 156n37
Harsanyi, John, 157, 178-9, 179n62
Hart, Gary, 259
Hartz, Louis, 212
Havel, Vaclav, 3
Hegel, G. W. F., 96-7, 97n10, 103, 222
Held, David, 287
Heranças, 142
Hermenêutica, 199
Herrnstein, Richard, 155
Heurística da viabilidade, 125
Hierarquias, 211-2, 253
Hill, Christopher, 193
Hipótese, 16-7, 207. *Ver também* Ciência
Hirschmann, Albert, 227
História: Marx acerca de as pessoas fazerem a própria história, 137; teoria materialista da, 93, 95-109
Hitler, Adolf, 94n6, 237, 254,
Hobbes, Thomas: crítica de Aristóteles por, 148; e as diferentes concepções do bem viver, 147; sobre a guerra civil inglesa, 145n16; sobre o medo da morte, 150; sobre o conhecimento humano das próprias criações, 15; sobre a economia de mercado, 110-1; sobre o direito natural e o livre-arbítrio, 20-1; sobre a busca pelo poder, 96; sobre a psicologia dos seres humanos, 150-1; sobre a oposição entre direito e lei, 18, 18-9n19; crítica de Rousseau de, 141, 178-9; sobre a ciência e a matemática, 13-4; e o contrato social, 5, 141, 144-5
Hobson, John, 81
Horkheimer, Max, 94n6
Hotelling, Harold, 261n28
Huber, Evelyne, 213
Humboldt, Wilhelm von, 72
Hume, David, 6, 30, 30n19, 148
Hunt, Henry, 37n36
Huntington, Samuel, 261
Huxley, Aldous 35

Ideal artesanal, 12-5, 19, 22, 128, 131-3, 165-6, 180, 186, 190-1, 194, 297
Idealistas alemães, 96
Idéias arquetípicas na teoria de Locke, 15
Idéias "ectípicas" na teoria de Locke, 15
Ideologia alemã, A (Marx e Engels), 98, 100n14, 101n17
Ideologias, 209, 216, 236-7, 245
Ignorância, véu de, 147, 169-70
Igualdade: e ação afirmativa, 175-6, 176-7n59; Bentham acerca da, 38, 42, 46; e democracia, 282; Dworkin

acerca da, 183-5, 183n68; princípio da igualdade de oportunidade, 169-70; e a polêmica natureza/ambiente, 155-6; e a autonomia individual, 154

Iluminismo: e Bentham, 25-6, 45, 47, 58; comparado à filosofia de Platão, 256-7, 268, 293; críticos do 6-7; definição de, 6; e democracia, 8, 246-7, 293-4; primórdios do, em contraposição ao Iluminismo maduro, 7, 199-205, 293-4; e razão humana, 9-10, 256; e direitos individuais, 6-8, 17-22, 190, 218, 293, 298-9; influência do, 9-10; e conhecimento, 9-17, 257, 293-4; e marxismo, 6-7, 91; e Pareto, 57-8; e a preocupação com a certeza, 16-7, 199-202; e ciência, 6-8, 11-7, 20-2, 45, 47, 57-8, 152, 193-4, 199-200, 207, 293-4, 298-9; e contrato social, 6-7; e as tensões entre ciência e direitos individuais, 20-2, 88-9, 96, 298-9; e verdade, 298-9; e utilitarismo, 6-7; e ideal artesanal, 12-5, 19, 22, 128, 165, 190, 194, 297; escritores associados ao, 4. *Ver também* Anti-Iluminismo

Imperialismo, 120, 122

Índia, 213, 261

Individualidade, 73-5

Individuality in Our Day (Dewey), 266

Indivíduo representativo menos favorecido, 109, 159-60, 160-1n43, 166, 179

Indústria de informática, 122

Indústria e regulamentação industrial, 76, 81, 99

Infanticídio, 69

Inglaterra. *Ver* Reino Unido

Inovação tecnológica, 113, 115, 120-1, 130

Intelectuais de esquerda, 221

Inteligência, 155

Interesse pessoal, 28-32, 43-5, 56-7, 277. *Ver também* Utilitarismo

Interesses especiais, 43-4

Introduction to the Principles of Morals and Legislation (Bentham), 4

Investigação normativa, 17

Irã, 232

Iraque, 232

Irlanda, 164, 196, 233

Irlanda do Norte, 164, 233

Israel, 3-4, 164, 234

Israel, Jonathan, 9n1

Iugoslávia, 164

Japão, 214, 261

Jevons, William, 50

Jogo 80n50

Jogo da divisão do dólar, 44n46

Judeus, 34, 234-5

Juízos analíticos, 12

Juízos sintéticos, 12

Justiça: influenciável pela ambição, 185-6, 187n76; Camus acerca da, 221, 230; e compensação, 163-4; concepção deontológica da, 157, 224, 227; e o princípio da diferença (*maximin*), 170-4, 176; justiça distributiva, 159-60; Dworkin acerca da, 179-90;

concepções históricas *versus* concepções padronizadas de, 161-6; para o indivíduo representativo menos favorecido, 109, 159-60, 160-1n43, 166, 179; a minimização dos pressupostos controvertidos e a maximização da inclusão, 158-60; e a não-dominação, 235-8; Nozick acerca da, 139, 161-6; e pluralidade de comprometimentos e prioridades, 174-6; Rawls acerca da, 109, 139, 147, 150-2, 157-65, 241, 286; e recursismo e bens de primeira necessidade, 166-74, 297; Sen acerca do, 182; e as bases sociais da auto-estima, 167; concepção teleológica da, 157; Walzer acerca da, 221, 227n58, 230, 236-8. *Ver também* Direito

Kahneman, Daniel, 125
Kant, Emanuel, 6, 11-2, 152, 160, 198, 201, 224n52, 239
Karamazov, Ivan, 149
Kautsky, Karl, 94
Key, V. O., 233
Keynes, John Maynard, 122, 43
Kinnock, Neil, 259
Kyi, Aung San Suu, 3
Kymlicka, Will, 219-20, 231, 237-9

Language, Truth, and Logic (Ayer), 17
Lasch, Christopher, 193
Legislação antitruste, 122, 264

Legislação cível: argumentos baseados na causalidade na, 290; compensação na, 163; definição de delito, 78n44; regra dos delitos baseada na eficiência, 156n37; definição de dano na, 81-6; imunidade do delito intraconjugal, 228-9; regras de responsabilidade na, 280n67; padrão de negligência na, 83-4, 83n56, 216; padrão de responsabilidade objetiva na, 83-4, 83n56
Legislação civil. *Ver* Legislação cível
Legislação penal, 81-4
Legislação sobre a guarda do domingo, 80
Lei das Dez Horas, 119
Lei das Fábricas (1847), 119n43
Lei dos Direitos Civis (1964), 85n61
Lei dos Direitos de Voto (1965), 85n62
Lei dos Direitos de Voto (1982), 85, 85n62
Lei natural. *Ver* Direito natural
Leibniz, Gottfried, 6
Leilão hipotético na teoria de Dworkin, 183n68
Leis, As (Platão), 258n25
Leis morais, 152
Leis sobre a Propriedade das Mulheres Casadas, 228
Leitura conseqüencialista do princípio do dano de Mill, 78-89, 296
Leitura intencionalista do princípio do dano de Mill, 78-89

Lênin, V. I., 92, 94, 120, 241, 297
Leviatã (Hobbes), 5, 14, 18, 141, 145
Liberdade, A (Mill), 71-80, 88-9, 295
Liberdade: Burke acerca das liberdades, 195-6; e a falta de liberdade do proletariado na estrutura capitalista, 136-7; e democracia, 8; Humboldt acerca da, 72; Kymlicka acerca da, 220, 238; e marxismo, 4-5; 106-9, 136-7; Mill acerca da, 71-81, 260; concepção positiva *versus* concepção negativa da, 108-9, 108-9n34; Rawls acerca da, 168-9; Rousseau acerca da, 106; e neutralidade científica do utilitarismo, 43-7; liberdade transacional *versus* liberdade estrutural, 136-8, 161, 165-6. *Ver também* Ação; Autonomia; Direitos individuais
Liberdade de associação, 176, 258, 282
Liberdade de expressão, 73-4, 78, 176, 258, 282, 295n1
Liberdade de religião, 78, 159, 168
Liberdade estrutural, 136-7, 165-6
Liberdade transacional, 136-9, 161, 165-6
Libertarismo, 46-7, 49, 57, 81, 108-9n34, 272-3, 296
Lijphart, Arend, 275
Linguagem, 205-6
Linz, Juan, 214
Lipset, Seymour Martin, 213

Livre-arbítrio: visões iluministas do, e confiança no conhecimento, 13-5, 207, 257; Hobbes acerca do, 20-1; e o ceticismo sobre a possibilidade da ciência social, 207-8. *Ver também* Ação; Autonomia
Livre-comércio, 76, 81
Lochner v. Nova York, 283n74
Locke, John: sobre a contraposição entre terra comunitária e cercamento da terra, 174-5; sobre a contraposição entre idéias ectípicas e arquetípicas, 15; e os valores iluministas em geral, 6; sobre a autoridade patriarcal em Filmer, 132; sobre o governo, 150; sobre os direitos individuais, 17-22, 18-9n19, 132-3, 229; sobre as desigualdades decorrentes do trabalho humano, 154-5; e a lei natural, 14-5, 17-22, 46, 107, 132, 144-5, 194, 218; sobre os genitores, 131-2; sobre a psicologia dos seres humanos,150, 188; sobre a escravidão, 132; e o contrato social, 5, 141-7, 241; sobre o consentimento tácito, 143, 241; e as tensões entre a ciência e os direitos individuais, 20-2; teologia de, 14-5, 17-22, 46, 107, 131-2, 149, 154-5, 194; sobre as associações voluntárias, 220, 227; e o ideal artesanal, 128, 131-2, 165-6, 194, 297
Luddistas, 193

Lutas de classe, 98
Lutero, Martinho, 3
Luxemburgo, Rosa, 94
Lyotard, Jean-François, 198, 217

MacIntyre, Alasdair, 6, 197, 207, 219, 225
Mackie, Gerry, 275
Madison, James, 43, 270, 277
Mais-valia do trabalho, teoria da, 114-7
Mais-valia *versus* tempo de trabalho necessário, 116, 118
Mandela, Nélson, 3, 285
Manifesto comunista (Marx e Engels), 98-9
Manual de economia política (Pareto), 50, 54-5
Mao Tsé-tung, 94
Maquiavel, Nicolau, 109
Máquinas de experiência, 35, 260
Marcuse, Herbert, 94n6
Marshall, Alfred, 50, 52
Marshall, T. H., 282-3nn73-4
Marx, Karl. *Ver* Marxismo
Marxismo: e substituição, no socialismo, da política pela administração, 24, 24n3, 204; ação e autonomia do indivíduo no, 103-9; e burguesia, 92, 99-100, 101, 129; e lutas de classe, 98; comparado com Bentham, 95-6; comparado com Mill, 91; comparado com Nozick, 164, 165; natureza cosmopolita do, 287; crítica do, 91-3, 106-7, 130-1, 134-5; crítica do capitalismo pelo, 5-6, 95n8, 98-9, 111, 117-38, 240-1; e democracia, 296-7; e determinismo dialético, 97-109; e divisão do trabalho, 99-109, 99-100n14, 108; e Iluminismo, 6-7, 91; acerca da exploração, 4-5, 117-8, 124, 126-35, 165, 297; crítica feminista do, 134-5; e liberdade, 4-5, 106-9, 136-8; e a fórmula hegeliana da tese/antítese/síntese, 97n10; e o materialismo histórico e a ação do indivíduo, 93, 95-109; impacto e influência do, 94-5, 135-8; e direitos individuais, 102-3, 129-30, 297; e teoria da mais-valia do trabalho, 114-7; e teoria do valor do trabalho, 51, 93, 110-35, 297; legitimidade do governo baseada na liberdade, 4-5; e Estados nacionais, 240; e recursos não-humanos, 180; previsões políticas do, 91-3, 97-8, 106-7; e processos produtivos, 97-100, 104, 120-2; e proletariado, 92, 99, 101, 104, 109, 116, 123, 137; e psicologia do indivíduo, 96; razões para estudar o, 91-5; e autonomia individual, 132-3, 154-5, 165; e salários de subsistência, 116, 121, 124; e superabundância, 129-30; e a tensão entre ciência e direitos individuais, 21-2, 96, 209; e a teoria da tendência declinante da taxa de lucro, 93, 119-21. *Ver também* Neomarxismo
Matemática, 13-4, 17, 27
Materialismo histórico, 93, 95-109

Maus hábitos, 79-80
Maus-tratos na família, 191, 226-7
McVeigh, Timothy, 237
Medo da morte, 150
Mercadorias: consumo de, 113-5, 127-8; valor de troca das, 111; força de trabalho enquanto, 113-5, 119-20, 127-8; definição de Marx de, 112; dinheiro enquanto, 112-4; economia baseada em três mercadorias como exemplo, 128; valor de uso das, 111; valor das, 111-3. *Ver também* Produção.
Mercantilização do trabalhador, 133
Meritocracia, 75-6, 81
Meritocracia competitiva, 75-6, 81
Metáfora artesanal, 19
Metáfora da fabricação do relógio, 19
Michels, Robert, 95
Microsoft, 264
Mill, James, 37, 70
Mill, John Stuart: sobre o debate na vida pública, 265, 295-6; sobre a autonomia, 72-3; sobre Bentham, 71n25; comparado com Marx, 91; comparado com Pareto, 73-4, 86; sobre a meritocracia competitiva, 75-6; e o consenso, 260, 262; e a democracia, 76, 88; sobre a educação e o avanço do conhecimento, 73-5, 87-8, 209; e a visão falibilista do conhecimento, 73-5, 78; sobre a liberdade, 71-81, 260; e a liberdade religiosa, 78; e a liberdade de expressão, 73-4, 78; princípio do dano de, 71-81, 86-9, 140, 163, 238, 296; e os direitos individuais, 71-81; sobre as opiniões, 73-4, 87-8; e a religião, 78, 87n64; e a ciência, 73-5, 83, 87, 204, 257, 295-6; e a autonomia individual, 154; e o controle social, 78n45; sobre a verdade, 73-5; e a tirania da maioria, 268, 276, 282; e o utilitarismo, 30, 70-81; e a utilidade, 73-4; sobre o voto, 72-3, 249
Miller, Nicholas, 274
Mills, C. Wright, 95
Minorias: e ação afirmativa, 175-6, 176-7n59; racismo contra os negros nos EUA, 233; exploração e extermínio das, 34, 34n28, 50; e base genética da inteligência, 155; e multiculturalismo, 231-6, 237-9, 242
Minorias, racismo contra as, 233, 283-4
Miscigenação, 89
Missouri v. Jenkins, 85
Mobile v. Bolden, 85
Modelo de justiça sensível à ambição, 185-9, 187n76
Modelo familiar para a vida política, 226-30, 232-3
Modelos de agente racional, 210-1
Modelos de escolha estratégica, 210-1
Modernização, 213

Monarquia, 248, 255n17
Moore, Barrington, 213
Moore, G. E., 53-4n9
Morfina, 53
Morte: medo da, 150; de Deus, 149
Morus, Thomas, 3
Mosca, Gaetano, 95
Movimento desconstrucionista, 94
Movimento estruturalista, 94
Movimento pós-estruturalista, 94
Movimentos de libertação, 246
Movimentos estudantis (década de 1960), 209
Movimentos estudantis radicais (década de 1960), 209
Mudança nos conceitos de utilidade, 280
Mudanças Pareto-indetermináveis, 63-4, 67, 70
Mulheres: em Atenas, 248, 285; e decisões em caso de divórcio, 134, 134n65; abuso doméstico das, 191, 226-7; e propriedade conjugal, 134n65, 228-9; e estupro marital, 228-9, 237; condição das e direitos para as, 228-9, 235-6
Multiculturalismo, 230-9, 242
Mundo de ponta-cabeça, O (Hill), 193
Murray, Charles, 155

Nacionalismo, 232
Nagel, Thomas, 182
Não-dominação, 235-8
Não-obediência, 74
Nazismo, 3, 140, 254
Necessidades *versus* desejos, 130

Neomarxismo, 131, 136, 197, 297
New School for Social Research, 94n6
Nicarágua, 214
Niebuhr, Reinhold, 193
Nietzsche, Friedrich, 198, 218
Nível de renda, 215-6. *Ver também* Pobreza; Riqueza
Nozick, Robert: comparado com Marx, 164-5; sobre as "máquinas de experiência", 35, 260; sobre os direitos individuais, 163, 48; sobre a justiça, 139, 161-6; sobre o Estado mínimo, 150, 179, 46; teoria do contrato social de, 139, 141-6, 298; sobre o Estado, 287-8; sobre a cobrança de impostos, 48; e o ideal artesanal, 181

O'Brien v. O'Brien, 134n65
Obediência, 74
Obrigações *versus* direitos, 218-9
Obsessão, 187
Oclocracia, 255n17
Ofelimidade (satisfação econômica), 53
Oferta e procura, 111-2, 112n39, 114
Oligarquia, 248, 255, 255n17, 203
11 de setembro de 2001, ataques de, 87
Operação Abscam, 259
Opiniões, 73-4, 87-8
Oportunidade, igualdade de, 169-70
Oriente Médio, 234

Origem da família, da propriedade privada e do Estado, A (Engels), 99n14

Padrão de negligência, 83-4, 83n56
Padrão de responsabilidade objetiva, 83-4, 83n56
Padrão *mens rea*, 81-2
Padrões *de facto*, 84-5
Padrões *de jure*, 84-5
País de Gales, 289
Palestinos, 164, 234
Pareto, Vilfredo: comparado com Bentham, 57, 66-9; comparado com Mill, 73-4, 86, 260; e o consenso, 260, 262; e o princípio da utilidade marginal decrescente, 56n16; acerca do comportamento econômico, 53-4; e o Iluminismo, 57; e o princípio da felicidade maior, 51-2; e a autonomia individual, 57; e as comparações interpessoais de utilidade, 51-2; comportamento do mercado e utilidade, 58-70; e a economia política, 54-5; e a psicologia do indivíduo, 53-4; e a redistribuição dos fortes para os fracos, 64n23; e a ciência, 54-5, 57; e a transitividade, 56; e o utilitarismo, 50-70, 73-4, 81, 86, 170-1, 240, 260, 262; sobre a utilidade, 55-6, 73
Pareto-inferioridade, 62, 64
Pareto-superioridade, 62, 62n22, 49-50, 67-70, 135, 165, 172
Partidos políticos, 263-4
Patriarcado, 228, 235-6
Patriotismo, 232
Peacock, Alan, 39n42
Perfeccionismo, 153
Peru, 215
Peso mexicano, 121
Pesquisa de opinião, 250, 252
Pesquisa sobre o câncer, 130
Pesquisas eleitorais, 252
Petty, *Sir* William, 110
Philosophy and the Mirror of Nature (Rorty), 198
Philosophy of Economic Science (Bentham), 38
Pigou, Arthur, 80, 80n49
Plágio, 259
Platão: comparado com as posições iluministas, 255-6, 268, 293; crítica da democracia por, 249-58, 260, 268, 293; e o absolutismo epistemológico, 273; sobre a psicologia humana, 265-6; sobre o conhecimento, 10, 252, 268; sobre a disciplina militar, 258n25; sobre os reis-filósofos, 253, 293; sobre os filósofos e a filosofia, 253, 256-7; idéias teleológicas de, 220; e a teoria das formas, 96; sobre a verdade, 255-8, 266, 294
Pluralismo: e tradição comunitarista, 227-8; Rawls acerca do, 147-54, 157-8, 180, 227; Walzer acerca do, 227n58
Pobreza: e Bentham acerca da redistribuição da riqueza, 35-40; e Ralws acerca da justiça para o indivíduo

representativo menos favorecido, 109, 159-60, 160-1n43, 166, 179; e estabilidade da democracia, 215-6; e caráter estrutural da falta de liberdade dos pobres, 136-8; violência por parte dos pobres, 126n56

Pocock, J. G. A., 149

Poder de veto, 270, 275

Polêmica natureza/meio, 155-6

Políbio, 255n17

Poligamia, 80, 235

Poligamia mórmon, 80

Política, A (Aristóteles), 255n17

Polônia, 162, 214

Ponto Pareto-ideal, 63, 68

Popper, Karl, 16, 253, 266n41

Portadores de deficiência, 34-5, 35n28, 183-5, 184-5nn72-3, 187-8, 191

Portugal, 214

Posições teleológicas, 157, 220

Positivismo, 208

Positivismo lógico, 16-7, 30

Pós-modernismo, 204, 298

Posner, Richard, 34-5n28, 84

Pragmatismo, 201, 208

Prazer e dor, 23, 26-36, 31n21, 53-4, 53-4n9

Preconceito, 88, 264-5, 268

Preços, 50, 111-2

Presidencialismo, 214

Pressuposição dos sérios riscos na teoria de Rawls, 177, 297

Previsão eleitoral, 211

Primeira Emenda, 159, 295n1

Primeiro tratado sobre o governo (Locke), 21, 154, 229

Princípio da diferença (*maximin*), 170-4, 176

Princípio da felicidade, 4, 23-4, 27, 33-5, 34-5n28, 52-3, 53n9, 57, 66-9, 172-3, 222-3, 240,

Princípio da igualdade de oportunidade, 169-70

Princípio da máxima felicidade. *Ver* Princípio da felicidade

Princípio da utilidade marginal decrescente, 36-42, 56, 56n16

Princípio de identidade natural, 43

Princípio de Pareto, 60-70, 86, 171, 240

Princípio de utilidade, 23-33, 46

Princípio do interesse afetado, 285-9, 298

Princípio *maximin* (da diferença), 170-4, 176

Princípios de economia política e de tributação (Ricardo), 110

Principles of Morals and Legislation (Bentham), 31

Principles of the Civil Code (Bentham), 27

Problema da escravização dos talentosos, 184

Produção: força de trabalho na, 113-5, 119-20, 127-8; visão marxista da, 97-100, 104, 120-2; e superprodução, 121. *Ver também* Mercadorias

Produtividade dos trabalhadores, 119-20

Progressistas, 87, 193, 264n35

Proibição, 80

Proletariado, 92, 99, 101, 104, 109, 116, 123, 136-7. *Ver também* Classe trabalhadora

Proliferação nuclear, 216

Propriedade conjugal, 134n65, 228-9

Prostituição, 70, 80*n*50, 84
Protestantismo, 196, 225*n*55.
  Ver também Religião
Proudhon, Pierre-Joseph, 193
Prússia, 98
Przeworski, Adam, 212, 215, 274
Psicologia dos seres humanos: Bentham acerca da, 96, 71*n*25; e tradição comunitarista, 220-4, 230-3; Hegel acerca da, 222; Hobbes acerca da, 150-1; Locke acerca da 150, 188; Marx acerca da, 96; Mill acerca da, 71*n*25; Pareto acerca da, 53-4; Platão acerca da, 266; e contrato social, 179, 188-9
Psicologia humana. *Ver* Psicologia dos seres humanos
Psychology of Economic Man (Bentham), 26, 38
Pufendorf, Samuel von, 15, 18*n*19

Questão judaica, A (Marx), 122*n*48

Raciocínio dialético, 97, 97*n*10
Racismo, 233, 284. *Ver também Apartheid* da África do Sul; Minorias
Rae, Douglas, 280-1
Rawls, John: e a propagação em cadeia, 43; método comparativo de, 153, 159; crítica do utilitarismo clássico por, 49*n*1, 296; e o princípio da diferença (*maximin*), 170-4, 176; e o princípio da igualdade de oportunidade, 169-70; pressuposto dos sérios riscos de, 177, 297; sobre os direitos individuais, 297-8; sobre a justiça, 109, 139, 143, 147, 151-2, 157-65, 241, 286; e o indivíduo representativo menos favorecido, 109, 159-60, 166, 179, 43; e as classificações léxicas, 175-6; sobre as instituições importantes para a estrutura básica da sociedade, 139; a minimização dos pressupostos controvertidos e a maximização da inclusão, 158-60; e a arbitrariedade moral, 154-7, 161, 180-2, 186, 280, 296, 297; e os Estados nacionais, 240-1; sobre a polêmica natureza/ambiente, 155-6; sobre a posição original, 144; sobre o consenso coincidente, 150-4, 158, 190-1, 294; e os comprometimentos e prioridades múltiplos, 174-6; e o pluralismo, 147-54, 157-8, 180, 227; abordagem política, não metafísica, de, 151-4, 190-1, 294; sobre o equilíbrio reflexivo, 143, 177-8; o recursismo e os bens de primeira necessidade, 166-74, 181-2, 297; crítica feita por Sandel de, 223; e o modelo único universal, 239; e as bases sociais da auto-estima, 167; teoria do contrato social de, 109, 139-40, 143-80, 188-91, 286; acerca da frágil noção

de bem, 158; e o experimento do véu de ignorância, 147, 169-70
Razão, 9-10, 256
Reagan, Ronald, 40, 84*n*58, 124
Realistas, 208
Rechtstaat, 287
Recursismo e bens de primeira necessidade, 166-74, 181-2, 297
Redistribuição de riqueza, 35-40, 64*n*23, 156-7, 160-2, 242
Regras de decisão e tomada de decisão, 179, 278-81, 280*n*67, 281*n*69, 285-91
Regras de segurança no trabalho, 76, 81
Regulamentações sanitárias, 76
Rehnquist, William, 84, 84*n*58
Reino Unido: tomada de decisão no, 289; democracia na Grã-Bretanha, 88, 213; Lei das Fábricas (1847) na Inglaterra, 119*n*43; teoria econômica do *supply side* na Grã-Bretanha, 40-1; tributação no, 39, 39*n*42
Reis-filósofos, 253, 293
Relações de poder, 230, 260, 286, 298-9
Relações internacionais, 211, 238-9, 242-3
Relativismo, 149, 200
Relativismo moral, 149
Religião: e catolicismo, 194, 196, 225-6, 225*n*55; e democracia, 225*n*55; e recusa de oferecer tratamento médico às crianças, 84; liberdade religiosa, 78, 159, 168; fundamentalismo na, 88, 159; no Oriente Médio, 234; e Mill, 78, 84*n*64; poligamia mórmon, 80; e política, 208-9, 234; e protestantismo, 196, 225*n*55; Rorty acerca da, 199-200; e guerra, 234. *Ver também* Cristianismo
Renascimento conservador (décadas de 1980 e 1990), 209
República, A (Platão), 10, 249-58, 260
Republicanismo, 109
República Tcheca, 162
Resolutions on Parliamentary Reform (Bentham), 37
Retardados mentais, 191
Retórica da Guerra Fria, 247-8
Revolução Americana, 196
Revolução Francesa, 194-5, 223
Revolução Russa, 93, 241
Ricardo, David, 51, 110, 121*n*46
Riker, William, 270-2, 273*n*53
Riqueza: Bentham acerca da, 27, 32-3, 36-9; e o princípio da utilidade marginal decrescente, 41-2, 42*n*43; e felicidade, 35-8; maximização da, 35*n*28; redistribuição da, 35-42, 64*n*23, 157, 160-2, 242; e tributação, 39, 39*n*42, 41
Riqueza das nações, A (Smith), 100, 110
Robinson, Joan, 136
Roemer, John, 131, 168*n*52
Rogers v. Lodge, 85
Roma e os romanos, 18-9n19, 52, 109
Rome v. Estados Unidos, 85
Rorty, Richard, 198-202, 217, 225, 294
Rosenblum, Nancy, 45

ÍNDICE REMISSIVO

Rostenkowski, Dan, 259
Rousseau, Jean-Jacques: e o anti-Iluminismo, 197-8; desprezo de Burke por, 197-8n7; crítica de Hobbes por, 141, 178, 179; e a democracia, 7; sobre a liberdade, 106; sobre a vontade geral, 271, 273; sobre as associações parciais e as facções majoritárias, 43-4, 270; e o contrato social, 146
Rueschemeyer, Dietrich, 213
Runciman, W. G., 125-6
Rússia, 93, 94, 164, 214, 239, 241, 272
Ryan, Alan, 89n65

Salários, 116-8, 121, 124-5, 134-5
Salários de subsistência, 116, 121, 124
Sandel, Michael, 219, 223, 224n52, 225
Sartre, Jean-Paul, 221
Scanlon, Thomas, 182
Schumpeter, Joseph, 261
Seattle, Chefe, 181
Secularismo, 148-9
Segunda Guerra Mundial, 39n42, 253, 267
Segundo tratado sobre o governo (Locke), 5
Seguro de saúde e seguro social, 179, 187, 190-1
Seguro, 179, 187, 190-1
Sen, Amartya, 182
Separação dos poderes, 246, 270
Shugart, Matthew, 215
Sidgwick, Henry, 49n1
Sindicatos, 119

Sindicatos de trabalhadores. *Ver* Sindicatos
Singer, Peter, 69, 286n81
Sistema carcerário, 203
Sistema de justiça penal, 203, 230
Sistema de mercado. *Ver* Capitalismo
Sistemas constitucionais, 212-3, 246
Sistemas parlamentares, 214
Situação ideal de discurso, 144
Six Lessons to the Professors of Mathematics (Hobbes), 13-4
Skinner, Quentin, 19n19, 149,
Smith, Adam, 51, 100, 110, 120
Smith, Rogers, 212
Soberania do Estado Nacional, 242
Sobrevivência dos seres humanos, 26-7
Socialismo: substituição da política pela administração no, 24, 24n3, 204; superioridade do comunismo em relação ao, 102-3, 129; crítica do, 131; princípio distributivo do, 101-3; e libertação da exploração, 5; desigualdades no, 102-3, 129, 155; falta de tradição socialista nos EUA, 211; Marx acerca do, 93; e Estados nacionais, 240-1; Estados socialistas não-democráticos, 297; e consciência revolucionária da classe trabalhadora, 123; direitos sob o, 129; superioridade do, em relação ao capitalismo, 103, 131. *Ver também* Marxismo

Sociedade aberta e seus inimigos, A (Popper), 253
Sócrates, 3, 249-50, 254, 256, 266*n*41
Sofistas, 250-1
Song, Sarah, 240
Southern Politics (Key), 233
Spheres of Justice (Walzer), 227*n*58, 236
Sraffa, Pierro, 128
Stálin, Joseph, 197
Status quo, 86-7, 272, 274
Stephens, John, 213
Stevenson, Charles L., 30, 96, 148
Strauss, Leo, 220, 254, 257
Suarez, Francisco, 19*n*19
Subjetivismo, 30
Suborno, 236
Sufrágio. *Ver* Eleição
Sufrágio universal, 37, 285. *Ver também* Eleição
Suicídio, 26*n*7
Superabundância, 129-30
Supremacia da raça ariana, 34, 237
Suprema Corte dos EUA, 84-5, 84*n*58, 85*nn*59-62, 263*n*34, 272, 281, 283, 283*n*74
Swann v. Conselho Educacional de Charlotte Mecklenburg, 84-5

Taylor, Charles, 7, 219, 231
Teleologia coletivista, 220
Tempo necessário *versus* tempo de mais-valia do trabalho, 116, 118
Teocracia, 159
Teologia. *Ver* Deus
Teoria auto-referencial da avaliação humana, 124, 126-7
Teoria causal, 106
Teoria da amostragem, 51
Teoria da avaliação humana referenciada no outro, 124-6, 222-3
Teoria da justiça, Uma (Rawls), 151, 159-60, 168, 172, 182-3*n*67, 241
Teoria da preferência revelada, 60-6
Teoria da propriedade, 18-9
Teoria do valor do trabalho, 51, 93, 110-35, 297
Teoria econômica do *supply side*, 40-1
Teoria feminista, 94, 99*n*14, 134
Teoria materialista da história, 93, 95-109
Teoria neoclássica dos preços, 50
Teoria profética, 94
Teoria referencial da avaliação humana, 124-6, 222-3
Teorias criacionistas do conhecimento, 12-6
Teorias econômicas, as: e os economistas clássicos, 110-3, 117; teoria marxiana da mais-valia do trabalho, 114-7; teoria marxiana do valor do trabalho, 51, 93, 110-35, 297; e os economistas neoclássicos, 50, 110-1; e a teoria neoclássica dos preços, 50, 111-2; Pareto acerca do comportamento econômico, 53-4; modelos de agente racional, 210-1; e a oferta e a demanda, 111-2, 112*n*39, 114; teoria dos preços de mercado, 112; teoria dos preços naturais, 112

Teorias naturalistas, 96
Teóricos centrados na vontade, 14-5, 16
Teóricos da elite, 95
Teóricos voluntaristas (centrados na vontade), 14-5, 207-8
Tese da construção social da realidade, 205-6, 234
Tese da perda relativa, 125-6
Testes empíricos, 95
Thatcher, Margaret, 40
Thornburg v. Gingles, 85n62
Timarquia, 255
Tirania, 239, 251, 255, 255n17, 276-7
Tirania da maioria, 76, 268, 276-84, 293
Tocqueville, Alexis de, 76, 212-3, 268, 276-7, 281, 283, 296
Tortura, 282
Totalitarismo, 88, 197, 254
Trabalho alienado, 133
Tradição comunitarista, 219-13, 286-7, 298
Tradição contratualista. *Ver* Contrato social
Tradição neokantiana, 179
Tradição tomista, 18n19
Transitividade, 56, 269, 273
Tratamento médico para as crianças, 84
Tribalismos, 88
Tribunais internacionais, 287
Tributação, 39-42, 39n42, 44n46, 162, 165-6n48, 262, 262n33, 276, 289
Trocas dialógicas, 144
Trotsky, Leon, 94, 197
Trump, Donald, 187
Tuberculose, 64n23

Tuck, Richard, 149
Tullock, Gordon, 143, 179, 277-81, 280n67, 298
Tully, James, 149
Turquia, 232
Tversky, Amos, 125

União Européia, 289
União Soviética. *Ver* Rússia
Uruguai, 215
Uso de drogas, 84, 203
Utilidade: princípio de utilidade de Bentham, 23-33, 46-7, 81; mudança no significado e na mensuração da, 50-8; escolha de Hobson entre definições objetivas e subjetivas de, 81; e comportamento do mercado, 58-70; Mill acerca da ligação entre verdade e, 74-5; e o princípio do dano de Mill, 73-4; e a anulação neoclássica dos juízos interpessoais de, 130; utilidade não-humana, 69n24; Pareto acerca da, 42-3, 73; princípio da utilidade marginal decrescente, 36-42, 56, 56n16; e "utilitômetros", 32, 49, 52, 58-70, 78, 166, 189. *Ver também* Utilitarismo
Utilitarismo, O (Mill), 71
Utilitarismo: utilitarismo dos atos, 77; e autonomia, 35, 43-4; e Bentham, 4, 23-50, 81; mudanças no significado e na mensuração da utilidade, 38-44; utilitarismo clássico, 23-50, 296; variação contextual na definição de dano, 81-9; críticas do, 28, 34-5, 34-5n28,

43-8, 87-9, 140, 296; e Iluminismo, 6, 4-5; e métrica de cálculo global, 286, 286n81; e princípio da felicidade, 4, 23-4, 27, 33-5, 34-5n28, 51-2, 53-4n9, 57, 66-9, 172-3, 222-3, 240; e direitos individuais, 296; utilidade individual *versus* utilidade coletiva e necessidade de governo, 27-33; comparações interpessoais de utilidade e conseqüencialismo no, 33-42, 51-2, 56-7; mercado como "utilitômetro", 58-70, 78; e Mill, 70-81; teoria neoclássica dos preços, 50; utilitarismo objetivo *versus* utilitarismo subjetivo, 50-8, 81, 140, 166; e dor e prazer, 23, 26-36, 31n21, 53-4, 53-4n9; e Pareto, 50-70, 73-4, 81, 86, 171, 240, 260, 262; prevenção do dano como legitimação da ação do Estado, 70-81; e o princípio da utilidade marginal decrescente, 36-42, 56, 56n16; e o princípio da utilidade, 23-6; reformadores utilitaristas radicais, 37-8; Rawls comparado com o, 153; e as pessoas neutras em relação ao risco, 178n62; utilitarismo das regras, 77; bases científicas do utilitarismo clássico, 25-7, 32; neutralidade científica e liberdade humana, 43-7; síntese de direitos e utilidade, 49-89; e a tensão entre ciência e direitos individuais, 22; e a teoria da amostragem, 39. *Ver também* Utilidade

Utilitarismo clássico. *Ver* Utilitarismo
Utilitarismo das regras, 77
Utilitarismo dos atos, 77
"Utilitômetros", 32, 49, 52, 58-70, 78, 166, 189

Valor: das mercadorias, 111-3; valor de troca, 111; teoria marxiana da mais-valia do trabalho, 114-7; teoria marxiana do valor do trabalho, 51, 93, 110-35, 297; mais-valia, 114-7; valor de uso, 111
Valor de troca, 111
Valor de uso, 111
Vanguardismo, 293-4, 297
Venezuela, 215
Verdade: e democracia, 248-58, 293-5, 298-9; competição democrática como aliada da, 258-68, 295, 299; e Iluminismo, 299; Mill acerca da ligação entre utilidade e, 74-5; Nietzsche acerca de nada ser verdadeiro, 218; Platão acerca da, 255-8, 266, 293; Rorty acerca da, 199-200; e ciência, 199-200. *Ver também* Conhecimento; Ciência
Verdes, 193
Vício, 79-80
Violência da parte dos pobres, 126n56
Violência doméstica, 191, 226, 228-9
"Voluntômetro", 189

Wage, Labor, and Capital (Marx), 112*n*39
Walras, Léon, 50
Walzer, Michael, 219, 221, 223-4, 227*n*58, 231, 236
Warren, Earl, 84, 84*n*58, 283, 283*n*74
Washington v. Davis, 85*n*61
Weber, Max, 95, 201, 216, 217*n*39, 287
Weingast, Barry, 270-1

Wicksell, Knut, 50, 52
Wiseman, Jack, 39*n*42
Wolff, Robert Paul, 179
World Trade Center, ataques ao, 87

Xenofobia, 232

Zimbábue, 164
Zulus, 164, 233, 234-5*nn*65-6
Zwelintini, rei, 164

IMPRESSÃO E ACABAMENTO:
YANGRAF Fone/Fax: 6195.77.22
e-mail:yangraf.comercial@terra.com.br